Cindy Schönfeld

KulturSchock Chile

W0191617

„Chile – ein kleines Land, aber mit Charakter"
(Michelle Bachelet, erste Präsidentin Chiles)

Impressum

Cindy Schönfeld
KulturSchock Chile

erschienen im
Reise Know-How Verlag Peter Rump GmbH
Osnabrücker Str. 79
33649 Bielefeld

© Reise Know-How Verlag Peter Rump GmbH 2012
**2., neu bearbeitete und komplett aktualisierte
Auflage 2015**

Gestaltung
Umschlag: G. Pawlak
Inhalt: amundo media GmbH
Fotos: Kai Timo Schönfeld (ks), Cindy Schönfeld (cs)
Umschlagfotos: Kai Timo Schönfeld

Lektorat: amundo media GmbH

Druck und Bindung:
   Wilhelm & Adam, Heusenstamm

ISBN 978-3-8317-2111-5
Printed in Germany

Dieses Buch ist erhältlich in jeder Buchhandlung
Deutschlands, der Schweiz, Österreichs, Belgiens
und der Niederlande.
Bitte informieren Sie Ihren Buchhändler
über folgende Bezugsadressen:
Deutschland
   Prolit GmbH, Postfach 9, D-35461 Fernwald (Annerod)
   sowie alle Barsortimente
Schweiz
   AVA Verlagsauslieferung AG
   Postfach 27, CH-8910 Affoltern
Österreich
   Mohr Morawa Buchvertrieb GmbH
   Sulzengasse 2, A-1230 Wien
Niederlande, Belgien
   Willems Adventure, www.willemsadventure.nl

Wer im Buchhandel trotzdem kein Glück hat,
bekommt unsere Bücher auch über unseren
Büchershop im Internet: www.reise-know-how.de

Wir freuen uns über Kritik, Kommentare
und Verbesserungsvorschläge, gern auch
per E-Mail an info@reise-know-how.de.

Alle Informationen in diesem Buch sind
von der Autorin mit größter Sorgfalt
gesammelt und vom Lektorat des Verlages
gewissenhaft bearbeitet und überprüft
worden.

Da inhaltliche und sachliche Fehler nicht
ausgeschlossen werden können, erklärt der
Verlag, dass alle Angaben im Sinne der
Produkthaftung ohne Garantie erfolgen
und dass Verlag wie Autorin keinerlei
Verantwortung und Haftung für inhaltliche
und sachliche Fehler übernehmen.

Die Nennung von Firmen und ihren
Produkten und ihre Reihenfolge sind als
Beispiel ohne Wertung gegenüber anderen
anzusehen. Qualitäts- und Quantitätsanga-
ben sind rein subjektive Einschätzungen
der Autorin und dienen keinesfalls der
Bewerbung von Firmen oder Produkten.

Cindy Schönfeld

KULTURSCHOCK

CHILE

Vorwort

Chiles Nationaldichter *Pablo Neruda* beschrieb in seinen Memoiren „Ich bekenne, ich habe gelebt" eine kuriose Begebenheit:

In einem Gespräch mit Schriftstellerkollegen aus Europa fragte er einmal: „Wir sprechen so viel von Chile. Sicherlich, weil ich Chilene bin. Aber wissen Sie denn etwas von meinem so unendlich fernen Land? Zum Beispiel, welches Fahrzeug wir benutzen? Den Elefanten, das Auto, die Eisenbahn, das Flugzeug, das Fahrrad, das Kamel, den Schlitten?" Die weitaus meisten antworteten allen Ernstes: „Elefanten." Heute, mehr als fünfzig Jahre später, kennt man Chile in Europa besser. Meist ist von Chile als dem Land mit der eindrucksvollen Landschaftsvielfalt die Rede. Denn hinter dem Faltenrock der Anden breiten sich Salzwüsten und Vulkane, üppige Urwälder und fruchtbare Felder, Gletscher und Fjorde aus. Für Europäer ist Chile ein „fernes" Land geblieben, das sich, wie die Chilenen selbst zu sagen pflegen, im letzten Winkel der Erde (*en el último rincón del mundo*) befindet.

Umso erstaunlicher ist es, dass das Land dem Reisenden, der zum ersten Mal nach Chile kommt, seltsam vertraut erscheint und er sich sogleich heimisch fühlt. Verblüfft wird er später feststellen, dass je länger sein Aufenthalt dauert und je enger der Umgang mit Chilenen ist, die Unterschiede umso augenscheinlicher zutage treten. Was dem Chile-Neuling dabei widerfährt, ist kein drastischer, akuter Kulturschock, sondern vielmehr ein Kulturschock „auf Raten".

Von den vielen kleinen und großen Unterschieden der Kulturen erzählt dieser Band, der das Vertraute im Fremden entdeckt und erklären will, warum die Dinge in Chile so sind wie sie sind. Fakten und Anekdoten geben Einblicke in den Alltag und das Wesen der Bewohner des schmalen Landes, die den Moment leben und in deren Vorstellung eines glücklichen Daseins Heirat, Kinder und Wohlstand die wichtigste Rolle spielen. Der „KulturSchock Chile" zeigt Facetten auf, die dem Europäer recht unbekannt sind und die er vielleicht nicht erwartet. So muss man beispielsweise damit rechnen, ständig umarmt und geküsst zu werden und darf sich nicht wundern, wenn ein platter Witz als *chiste alemán* (deutscher Witz) betitelt wird und keiner darüber lacht. Ansonsten lieben Chilenen es, über alles und jeden Witzchen zu reißen und selbst in eher unerfreulichen Augenblicken einen lustigen Kommentar zum Besten zu geben. Denn die Lebensdevise in Chile heißt Lachen.

Doch auch die Probleme und Sorgen des stolzen Volkes, das an der Schwelle des Wandels zu einer modernen Industrienation steht und gleichzeitig an seinen katholisch-konservativen Werten festhält, werden nicht verschwiegen.

Ein Kapitel über religiöse Bräuche und traditionelle Feste fehlt ebenso wenig wie nützliche Exkurse über die Einstellung und das Verhalten der Chilenen gegenüber ihren Mitmenschen, Ausländern und Touristen. Letzteren soll dieses Buch dienen – als Einstieg für eine erste Chilereise und Einstimmung auf die chilenische Lebens- und Alltagskultur. Es soll auch all denjenigen nützlich sein, die bereits einen Blick hinter den Andenvorhang geworfen haben. Mitunter sind sie gleichzeitig fasziniert wie auch verwirrt und stellen Fragen zu den Hintergründen manchen Widerspruchs. Auch alte Chilekenner mögen neugierig darauf sein, was ein anderer Pendler zwischen Europa und der Andenrepublik wohl zu sagen hat.

Die Chilenen zeichnen sich durch eine Vielschichtigkeit an Eigenarten aus, die sich zweifelsfrei auch mit dem Betrachter wandeln. Denn Begegnungen mit einer fremden Kultur sind stets wechselseitig. So sieht es wohl auch der chilenische Autor *Manuel Rojas*. Dessen Sicht auf sein Land soll diesem Band als Leitfaden dienen und dem Leser helfen, dem Andersartigen – und manchmal Irritierenden – in der chilenischen Kultur mit Verständnis zu begegnen: „Fragt man mich, wie Chile ist, wüsste ich es nicht zu sagen: Es ist ein Land, das ich gelebt und gefühlt habe, ein Land wie ein Mensch mit einer Gestalt und Wesensart, die sich ändern, je nachdem, wer es betrachtet."

In komprimierter Form will das Buch dem Leser einen Schlüssel zum Verständnis der chilenischen Mentalität und Wirklichkeit in die Hand geben, neue Sichtweisen eröffnen, kulturelle „Fettnäpfchen" vermeiden helfen, Missverständnissen auf den Grund gehen und nicht zuletzt die liebenswerten Bewohner des fernen Landes dem europäischen Leser näherbringen.

Cindy Schönfeld

Extrainfos im Buch

ergänzen den Text um anschauliche Zusatzmaterialien, die von der Autorin aus der Fülle der Internet-Quellen ausgewählt wurden. Sie können bequem über unsere spezielle Internetseite **www.reise-know-how.de/kulturschock/chile15** durch Eingabe der jeweiligen Extrainfo-Nummer (z. B. „#1") aufgerufen werden.

Inhalt

◼ Der Alltag A–Z 171

◼ Zu Gast in Chile 221

◼ Anhang 259

005-ch-ks

Exkurse zwischendurch

Verhaltenstipps
A–Z

◁ Fortbewegung auf Rapa Nui: unterwegs zur perfekten Welle
(075ch Foto: ks)

● **Anrede:** In Chile ist man schnell beim „Du", meist auch ohne besondere Absprache. Junge Leute, Freunde, gute Bekannte und Kollegen duzen sich sowieso, Ältere die Jüngeren und auch unter Unbekannten auf der Straße ist es nicht ungewöhnlich. Gleichwohl ist *Usted,* das „Sie", die korrekte und bei einer Vorstellung übliche Form. Im Zweifelsfall ist man mit *Usted* auf der sicheren Seite (mehr dazu ab Seite 237).

● **Armut und Bettelei:** Auf Bettler trifft man in Chile meist vor Kirchen oder an Busbahnhöfen, ansonsten nimmt die Bettelei kreativere Formen an. Beschönigend werden freiwillige Gaben auch „Trinkgeld" genannt. So verdingen sich *propineros* (Trinkgeldverdiener) an den Kassen der Supermärkte als Einpacker oder auf Parkplätzen, wo sie auf Fahrzeuge aufpassen und diese auf Kundenwunsch auch waschen. Nicht nur, dass *propineros* Unternehmen kostenfrei zur Verfügung stehen, sie zahlen sogar Abgaben in Form einer Art Standgebühr pro Tag. Meist handelt es sich um junge Leute, Senioren oder Arbeitslose, die sich mit „Trinkgeldern" einen Zuerwerb für ihre Ausbildung oder ihr täglich Brot verdienen (müssen). Zwischen 100 und 500 Pesos (15 bis 70 Cent) liegen die bereitwilligen Gaben. In Cafés, Straßenimbissen und Bussen trifft man zudem häufig auf „ambulante Händler", Musiker oder Gaukler. Sie bieten mit Kleinwaren – von Heftpflastern bis zu orthopädischen Stützstrümpfen – so ziemlich alles feil, singen, musizieren, tragen Gedichte vor oder erzählen Witze. Schließlich bitten sie um etwas Geld. Während man in Europa als Geringverdiener, Arbeitsloser oder Alleinerziehender auf staatliche Unterstützung zählen kann, springt man in Chile in einen Bus und verkauft Eis am Stiel, bis man das Abendessen für die Familie zusammen hat. Hier zu kaufen und zu geben, löst nicht das Problem der verdeckten Arbeitslosigkeit, doch man kann darauf vertrauen, damit etwas Gutes zu tun. Mehr zu den Hintergründen im Abschnitt „Land der Lohnarbeiter" ab Seite 132.

● **Begrüßung und Verabschiedung:** Wo sich das Deutsche mit einem Telegrammstil begnügt, fallen Begrüßung und Abschied auf Chilenisch weit wortreicher und herzlicher aus. Frauen werden stets zuerst begrüßt und geküsst, denn zu einer chilenischen Begegnung gehört ein flüchtiger Kuss auf die linke Wange. Auch chilenische Männer kommen sich näher als deutsche: per Händedruck, der oft mit einem leichten Schulterklopfen einhergeht. Mehr dazu ab Seite 238.

● **Behörden und Polizei:** Beamte und Polizisten arbeiten sehr korrekt und genießen Achtung in der Bevölkerung. Korruption in geldlicher Form ist nicht weit verbreitet und ein zugesteckter Geldschein kann Ermittlungen wegen versuchter Bestechung nach sich ziehen und ist daher besser zu unterlassen. Als Tourist oder Neuankömmling fördert mitunter der Umstand, Ausländer zu sein, Entgegenkommen. Üblicherweise ebnen *pitutos*, „gute Freunde" bzw. Vitamin B, behördliche Wege. Weiteres hierzu in den Abschnitten „Freundschaftsdienste" ab Seite 235 und „Polizei" ab Seite 250.

■ **Bekleidung:** Auf ein gepflegtes Äußeres wird großer Wert gelegt. Abgesehen von Klima und Jahreszeit bemisst sich die Kleidung nach Sozialstatus, Beruf und natürlich dem Anlass. Grundsätzlich setzt man auf eine gediegene, solide Garderobe und gibt sich eher formell. In den Büros und Amtsstuben dominieren Anzug und Krawatte bzw. Kostüm bei den Damen, welches selbst bei hohen Temperaturen eisern ge- und ertragen wird. Bei allzu freizügiger europäischer Sommermode sollte man vorsichtig sein, denn im eher zurückhaltenden Chile könnte das mit hochgezogenen Augenbrauen kommentiert werden. Mehr hierzu im Kapitel „Sauberkeit und Ästhetik" ab Seite 212.

■ **Demonstrationen:** Seit 2011 gehen immer mehr Bürger auf die Straße und machen mobil. Es geht um Bildungspolitik, Forderungen der indigenen Bevölkerung oder den Bau von Staudämmen in Patagonien. Der Protest ist laut, bunt und erfasst alle Milieus. Zuweilen kommt es zu gewaltsamen Auseinandersetzungen mit der Staatsmacht, die Wasserwerfer und Tränengas gegen Demonstranten einsetzt. Um nicht zwischen die Fronten zu geraten, sollte man sich von diesen Schauplätzen eher fernhalten. Genaueres zu den Hintergründen ab Seite 109 im Abschnitt „Soziale Bewegungen".

■ **Dokumente:** Das in Chile meist gezückte Papier ist die *cédula (Cédula de Identidad)*, die dem Personalausweis bzw. der Identitätskarte entspricht. Wichtiger als der Name ist hierbei die *RUT (Rol Único Tributario)*, die auf der *cédula* abgedruckte Steuernummer, ohne die in Chile nichts läuft. Ob beim Einkauf, Abschluss eines Mietvertrages, Ausleihen einer DVD oder Abholen eines Päckchens bei der Post, allerorten wird die neunstellige *RUT* verlangt, die jeder Chilene von klein auf auswendig weiß. Ist ein längerer Aufenthalt im bürokratieverliebten Chile geplant, ist anzuraten, sich mit beglaubigten Kopien von Geburts-, Heirats- und Berufsabschlussdokumenten einzudecken. Mehr zu diesem Thema unter „Bürokratie und Paragrafendschungel" ab Seite 174.

■ **Erdbeben:** „Jeder größere politische Umbruch beginnt mit einem Beben", heißt es in Chile. Das fünftstärkste je gemessene Erdbeben erschütterte im Februar 2010 das Land und läutete gleichzeitig einen Machtwechsel ein. Die konservative Regierung bekleidete mit *Sebastián Piñera* das Amt bis März 2014, als die Sozialistin *Michelle Bachelet* zum zweiten Mal Präsidentin wurde – und abermals ereignete sich ein starkes Beben mit heftigen Nachbeben im Norden des Landes.

Die Erde kommt in Chile, das an der Grenze der tektonischen Nazca- und der Südamerikanischen Platte liegt, nicht zur Ruhe und steht ständig unter Spannung. Die Chilenen sind daran gewöhnt, dass die Erde immer wieder spürbar bebt. Die *temblores* (schwächere Beben) sind Tagesgespräch wie hierzulande ein heftiges Gewitter. Wie Chilenen mit Beben umgehen und welche Vorsichtsmaßnahmen zu treffen sind, wird im Kapitel „Erdbeben und Vulkanausbrüche" ausführlicher beschrieben (ab Seite 177).

■ **Ess- und Trinksitten:** In Chile isst man gern und gern auch frisch. So backen die *panaderías* (Bäckerläden) mehrmals am Tag und selbst in den entlegensten Winkeln des Landes bekommt man immer irgendwo noch frisches Brot. Weißbrot in Form riesenhafter Brötchen wird zu den üppigen Mittagessen gereicht und zur *once* serviert, der chilenischen Teezeit zwischen 17 und 19 Uhr. Denn Chilenen sind eher Tee- als Kaffeetrinker. Mit Kaffee ist in Chile löslicher Nescafé gemeint, der allerorten meist in kleinen Tütchen verpackt angeboten und selbst in Luxusrestaurants auf silberne Löffel gehäuft kredenzt wird. Echten Bohnenkaffee hingegen, *café de grano* oder *café-café*, gibt es vorwiegend in den Cafés der Hauptstadt. Besonders unter Geschäftsleuten beliebt sind die Stehcafés „mit Beinen" *(cafés con piernas),* z. B. Haiti oder Café Caribe, in Santiago, wo adrette Damen im Minirock den Frischgebrühten ausschenken (mehr ab Seite 180).

■ **Fotografieren:** Übermannshohe Kakteen, Pinguine im Frack, majestätische Araukarien: Chile bietet einen reichen Schatz an Motiven für Naturaufnahmen.

076ch-ks

◁ „Pisco" und das Geheimnis einer guten Feier

Menschen hingegen zu fotografieren, erfordert ein hohes Maß an Sensibilität, insbesondere in den ländlichen und indigenen Gebieten. Hier sollte stets um Erlaubnis gefragt werden, wenn nicht verbal, dann über Augenkontakt – auch bei Kindern. Mitunter glaubt man nämlich, ein Foto würde die Seele rauben.

■ **Gastfreundschaft:** Auf eine vorschnelle Kameradschaft, wie man sie im Allgemeinen mit Südamerika verbindet, trifft man in Chile weniger. Gegenüber Fremden reagieren Chilenen mit einer Art höflich zurückhaltender Gastfreundschaft. Sobald jedoch das Eis gebrochen ist, sind sie äußerst liebenswürdig und aufrichtig interessiert an Besuchern aus Europa. „Woher kommst du" und „Wohin geht die Reise" sind meist der Auftakt der Fragen, um ins Gespräch zu kommen. Bald stellt sich eine Verbindung heraus, ein Freund etwa, der einst in Berlin studierte, und im Handumdrehen wird man zum *amigo* (mehr ab Seite 236).

■ **Hierarchien:** Wohl der langen Zeit der Militärregierung geschuldet, ist man in Chile äußerst obrigkeitshörig. Die unteren Ränge haben kaum Entscheidungsbefugnis und müssen sich ständig nach oben rückversichern. Auf dieses Phänomen trifft man in sämtlichen Lebenslagen, ob beim Amt, am Arbeitsplatz oder im Geschäft. Um einen Vorgang zu beschleunigen, kann es hilfreich sein, denjenigen ausfindig zu machen, der eine Angelegenheit entscheidet, und ihm die Sache persönlich vorzutragen. Siehe auch „Soziale Klassen und Hierarchien" ab Seite 92.

■ **Homosexualität:** Im katholischen Chile lange ein Tabuthema, wird Homosexualität heute öffentlich diskutiert. Einen traurigen Anlass gab der brutale Mord an dem Homosexuellen *Daniel Zamudio* in Santiago 2012, der die gesamte chilenische Gesellschaft über die Schwulen- und Lesbenszene hinaus bewegte. Zehntausende beteiligten sich an Demonstrationen für die Rechte Homosexueller. Unter dem Druck der Öffentlichkeit verabschiedete wenige Wochen später die konservative Regierung unter *Piñera* das Antidiskriminierungsgesetz zum Schutz sexueller Minderheiten, das seit Jahren im Parlament auf Eis lag. Die Anerkennung gleichgeschlechtlicher Partnerschaften steht nun auf der Agenda der neuen Regierung. Dessen ungeachtet ist die Stellung Homosexueller in einer von „echten" Männern beherrschten Welt nicht einfach. Obgleich die Hauptstädter toleranter reagieren, herrscht in den Regionen und insbesondere auf dem Land das traditionelle Familienbild vor. Näheres hierzu unter „Fortschritte und Rückschläge" ab Seite 154.

■ **Hunde:** Streunende Hunde gehören auf Chiles Straßen zum Alltag ganz selbstverständlich dazu. Man sieht sie als Mitläufer bei Demonstrationen, schlafend vor dem Präsidentenpalast oder kläffend auf Fußballplätzen. Auf der Suche nach Essbarem durchstöbern sie die für die Müllabfuhr abgelegten Plastikmülltüten oder betteln Fußgänger an. Hat man ein ungutes Gefühl, wenn man von einem Rudel angesteuert wird, hilft es, blitzschnell in Bückstellung zu gehen, um einen vermeintlichen Stein aufzuheben. Dann machen die Hunde sofort kehrt, denn sie wurden schon oft mit Steinen vertrieben. Soweit sollte man jedoch nur bei echter Bedrohung gehen. Verwildert, abgemagert, verwundet und lädiert führen sie ohnehin ein bemitleidenswertes Hundeleben.

- **Kiosk-Kultur:** Geht der Chilene aus dem Haus, geht er entweder zur Arbeit oder zum Kiosk. Diese gibt es so gut wie an jeder Ecke und sie gleichen kleinen Süßwarenabteilungen. Aktuelle Tageszeitungen, Prepaid-Karten fürs Handy, Lottoscheine, Zigaretten und gekühlte Erfrischungsgetränke sind hier ebenso erhältlich wie hilfreiche Informationen jeglicher Art. Die Büdchen sind ein beliebter Treffpunkt und eignen sich hervorragend, um ins Gespräch zu kommen. Weitere Informationen finden Sie im Abschnitt „Einkaufen" ab Seite 246.

- **Obst und Gemüse:** Die Mitnahme von Obst und Gemüse sowie von Milch- und Fleischprodukten nach Chile ist streng verboten. Verstöße werden mit hohen Bußgeldern geahndet, selbst wenn es sich um einen versehentlich nicht deklarierten Apfel im Handgepäck handelt. Dabei geht es um den Schutz der bislang von vielen Schädlingen und Krankheiten freien chilenischen Obst- und Gemüsekulturen. Die Vorsichtsmaßnahmen gehen soweit, dass selbst die Einfuhr aus dem Norden in die südlichen Regionen des Landes verboten ist. Mehr zu den Hintergründen unter „Äpfel und Lachs vom Ende der Welt" ab Seite 124.

- **Öffentliche Verkehrsmittel:** Innerorts verkehren die sogenannten *micros*, Stadtbusse von der Größe langer Linienbusse in den Großstädten und Kleintransportern in ländlichen Regionen. Ein Wink mit der Hand genügt, um den Fahrer – wo auch immer – halten zu lassen. Wer aussteigen will, zieht an einer Leine oder drückt auf einen Knopf. Nur in Santiago regeln seit ein paar Jahren obligatorische Haltestellen das Ein- und Aussteigen. Eine schnelle Alternative sind Sammeltaxis *(colectivos)*, die bis zu fünf Fahrgäste zu festen Tarifen befördern. Von Taxis unterscheiden sie sich durch Schilder, die das Fahrziel und den groben Kurs angeben. Übrigens: Chilenen bedanken sich stets beim Fahrer, wenn sie aussteigen. Weitere Informationen zum Überlandverkehr in „Verkehr und Transportmittel" ab Seite 255.

- **Patriotismus:** September ist Frühlingsanfang in Chile und steht ganz im Zeichen der Nationalfeierlichkeiten *(fiestas patrias)*. Von Arica bis Punta Arenas leuchtet das Land in den Nationalfarben Blau, Weiß und Rot. Die Chilenen eint ein ausgeprägter Nationalstolz, der nicht nur im Chilemonat September zutage tritt, sondern auch beim Morgenappell in der Schule, auf politischen Demonstrationen, bei Fußballspielen oder Begegnungen mit Ausländern. *„¿Te gusta Chile?"* – „Gefällt es dir in Chile?" gehört zu den ersten Fragen, die man als Besucher hört und unbedingt positiv beantworten sollte. Näheres unter „Patriotismus und Nationalgefühl" ab Seite 97.

■ **Pünktlichkeit:** Chilenen sind um Pünktlichkeit bemüht. Zu Verabredungen 15 bis 30 Minuten später als zur vereinbarten Uhrzeit zu kommen, gilt dabei als pünktlich. Bei privaten Einladungen sollte man tunlichst vermeiden, auf den Glockenschlag zu erscheinen, und höflich eine halbe bis gute Stunde später da sein. Ansonsten droht man, die Gastgeber in Bedrängnis zu bringen und ihnen nicht genug Zeit zur Vorbereitung zu lassen. Siehe auch „Zeitverständnis: Weile statt Eile" ab Seite 217.

■ **Rauchen:** In öffentlichen Gebäuden, am Arbeitsplatz, in Bussen, *colectivos* und Taxis gilt ein gesetzliches Rauchverbot. In Restaurants und Cafés sind für Raucher eigens ausgewiesene Bereiche eingerichtet. Inzwischen wird ein Verstoß gegen das Tabakgesetz teurer bestraft (ca. 80.000 Pesos – gut 100 Euro), als am Handy oder ohne Sicherheitsgurt beim Autofahren erwischt zu werden. Wiederholungstäter innerhalb eines Jahres erwartet die doppelte Strafzahlung. Gedampft werden darf aber trotzdem, denn die Rauchverbote gelten nicht für E-Zigaretten. Weiteres unter „Tabak, Alkohol und Übergewicht" auf Seite 210.

■ **Sicherheit:** Chile gilt als relativ sicheres Reiseland, in dem Gewaltverbrechen selten sind. Taschendiebstähle und Einbrüche in Mietwagen kommen in den Touristenzentren und größeren Städten jedoch immer wieder vor. Deshalb sollten keine Wertgegenstände sichtbar im Auto liegen gelassen, Handtaschen nicht nachlässig über Stuhllehnen gehängt und teure Kameras sowie Schmuck nicht zur Schau getragen werden. An Busbahnhöfen und auf öffentlichen Plätzen ist besondere Vorsicht geboten. Weiteres unter „Sicherheit" ab Seite 253.

■ **Souvenirs:** Das chilenische Kunsthandwerk hat einiges zu bieten: Gebranntes aus Ton wie die dreibeinigen Schweinchen aus Quinchamalí, die Glück bringen sollen, oder die von Mapuche gefertigten Holzarbeiten oder Silberschmuckstücke. Jede Region bietet eigene einzigartige Arbeiten an, die man am besten auf den lokalen Märkten ersteht. Extravagante Souvenirs wie Lampen oder Regenstöcke aus Kakteenholz oder auch Medizin aus der traditionellen Hausapotheke können den Heimreisenden beim Zoll allerdings in die Bredouille bringen. Kakteenholz zum Beispiel zählt zu den geschützten Arten und unterliegt den Einfuhrbestimmungen nach dem Washingtoner Artenschutzübereinkommen (CITES). Wohl ist es erlaubt, Freiexemplare der beliebten

Musikinstrumente mitzuführen, doch zum Schutz der Art sollte man vom Kauf ganz absehen. Für große Decken und Ponchos aus Vikunja- oder Alpakawolle sind gültige CITES-Ein- und Ausfuhrbewilligungen erforderlich. Um nicht versehentlich zum Artenschmuggler zu werden, sind unproblematische Mitbringsel wie die bunten Tischdecken aus Nordchile, die chilotischen Pudelmützen aus Schafswolle oder Moais in Kleinformat von der Osterinsel Chiloé zu empfehlen.

- **Sprache:** Spanisch ist die offizielle Landessprache, die in Chile eine eigene Variante kennt und erst einmal ein wenig Übung erfordert. Denn im Chilenischen werden Endungen gern verschluckt, Ausdrücke in völlig anderen Zusammenhängen gebraucht und es wird oftmals genuschelt. Doch keine Angst, der Sprachunterricht war nicht vergebens und nach einigen Tagen hat man sich an das *chileno* gewöhnt. Es lohnt sich, ein paar Spanischkenntnisse mitzubringen, denn es öffnet die Herzen. Die Chilenen helfen gern mit ein paar Brocken Englisch aus und im Süden, wohin es viele deutschsprachige Einwanderer verschlagen hat, wird sogar mitunter Deutsch gut verstanden. Die Sprachen der indigenen Bewohner sind ebenfalls präsent, beispielsweise das Aymara in den Andenregionen des Nordens oder Mapudungun, die Sprache der Mapuche, im Süden. Siehe auch das Kapitel „Sprache und Kommunikation" ab Seite 207.

- **Straßenverkehr:** Auf Chiles Straßen muss man stets mit dem Unvorhergesehenen rechnen. So kann links und rechts überholt werden und Busse oder Taxis können jeden Moment anhalten, um Fahrgäste ein- oder aussteigen zu lassen. Fußgänger leben gefährlich, denn sie haben praktisch nie Vorrang, selbst wenn sie einen Zebrastreifen überqueren oder die Ampel ihnen grünes Licht erteilt. Die Autobahnen, *autopistas,* sind zum großen Teil Mautstraßen und haben eher den Charakter von Überlandstraßen. Wegen der für den Durchschnittsbürger recht hohen Gebühren sind sie wenig befahren. Anders die Straßen der Hauptstadt, wo der Anzahl der Fahrzeuge in den letzten Jahren enorm gewachsen ist und es zu Stoßzeiten zu chronischen Verstopfungen kommt. Im Winter verschmutzen die Autoabgase Santiagos Luft derart, dass dann durch Fahrverbote, *restricciones,* täglich 20 bis 40% der Fahrzeuge ohne Katalysator aus dem Verkehr gezogen werden.

- **Tabus:** Während hierzulande Aufrichtigkeit und Direktheit hoch geschätzt werden, empfinden Chilenen diese Verhaltensweisen als unhöflich und taktlos. Direkte Kritik wird so gut wie nie geübt. Falls doch, wird sie in Lob verpackt und betrifft allenfalls ein Detail, aber nicht den Kern der Sache. Man sollte sich darauf einstellen, dass Chilenen nicht offen kritisieren und mitunter unwahre Aussagen treffen, um das eigene Gesicht zu wahren. Deshalb darf man sie jedoch nicht für unglaubwürdig halten, sondern sollte vielmehr ein Gespür für relative Äußerungen entwickeln. Mehr dazu im Kapitel „Chilenen verstehen: Gesten, Verhalten, Mentalität" ab Seite 231.

- **Toiletten:** Zwei Dinge, die man über öffentliche Toiletten wissen sollte: *Confort* (Toilettenpapier) ist kein Standard. Daher sorgen die meisten Chilenen mit eigenem vor. Benutztes Toilettenpapier gehört nicht in die Schüssel, sondern in einen separaten Eimer. Das mag unhygienisch klingen, muss aber trotzdem sein, denn sonst könnte es durch Verstopfungen der Rohrleitungen noch unangenehmer werden.

- **Trinkgeld:** Dem Kellner *(garzón)* stehen bei Bezahlung 10 % des Rechnungsbetrages an Trinkgeld *(propina)* zu, die seit 2014 laut Trinkgeldgesetz als *servicio* in der Rechnung ausgewiesen sein müssen. Fühlt man sich nicht gut bedient, muss *propina* nicht zwingend gezahlt werden. Bei Ausflügen und Unterkünften sieht es ähnlich aus. Näheres in den Abschnitten „Trinkgeld" ab Seite 254 und „Geld, Kreditkarten und Banken" ab Seite 187.

- **Vegetarier:** In Chile, wo Fleisch zu jedem Essen gehört, haben es Vegetarier nicht leicht. Mitunter treffen sie auf Unverständnis darüber, wie man freiwillig auf Fleisch verzichten kann, oder werden missverstanden. Bestellt man nämlich *sin carne* (ohne Fleisch), bezieht sich das ausschließlich auf rotes Fleisch und Schwein. Huhn *(pollo)*, Wurst *(salchicha)* oder Schinken *(jamón)* gehören nicht dazu. In einheimischen Restaurants, wo es gute deftige Hausmannskost gibt, werden Vegetarier aber trotzdem satt. Fleischlose Leckerbissen bietet die regionale Küche in Form von *humitas* (Maisbrei in Maisblättern) oder Gerichten aus Algensorten. Vegetarische Restaurants finden sich fast nur in der Hauptstadt und den Touristenhochburgen. Ein guter Tipp sind die Hare-Krishna-Gemeinschaften, die auch in den größeren Provinzstädten einen preiswerten Mittagstisch *sin carne, pollo, jamón, ...* anbieten.

- **Wegauskünfte:** Wegangaben sind eine heikle Sache. Innerhalb von Ortschaften werden sie mit *cuadras,* Häuserblöcken, angegeben und sind daher meist sehr präzise. Außerhalb von Städten beziehen sich die Angaben eher auf die benötigte Zeit als auf die zurückzulegende Distanz. Am häufigsten ist *media hora* (eine halbe Stunde) zu hören, wobei „30 Minuten" hier ein sehr dehnbarer Begriff ist. Gelegentlich kommen vage oder gar falsche Auskünfte vor und lassen sich wohl mit der chilenischen Gefälligkeit und Höflichkeit begründen, den Fragenden nicht mit einem *No lo sé* („Keine Ahnung") vor den Kopf zu stoßen. Um ganz sicher zu gehen, ist es ratsam, mehrere Auskünfte einzuholen. Weiteres im Abschnitt „Orientierung" ab Seite 248.

Die geschichtlichen Wurzeln

◁ Durch die abgeschiedene Lage zwischen Anden und Pazifik fühlen sich die Chilenen wie ein Inselvolk (002ch Foto: ks)

Die Urbevölkerung vor Ankunft der Spanier

Als die Spanier in Chile eintrafen, fanden sie eine **Vielfalt von Völkern** vor, die sie „Atacameños", „Araukaner" oder „Großfüßler" nannten. Anders als in Mexiko oder Peru, wo sich große Imperien über weite Territorien erstreckten, die von einer starken zentralen Macht geführt wurden, lebte in Chile jedes Volk unabhängig voneinander und in mehr oder weniger engem Kontakt mit seinen Nachbarn. Entlang des 4500 km langen Landstreifens bildeten sich viele ungleiche Kulturen in ihren oft extrem naturräumlichen Umgebungen heraus.

Den Norden bezeichneten die ersten spanischen Chronisten als *despoblado de Atacama* („unbewohnte Atacama") in der falschen Annahme, die Wüste sei unbewohnt und unbewohnbar. Dabei lassen sich gerade hier **einige der ältesten Spuren der Völker Amerikas** finden. Bereits vor 10.000 Jahren lebten kleine Gruppen von Jägern und Sammlern in den höheren Andenregionen und stiegen von den kalten Hochebenen hinab in die Senke zwischen Hochkordillere im Osten und Salzkordillere im Westen, dort wo sich der Salar de Atacama bildete. Zu jener Zeit war das Klima weniger extrem als heute und die Wüste nicht so trocken, da es in höheren Lagen häufig und viel regnete. So entstanden riesige Salzseen, deren teilweise meterdicken Salzkrusten von 20 bis 30 m tiefen Lagunen und Seen mit Süßwasser bedeckt waren.

Einer ca. 6000 v. Chr. einsetzenden extremen Dürre folgte eine größere Abwanderung von Menschen in die Küstengebiete, wo sich in den folgenden Jahrtausenden an den Küsten und Flusstälern von Arica die **Chinchorro-Kultur** entwickelte, die die weltweit ältesten bekannten Zeugnisse künstlicher Mumifizierung hinterließ.

Schon früh standen die Völker zwischen Hochland und Pazifik miteinander in Verbindung. Mit Lamas erreichte man fruchtbare Gebiete, um Handel zu treiben. Monumentale **Felszeichnungen und Geoglyphen** entlang der alten Handelsrouten, wie etwa die unzähligen Lama-Abbildungen zwischen Putre und Arica, zeugen noch heute von jenem regen Verkehr. Ein Zentrum des interregionalen Handels war der Wüstenort San Pedro de Atacama, Siedlungsraum der Likan Antai, die vor 3000 Jahren die ersten festen Siedlungen in der Region errichteten. Sie züchteten Tiere, vor allem Lamas, und legten Feldterrassen an, auf die sie das Wasser aus den Bergen lenkten. Von ca. 1000 bis 800 v. Chr. fiel der Norden Chiles in die Einflusssphäre des **Tiahuanaco-Reiches,** dessen Interessen sich vom Titicacasee bis einschließlich San Pedro de Atacama erstreckten und welches die Region durch die Einführung neuer Bewässerungstechniken und neuer Handelsgüter bereicherte. Übliche Waren stellten vor allem feine Webstoffe, **Lamawolle, Keramik und Holzarbeiten** dar. Mit dem Niedergang der Tiahuanacos entwickelte sich ein Zusammenschluss von kleineren Herrschaftsgebieten, der als **Arica-Kultur** bezeichnet wird.

Südlich der Atacama im heutigen sogenannten „Kleinen Norden Chiles" sind Spuren menschlichen Lebens im Tal von Quereo nahe Los Vilos aus der Zeit von 12.000 bis 11.000 v. Chr. gefunden worden. Vom Pazifik bis ins Landesinnere entstand hier an der Küste und in den fruchtbaren Flusstälern die **El-Molle-Kultur,** deren Volk töpferte, Metalle bearbeitete und bereits begann, seine Haustiere zu zähmen.

Ab 900 n. Chr. entwickelten sich die als chilenische **Diaguitas** bezeichneten Völker, bekannt für ihre feine Keramikkunst und ihr Wissen über metallurgische Verfahren. Wie ihre Nachbarn im Norden wurden die Diaguitas ab Mitte des 15. Jh. von den Inka unterworfen, die ihre Herrschaft um 1490 bis weit nach Süden zum Fluss Maipú ausweiteten. Die Bevölkerung wurde unter teilweiser Beibehaltung der lokalen Machteliten in die **Organisationsstrukturen der Inka** eingebunden. Allerdings kam es dabei auch zu Zwangsumsiedlungen. Die Inka führten neue landwirtschaftliche Techniken ein und erschlossen das eroberte Territorium bis zum Salar de Atacama durch Straßen.

Südlich des Flusses Maipú setzten die dort siedelnden Mapuche den Inka erbitterten Widerstand entgegen und konnten, trotz vereinzelter Vorstöße der Inka auf ihre Gebiete, ihre Unabhängigkeit aufrechterhalten. Über die **Gesellschaft der Mapuche,** die von den Spaniern als „Araukaner" bezeichnet wurde, ist wenig aus der Zeit vor Ankunft der Spanier bekannt. Die Angaben stützen sich auf die Überlieferung der ersten spanischen Chronisten und wenige archäologische Funde. Die Araukarisch sprechenden Völker besiedelten damals das Gebiet zwischen Copiapó und Chiloé: im Norden die **Picunche** („Menschen des Nordens") und von Valdivia bis Chiloé die **Huilliche** („Menschen des Südens"), bei denen man je nach Naturraum drei Hauptgruppen unterscheidet. Am Pazifik lebten die Lafkenche als **Küstennomaden,** die auf Fischfang und Meeresalgen spezialisiert waren. Die Lafunches bewohnten das Zentraltal und widmeten sich der Landwirtschaft und Tierhaltung. In der Präkordillere (Voranden) siedelten die **Pehuenche,** deren Lebensgrundlage die stärkehaltigen Früchte der Araukarie waren. Im Sommer zogen die Pehuenche zur Ernte in die Araukarienwälder auf die Hochflächen der Anden, wo die Kerne der Araukarienzapfen geröstet oder zu Brei und Fladenbrot verarbeitet wurden. Im Winter lebten sie in den tiefer gelegenen Tälern von der Jagd und von Früchten und Beeren. Auf der Insel Chiloé siedelte neben den Huilliche das Volk der **Chono,** dessen Siedlungsgebiet bis zur Magellan-Straße reichte.

008ch-ks

Ein Labyrinth von Tausenden von Inseln, eine stark zerklüftete Küste, weite Steppen und feuchte Wälder prägen das Landschaftsbild **Patagoniens** südlich von Chiloé. Bis an die Südspitze des Kontinents lebten einst **Nomadenvölker,** die sich an die extremen Natur- und Klimabedingungen von Regen, eisiger Kälte und starken Stürmen angepasst hatten. Die ersten spanischen Seefahrer bezeichneten Patagoniens Einwohner ob ihrer unförmigen Fußbekleidung aus Guanaco-Fellen, die große Spuren hinterließ, als „Großfüßler" *(patagones).*

Feuerland war seit Ende der letzten Eiszeit (vor ca. 10.000 Jahren) besiedelt und es gab einen regen Austausch zwischen den auf der Hauptinsel lebenden **Selk'nam** (auch Onas genannt) und dem als Wassernomaden lebenden Volk der **Yámana** (auch Yaganes genannt), deren Territorium sich vom Beagle-Kanal bis Kap Hoorn erstreckte. Auf kleinen, aus Baumrinde gefertigten Kanus durchstreiften die **Kaweshkar** (auch Alakaluf genannt) auf der Jagd nach Seelöwen und Robben die südwestlichen Inseln zwischen dem Golf der Leiden und der Magellan-Straße.

Über Jahrtausende lebten diese Völker in einer der unwirtlichsten Regionen der Erde und hatten Strategien entwickelt, sich gegen extremste Naturgewalten zu behaupten. Den Mitbringseln des „weißen Mannes" konnten sie jedoch nichts entgegensetzen. Tuberkulose, Pocken, Alkohol und Besitzgier fielen viele dieser Völker innerhalb weniger Jahre nach Ankunft der Spanier zum Opfer.

⌃ Relikte aus der Zeit vor Ankunft der Spanier: Petroglyphen

Spanische Eroberung und Kolonialzeit

Im sechzehnten Jahrhundert schufen die Spanier ein riesiges Kolonial-
reich in Mittel- und Südamerika, welches sie insgesamt als „Las Indias" und
dessen Einwohner sie als „Indios" bezeichneten. Natürlich war die „neue
Welt" alles andere als einheitlich, vielmehr zeichnete sie sich durch ihre
Vielfalt aus. Das Territorium Chiles war dabei eine einzigartige Kombinati-
on aus geografischen und ethnischen Besonderheiten, welche die Region
von den anderen spanischen Kolonien unterschied und zunächst isolierte.

Als **erster Europäer** erreichte der portugiesische Seefahrer *Fernão Ma-
galhães* den Süden Chiles und durchsegelte 1520 die Meerenge, die das
argentinische und chilenische Festland von Feuerland trennt. Erst 15 Jahre später wandte sich *Diego de Almagro,* ein Mitstreiter *Pizarros,* von Peru aus Richtung Chile. Doch statt der erhofften Goldschätze fand er nur
Wüste vor und stieß am Fluss Maule auf so starken indigenen Widerstand,
dass er mit seinen Männern umkehren musste. *Almagros* Berichte über
den öden Norden und die widerspenstigen Araukaner verhinderten vor-
erst weitere Erkundungszüge.

Um so erstaunlicher war es, dass **Pedro de Valdivia** seine Silbermine
in Peru aufgab und sich 1540 auf den Weg gen Süden machte. *Valdivia*
drang mit seinen Männern bis nach Zentralchile vor und gründete 1541
die Stadt Santiago, wo er sich zum Gouverneur ernennen ließ. Bereits sieben Monate später griffen Einheimische Santiago an, brannten alles nieder und ließen den Spaniern kaum mehr als etwas Weizen und Vieh zurück. Der **Kampf um Chile** begann und sollte fast 350 Jahre andauern. Bis
1553 stießen *Valdivias* Männer nach Süden vor. Stets unter Gegenwehr
der Mapuche gründeten sie eine Reihe von Stützpunkten zur Sicherung
der Herrschaft im Zentraltal, darunter Concepción, La Imperial (heute Ca-
rahue), Valdivia und Villarica. Mit jeder Stadtgründung belohnte *Valdivia*
ausgewählte Konquistadoren mit sogenannten *encomiendas,* einer Art
Lehnsystem. Dieses räumte dem ernannten Schutzherrn (*encomendero*)
das Recht ein, im Namen des Königs von der indigenen Bevölkerung auf
seinen Ländereien Tribute einzufordern. Im Gegenzug nahm er sich deren
Schutz und Christianisierung an. Da die Einheimischen kaum materiellen
Reichtum besaßen, hatten sie die Abgaben in Form von Zwangsarbeit zu
leisten. Südlich des Maule-Flusses erwies sich die **Bezwingung der Mapuche zur Sklavenarbeit** als schwierige Aufgabe. Anstatt eines vereinten spanischen Heeres kämpfte zunächst jeder *encomendero* für sich, denn immerhin hing sein eigener Wohlstand vom Ausgang dieser Kämpfe ab. Am
Weihnachtstag 1553 lockten die Mapuche, angeführt vom **Kriegshäupt-
ling (Toqui) Lautaro,** den spanischen Anführer beim Fort Tucapel in die

Falle. Es gab keine Überlebenden. Einer Legende zufolge wurde *Valdivia* gefangen genommen und gezwungen, flüssiges Gold zu trinken, um so die Gier nach dem heiß begehrten Edelmetall zu stillen. Einer der Gründe für die erfolgreiche Kriegsführung der Mapuche lag in ihrer schnellen Anpassungsfähigkeit und ihrem Scharfsinn gegenüber den spanischen Invasoren. Taktisch geschickt griffen sie z. B. bei Regen an, weil dies die Funktion der gegnerischen Feuerwaffen minderte und sie eigneten sich schnell die Kampf- und Reittechniken der Spanier an. Erst als die Mapuche mit **Colo Colo, Lautaro und Caupolicán** bis 1558 wichtige Führungspersönlichkeiten verloren hatten, konnten sie von den Spaniern zurückgedrängt und neue Städte wie Osorno oder Castro im Süden gegründet werden. Die Annahme, man könne die Mapuche dauerhaft zurückdrängen, erwies sich jedoch als illusorisch.

Die permanente Bedrohung durch indigene Angriffe, der Verlust der Städte des Südens und die endlosen Auseinandersetzungen veranlassten die spanische Krone 1601, **ein stehendes Heer in Chile** zu stationieren und dieses zu finanzieren, was in keiner anderen spanischen Kolonie erfolgte. Eine weitere Maßnahme der Krone sah vor, die chilenischen Ureinwohner einer „gesonderten" Kategorie zuzuordnen und deren **Versklavung** in Chile 1608 durch königlichen Erlass offiziell zu erlauben, was in anderen Teilen des spanischen Kolonialreichs verboten blieb. Auch wenn dies seit 1570 längst Realität war, machte die Sonderregel den Krieg erst recht zu einem institutionalisierten Unternehmen und legitimierte die Brandschatzzüge und „Sklavenjagden".

Angesichts des hartnäckigen indigenen Widerstands und andauernder Niederlagen seitens der Spanier versuchte der neue Gouverneur *Laso de la Vega* den Konflikt zu Beginn des 17. Jh. auf andere Weise beizulegen, indem er einen Friedensvertrag anstrebte. Im **Frieden von Quilín 1641** erkannten die Spanier den Bío-Bío als Grenzfluss sowie die Unabhängigkeit der einheimischen Bevölkerung an. Im Gegenzug wurde den Jesuiten- und Franziskanermissionaren Zutritt in einheimische Gebiete gewährt. Nie zuvor hatte Spanien die Souveränität eines indigenen Volkes anerkannt. Zwei Jahre später wurde der Friedensvertrag offiziell von *König Philipp IV.* bestätigt, jedoch von den Beamten der Krone, den *encomenderos* und Soldaten nicht befolgt. Dafür war die indianische Arbeitskraft zu wertvoll. **Sklavenjagd und Plünderungen** blieben die Haupteinnahmequelle in der chilenischen Kolonie.

In Chile stieß die spanische Kolonialmacht in den Expansionsbestrebungen an ihre Grenzen. Immer wieder traf sie auf den unbeugsamen Widerstand der Mapuche. Im Gegensatz zu den anderen Eroberungszügen standen die Spanier hier keinem zentralisierten Reich wie bei den Azteken oder Inka gegenüber. Stattdessen gab es eine **unüberschaubare Zahl von Kampfverbänden.** Schaltete man einen Anführer aus, fand sich schnell ein neuer, der den Kampf fortführte.

Zwar war die militärische Eroberung Chiles erst im 19. Jh. abgeschlossen, jedoch hatte das autoritäre Eroberungssystem bereits die **Fundamente einer vielschichtigen Klassengesellschaft** gelegt. Diese war nicht nur durch die Ausbeutung von Arbeit gekennzeichnet, sondern auch von Korruption, willkürlichem Missbrauch der Amtsgewalt, Missachtung des Rechtssystems sowie der sozialen und wirtschaftlichen Institutionen, was die Entwicklung Chiles bis ins 20. Jh. beeinflussen sollte. Unter denselben Missständen litten auch die meisten anderen spanischen Kolonien auf dem Kontinent. Im Gegensatz zu den Hauptkolonialgebieten führten die geografische Isolierung und das Nichtvorhandensein von großen Gold- und Silberminen dazu, dass sich eine **landwirtschaftlich geprägte Wirtschaft** in Chile herausbildete. Die Konzentration der Bevölkerung im Zentraltal sowie die permanente Bedrohung und Sicherung der Grenze zu den Mapuche-Gruppen formte mit der Zeit eine koloniale Oberschicht mit militärischer Tradition und europäischer Orientierung.

Soziale Gliederung in der Kolonialzeit

Die grundlegende Gesellschaftsstruktur des Generalkapitanats Chile bildete sich im 16. und 17. Jh. heraus. Durch **ethnische Vermischung** entstand eine zunehmend homogene Bevölkerung, die sich vorwiegend aus einer mestizischen Mehrheit und einer kleinen Oberschicht von Kreolen und Spaniern zusammensetzte und sich bereits deutlich in Schichten untergliederte. Die sozialen Unterschiede bildeten sich mit der Entwicklung der ländlichen Regionen heraus. Aufgrund der günstigen klimatischen Bedingungen des Zentraltals und des Mangels an großen Gold- und Silbervorkommen entwickelte sich eine großflächige Landwirtschaft, die Chile lange Zeit prägen sollte. Entlang des Längstals zwischen dem Aconcagua-Tal und dem Fluss Bío-Bío zur Mapuche-Grenze entstanden **Haziendas** (riesige Landbesitze), deren Macht sich bis weit in die Zeit der Unabhängigkeit hinein fortsetzte. Aus Sicht der Spanier waren zur Kolonisierung zwei Dinge notwendig: **Land und Indios.** Die Art und Weise, wie man sich diese aneignete, war von Mexiko bis Feuerland unterschiedlich. Sogenannte *cabildos* (Stadträte), zusammengesetzt aus den wichtigsten Eroberern, wurden von der spanischen Krone mit der Landzuteilung und Landvergabe betraut unter der Auflage, indianische Rechte zu schützen. In Chile ging man bei der Landvergabe recht großzügig vor, ohne sich unbedingt an die Vorgaben der Krone, die ohnehin weit weg war, zu halten.

Die Siedler vereinnahmten dabei auch Land, das sich inmitten von indianischen Gebieten befand, wobei die Einheimischen zur Umsiedlung gezwungen oder der Grundherrschaft des Landnehmers einverleibt wurden.

Einer Schätzung zufolge gab es während der Kolonialzeit 400 bis 500 Großgrundbesitze mit jeweils ca. 1000 ha Land. Die Hälfte davon konzentrierte sich auf den Getreidehandel. Die Landarbeiterschaft bestand vor allem aus mestizischen Arbeitskräften, wobei *inquilinos* (Landarbeiter) das Rückgrat der chilenischen Landwirtschaft bildeten. In einer Art **Pachtbauernschaft,** die bis 1960 auf dem Land vorherrschend war, wurde ihnen gegen Arbeitsleistungen auf dem Gut des Großgrundbesitzers Land zur Verfügung gestellt. *Peones* (Gelegenheitsarbeiter) übernahmen zusätzlich vor allem während der Erntezeit die Feldarbeit. Die Hazienda stellte den gesellschaftlichen Mittelpunkt auf dem Land dar und wies neben den Produktionsstätten auch Läden, Schulen und Kirchen auf. So nahm die **Macht der Großgrundbesitzer** zu. Sie genossen hohes Ansehen und gewannen auch politisch immer mehr an Einfluss. Auf dem Land waren die Haziendas oftmals die einzige Verbindung zu den kommerziellen Zentren der Städte, wo der Grundherr in der Regel über einen Wohnsitz verfügte.

Im Gegensatz zum fruchtbaren Zentraltal war der **Norden Chiles** in dieser Hinsicht weniger begünstigt. Statt einer florierenden Landwirtschaft war es der **Bergbau,** der dem dünn besiedelten Raum zum Aufschwung verhalf und am Ende der Kolonialzeit erheblich zur Entwicklung der Wirtschaft Chiles beitrug. Die Ureinwohner des nördlichen Chile bis Copiapó fügten sich den Spaniern. Sie waren durch die Erfahrung der Inka-Herrschaft bereits an Fronabgaben gewöhnt. Sie produzierten **Gold, Lebensmittel, Felle und Talg,** die als Hauptexportwaren nach Peru verschifft wurden und die *encomenderos* bereicherten sich daran.

Wie in anderen Teilen Amerikas waren Krankheiten und Ausbeutung Ursache einer raschen Dezimierung der Urbevölkerung, sodass nur kleine Gruppen von Aymara und Likan Antai im Norden Chiles überlebten.

Auch die südlich des Grenzflusses Bío-Bío lebenden indigenen Bevölkerungsgruppen sahen sich den eingeschleppten Krankheiten ausgesetzt. Durch den ständigen Kontakt mit den Spaniern veränderte sich die **Kultur der Mapuche** – eine Sammelbezeichnung, die sie gegen Ende dieser Epoche selbst wählten. Bis zur Ankunft der Spanier bildeten sie keineswegs eine geschlossene Einheit, zu unterschiedlich waren die regionalen Gruppen. Bedingt durch die permanente Kriegsführung bildete sich ein Zusammengehörigkeitsgefühl heraus und mit der Ausbreitung von Landwirtschaft und Handel übernahmen die Mapuche Produkte und Anbaumethoden ihrer nördlichen Nachbarn. Entlang der **Grenze des Bío-Bío** entwickelte sich ein lebhafter Handel. Ponchos, Pferde und Werkzeuge

wurden hier getauscht. Die in unmittelbarer Nähe der Forts lebenden Mapuche standen in engem Kontakt mit den Spaniern. Mestizen oder Spanier lebten unter den Mapuche und nahmen eine wichtige Mittlerrolle zwischen den Kulturen ein. Die Mapuche wiederum entsandten gegen Ende des 18. Jh. Kaziken als Botschafter nach Santiago. **Araukanien** entwickelte sich zwar nicht zu einem zentralisierten Staat, stellte aber ein unabhängiges Gebiet im Süden dar, das erst in den 1880er-Jahren in den dann unabhängigen chilenischen Staat eingegliedert wurde. Im Bewusstsein der Chilenen ist die Region südlich des Bío-Bío immer noch „La Frontera" – die Grenze.

Autonomiebestrebungen

In den letzten Jahrzehnten des 18. Jh. verschafften die **administrativen und handelspolitischen Maßnahmen der spanischen Krone** Chile ein gewisses Selbstbewusstsein. Mit dem Ziel, Missstände in der Kolonialpolitik abzubauen, führte die Krone wichtige Institutionen wie die staatliche Münze und den Handels- und Bergbaugerichtshof in der chilenischen Kolonie ein und lockerte die Monopolansprüche Spaniens im Handel mit Amerika. Eine eigene Kaufmannschaft *(consulado)* in Santiago nahm ab 1795 selbst Einfluss auf **Handel und Transport.** Mit der Gründung der Uni-

⌃ In Südpatagonien werden riesige Schäfereien gegründet

versität San Felipe in Santiago und einem **wissenschaftlichen Austausch zwischen Europa und Amerika** erreichten Ideen der Aufklärung und des Fortschritts das Land. Der Unmut gegen die absolutistischen Vorstellungen der Spanier und das **Streben nach größerer politischer Einflussnahme** wuchs mit wachsender Bildung in der kreolischen Oberschicht. Die Staatskrise in Spanien ab 1808, die Besetzung des Landes durch *Napoleon* und die Absetzung *Ferdinands VII.* ermutigten die chilenischen Kreolen, die Krise auszunutzen und ihre Autonomiebestrebungen durchzusetzen. Der **Anstoß** dazu kam 1810 aus **Buenos Aires.** Dort hatten Unabhängigkeitskämpfer den Vizekönig von Río de la Plata abgesetzt und eine eigene Regierungsjunta etabliert, die die Regierungsgewalt an sich nahm. Chile zog am 18. September (dem heutigen Nationalfeiertag) desselben Jahres nach und rief eine **Bürgerversammlung** ein, auf der etwa 400 der einflussreichsten Bürger Santiagos hinsichtlich der Regierungsform entscheiden sollten. Der Rücktritt des Gouverneurs wurde angenommen und die **Bildung einer Regierungsjunta** erklärt. Die kommenden zwei Jahrzehnte waren geprägt von Juntas, Versammlungen und Kongressen, die Chile ihre Regentschaft aufzuerlegen suchten, unterbrochen von einer über zwei Jahre andauernden Wiedererrichtung der spanischen Kolonialherrschaft von 1814 bis 1817. Die Krone stellte ihre Herrschaft durch Verfolgung der Republikaner und einen harten Restaurationskurs wieder her. War die Unabhängigkeitsbewegung bis dahin hauptsächlich auf Patrioten der chilenischen Oberschicht begrenzt, begann die brutale spanische Besatzung

auch die einfache Bevölkerung gegen sich aufzubringen. Die **Befreiung erfolgte von Argentinien aus,** wo 1817 die während der Restauration geflüchteten Chilenen unter Führung von *Bernardo O'Higgins* und *Luis Carrera* mit General *San Martín* ein vereinigtes Heer zusammenstellten und Chile von Osten her befreiten. Schließlich wurde am 12. Februar 1818 offiziell die **Unabhängigkeit Chiles** erklärt, auch wenn die letzte spanische Bastion im Süden auf Chiloé erst 1826 besiegt werden sollte.

19. Jh. – Stabilität, Modernisierung, Expansion

Chile war einer der ersten neuen lateinamerikanischen Staaten mit einer gefestigten und unabhängigen Republik. **Bernardo O'Higgins** übernahm als **erster Staatschef** die Regierungsgeschäfte, die er sechs Jahre lang autoritär führte. Er leitete tiefgreifende Reformen ein und erließ 1818 die **erste Verfassung,** welche er vier Jahre später um verschiedene liberale Elemente wie die Zulassung von Wahlen und eines Kongresses erweiterte. Eine Klausel der Verfassung, die *O'Higgins* ein weiteres Jahrzehnt als Staatschef gewährt hätte, wurde von der Oberschicht für inakzeptabel

⌄ Chiloé: Die letzte spanische Bastion ging erst 1826 an Chile

010ch-ks

erklärt. Nach der Abdankung *O'Higgins'* übernahm General *Freire,* ein liberal gesonnener Soldat, das Amt. Das politische Lager spaltete sich in die nach Reformen strebenden **Liberalen** und die Elite wohlwollender **Konservativer.** Insgesamt wurden vier Verfassungsentwürfe geschrieben, bis 1828 der vierte in Kraft trat. Die neue Verfassung konnte nichts gegen die **wachsende politische Unsicherheit und Spaltung der Parteien** ausrichten. Die Gegner des liberalen Regimes, angeführt von dem Konservativen *Diego Portales,* putschten. Es kam zum ersten chilenischen Bürgerkrieg, in dem die Truppen der Liberalen und Konservativen aufeinanderstießen und letztere aus der **Schlacht von Lircay 1830** siegreich hervorgingen.

Die konservativen Kräfte leiteten nun eine **Phase der politischen und wirtschaftlichen Konsolidierung** ein. Die 1833 in Kraft tretende Verfassung sah eine starke präsidiale Autorität vor. Daraus hervor ging eine Begründung des Wahlrechts auf Grundbesitz (bis 1874) und auf die Fähigkeit, lesen und schreiben zu können (bis 1970). **Portales,** nun gleichzeitig als Innen-, Außen- und Kriegsminister im Amt, gestaltete das Militär um, indem er Offizieren den unpolitischen Status wie vor der Unabhängigkeit vorschrieb und führte **wirtschaftliche sowie finanzielle Reformen** bei der Armee und Beamtenschaft ein. Sein Modell überdauerte fast ein Jahrhundert. Seine Grundsätze im Streben nach Sparsamkeit und Unbestechlichkeit im Staatsdienst prägen Chile bis heute. Die politische und wirtschaftliche Elite, repräsentiert durch die traditionell kreolische Oberschicht im engen Bündnis mit der Kirche, vertrat die Interessen der Großgrundbesitzer. Durch den Aufschwung im Bergbau und im Handel erweiterte sich die **chilenische Oberschicht** um reiche Kaufleute, Minenbesitzer und Banker. Die Elite spaltete sich in Liberale und Konservative, die sich von Ende des 19. bis Mitte des 20. Jh. in der Übernahme der Regierungsgeschäfte abwechselten.

Wachstum nach außen, Verarmung nach innen

Die Unabhängigkeitskriege hatten die Wirtschaft Chiles tiefgreifend verändert. Zwar blieben Landwirtschaft und Bergbau die Hauptstützen, doch die Auflösung kolonialer Handelsrestriktionen und die Öffnung neuer Häfen für den internationalen Handel bewirkten eine erhebliche **Zunahme des Schiffsverkehrs** sowie die **Verbesserung der Handelsbedingungen.** Valparaíso etwa entwickelte sich zum führenden Hafen des Pazifiks, an dem sich zunehmend auch ausländische Kaufleute niederließen. Zwischen 1810 und 1840 stieg der chilenische Außenhandel um das Dreifache an. Chile wurde zu einem wichtigen **Rohstofflieferanten** für England, Frankreich und die USA. Andererseits gelangten aufgrund des zunehmenden Schiffsverkehrs auch große Mengen an Importwaren nach Chile, für die es nur begrenzt Abnehmer gab. Darum mussten die Kaufleute ihre Preise schon bald senken und geringere Gewinnmargen akzeptieren. Die für Lateinamerika typische **Import-Export-Struktur** eines Rohstoffliefferanten und Abnehmers von Fertigprodukten sollte in Chile dauerhaft etabliert bleiben. Einkünfte erzielte die Regierung hauptsächlich über Einfuhrzölle. Bis zum Ausbruch des Krieges gegen Peru und Bolivien 1879 besteuerte der Staat den Besitz und das Einkommen der Eliten nicht.

Von den Unabhängigkeitskriegen war der Landwirtschaftssektor zwar schwer mitgenommen, erholte sich aber schon bald. Peru blieb als Abnehmer für Weizen erhalten und mit dem ab 1848 einsetzenden Goldrausch in den USA liefen mit Weizen beladene Schiffe aus Chile Kalifornien an, das Waren günstiger und sicherer über den Pazifik bezog als über Land aus dem amerikanischen Osten. Chile entwickelte sich in dieser Zeit auf der Grundlage politischer Stabilität zu **einem der wichtigsten Exportländer für Weizen, Mehl und Wein.** Die Großgrundbesitzer waren durch die hohe Nachfrage bemüht, ihre Produktion zu steigern, was den Wert landwirtschaftlichen Besitzes steigerte und einen Hunger nach neuen Agrarflächen auslöste. Allerdings war der Exportboom nach Kalifornien nicht von Dauer, da die Siedler dort bald selbst begannen, eine eigene Produktion aufzubauen. Nach dem Wegfall des amerikanischen Marktes importierte Großbritannien den Großteil des chilenischen Weizens und auch der Bedarf der einheimischen nördlichen Bergbaugebiete nahm zu.

Ein noch größeres Gewicht als der Landwirtschaft fiel dem **Bergbau** im Norden zu, der sich regelrecht zur Wachstumsregion entwickelte. Ausländische Unternehmen investierten in diesem Bereich, neue **Silbervorkommen** wurden entdeckt und aufgrund verschiedener Erfindungen stieg die Nachfrage nach Kupfer weltweit. Als **führender Kupferproduzent** waren Chiles gesamte Exportwirtschaft und staatliche Einnahmen bald schon von der Kupferbranche abhängig.

Trotz des Fortschritts ergaben sich für die Masse des Volkes keine unmittelbaren materiellen Veränderungen oder günstigeren Lebensumstände. Landwirtschaft bestimmte nach wie vor das alltägliche Leben. In den 1860er-Jahren lebten vier von fünf Chilenen auf dem Land und arbeiteten auf den Ländereien der Großgrundbesitzer, denen etwa 80 % des gesamten chilenischen Agrarlandes gehörten. Die Mehrheit der **Landbevölkerung besaß keinen eigenen Grund und Boden.** Ohne eine unabhängige Existenzgrundlage waren sie gezwungen, sich und ihre Familien mit Gelegenheitsjobs über Wasser zu halten. Eine Volkszählung von 1865 ergab, dass fast 60 % der chilenischen Männer in Zentralchile weder einen festen Wohnsitz noch eine feste Anstellung hatten. Mit steigenden Getreideexporten erzielten die Landbesitzer immer größere Gewinne und zugleich verschlechterten sich die Lebensumstände des einfachen Volkes zunehmend. Im Zuge der **Verarmung auf dem Land** zogen viele Männer als Wanderarbeiter in den Norden, wo sie sich im Bergbau unter harten Arbeits- und Lebensbedingungen ihren Lebensunterhalt verdienten. Andere gingen in die Städte und erhöhten dort die Anzahl der Gelegenheitsarbeiter.

Städtewachstum

Da die Ausübung staatsbürgerlicher Rechte wie des Wahlrechts an bestimmte wirtschaftliche, soziale und geschlechtliche Voraussetzungen gebunden war, blieben die unteren Gesellschaftsschichten vom politischen Geschehen und wirtschaftlichen Fortschritt ausgeschlossen. Es profitierte die chilenische Elite, die ihren Wohlstand offen zur Schau stellte. Ihre Stadtpaläste säumten die **Prachtstraßen Santiagos,** während in unmittelbarer Nähe **Armenviertel** entstanden, in denen erbärmliche Wohnverhältnisse herrschten. Großfamilien lebten zusammengedrängt in alten Herrenhäusern oder sogenannten *conventillos,* die kaum über ausreichend Sanitäranlagen verfügten, sodass es aufgrund mangelnder Hygiene zu gesundheitlichen Problemen kam. Als die **soziale Ungleichheit** unübersehbar und für die städtische Elite untragbar wurde, entschied der Oberbürgermeister *Vicuña Mackenna,* eine Ringstraße um das Stadtzentrum bauen zu lassen, die es von den Elendsvierteln trennte. Die Neigung, weniger angenehme Aspekte der chilenischen Realität auszublenden anstatt sich ihrer anzunehmen, setzte sich auch in der weiteren Entwicklung fort. Aufgrund der unsicheren Beschäftigungsverhältnisse auf dem Land zog es immer mehr Menschen in die Stadt, sodass Ende der 1870er-Jahre bereits jeder zehnte Chilene dort lebte.

Der massive **Zuzug nach Santiago und Valparaíso** erhöhte die Anzahl der in den Armenvierteln lebenden Menschen, aber auch eine **Mittelschicht** aus Offizieren, Beamten, Handwerkern und Kleinunternehmern bildete sich heraus. Es entstanden Betriebe, die sich auf die Herstellung von Spirituosen, Konditorwaren, Kleidung und Möbeln spezialisierten. Die Hauptstadt profitierte von einem **Modernisierungsschub.** Das 1857 errichtete Teatro Municipal (Stadttheater), Gasbeleuchtung und pferdebetriebene Straßenbahnen prägten das Stadtbild Santiagos und waren der Stolz des Bürgertums. Öffentliche Gebäude, Parks und Plätze entstanden nach europäischem Vorbild. Die Entwicklung moderner Verkehrsmittel wie Eisenbahn und Dampfschiff sowie die Anbindung an das Überseekabel ermöglichten eine schnellere und direkte Verbindung mit europäischen und nordamerikanischen Geschäftspartnern. Ausländische Investitionen waren generell willkommen.

D11ch-ks

„Befriedung" und Kolonisierung Araukaniens

Mit der chilenischen Republik begann im Mapuche-Grenzland (La Frontera) eine neue **Ära der Konfrontation.** In ihren Modernisierungsbestrebungen beabsichtigte die Führungsschicht, sich möglichst rasch europäischen Maßstäben anzupassen. Die **indigene Bevölkerung** begriff sie hierbei als Entwicklungshindernis und stellte sie wie zuvor schon die Kolonisatoren als barbarische Wilde dar. Im Zusammenspiel mit wirtschaftlichen Interessen, die vor allem Raum für Agrarflächen betrafen, um neben der steigenden Exportnachfrage auch den einheimischen Bedarf decken zu können, war die Grundlage für die „Befriedung" der Region Araukanien (Región de la Araucanía), das autonome Mapuche-Gebiet, gegeben. In einem von Chile beanspruchten Territorium wurde kein unabhängiges Volk geduldet, schon gar nicht, wenn dessen Land größer als das Staatsgebiet Chiles ausfiel. Mit dem 1845 erlassenen **Kolonisationsgesetz** initiierte die Regierung erste **Siedlungsprogramme auf Mapuche-Gebiet** und erhöhte damit den Druck auf die Mapuche. Ersten Kolonisierungsversuchen widerstanden sie zunächst. Doch als der Staat sich 1866 per Gesetz zum Eigentümer des gesamten Gebietes erklärte und alle bis dahin geltenden Verträge mit den Mapuche außer Kraft setzte, begann ein **gewaltsamer Prozess der Unterwerfung.** Den Mapuche gelang es trotz heftiger Gegenwehr nicht, sich gegen das modernisierte chilenische Berufsheer zu behaupten. 1881 wurden die Mapuche in der entscheidenden **Schlacht**

⌃ Leitspruch Chiles: „Por la razón o la fuerza" –
„Aus Vernunft oder mit Gewalt"

Der Salpeterkrieg: Kriegserklärung an die Nachbarn

Zu wichtigen Zentren der Salpetergewinnung entwickelten sich die Ataca-ma-Gebiete im Länderdreieck Peru, Bolivien und Chile bis Mitte des 19. Jh. Als Düngemittel fand Salpeter Absatzmärkte in Europa.

Chilenisches Kapital wurde sowohl in der peruanischen Provinz Tarapacá als auch in der bolivianischen Küstenregion Antofagasta eingesetzt. Als die peruanische Regierung infolge einer Wirtschaftskrise 1875 die Salpeterindustrie verstaatlichte und Bolivien versuchte, den chilenischen Einfluss durch Erhöhung der Ausfuhrzölle zu mindern, spitzte sich die Lage zwischen den drei Andenländern zu. Ohnehin war der Grenzverlauf schon seit Unabhängigkeitstagen Streitpunkt zwischen Bolivien und Chile, der zuletzt im Grenzvertrag von 1866 eine Regelung fand.

Im Januar 1879 entbrannte der Streit erneut, als die bolivianische Regierung drohte, chilenische Salpeterunternehmen zu beschlagnahmen, nachdem diese die Zahlung der Steuern verweigerten. Chile antwortete prompt mit der Besetzung Antofagastas in Bolivien. Nachdem sich herausstellte, dass Peru und Bolivien einen geheimen Verteidigungspakt geschlossen hatten, erklärte Chile den beiden Nachbarstaaten den Krieg. Es begann der Salpeterkrieg, der auf Spanisch als „Guerra del Pacífico" (Pazifikkrieg) bekannt ist.

In den Seegefechten gelang es der chilenischen Flotte, die Oberhand zu gewinnen, obwohl sie mit der Versenkung des Kriegsschiffs Esmeralda einen herben Verlust hinnehmen musste. Bis heute wird ihr Kapitän Arturo Prat verehrt, der sich für sein Vaterland opferte. Prats Denkmal steht in fast jedem Ort Chiles und der 21. Mai erinnert als Feiertag an seinen Heldentod.

Den Krieg gewann Chile 1883 und verfügte damit über ein weltweites Nitratmonopol. Peru musste den größten Teil seiner Provinz Tarapacá an Chile abtreten und einer Besetzung der Provinzen Tacna und Arica zustimmen. 1929 wurde beschlossen Tacna endgültig an Peru zurückzugeben, Arica aber in Chile zu belassen.

Während die Niederlage für Peru vor allem eine wirtschaftliche Einbuße war, verlor Bolivien seinen wichtigen Zugang zum Meer. Nach dem Kriegsende 1904 gestand Chile Bolivien zollfreien Zugang zu den Häfen von Arica und Antofagasta sowie den Bau einer Bahnlinie zwischen La Paz und Arica zu. Bis heute hat Bolivien den verlorenen Zugang zum Pazifik nicht überwunden. Nach wie vor hält es an seiner Seeflotte fest, was dem Land einen Titel für die wohl einzige Seeflotte ohne Meerzugang einträgt. Für die chilenische Wirtschaft spielten die hinzugewonnenen nördlichen Provinzen erst mit der Salpeter- und später mit der Kupfergewinnung eine maßgebende Rolle.

am Cerro Ñielol geschlagen und die Neugründung der einst durch sie zerstörten Stadt Villarica besiegelte 1883 den **Sieg Chiles.** Nach der endgültigen Niederlage der Mapuche leitete der chilenische Staat die „Zusammenführung" der einstigen Bewohner Südchiles in Reservate (sogenannte *reducciones*) ein.

Nach Einverleibung des araukanischen Territoriums betrieb die chilenische Regierung eine **Einwanderungspolitik,** die durch wirtschaftliche Anreize wie Landvergabe und finanzielle Starthilfen gezielt europäische Einwanderer anwarb. Da Chile, ein Land mit großem Territorium in ungünstiger Lage und mit geringer Bevölkerung, kaum mit spontaner Zuwanderung rechnen konnte, richteten sich die Siedlungsprogramme gezielt an Handwerker und Bauern aus Deutschland. Deutschen Siedlern wurden weitreichende Freiheiten gewährt wie die sofortige Erteilung der chilenischen Staatsbürgerschaft und damit volle Anerkennung der Bürgerrechte. In den Gebieten um die südchilenischen Seen entwickelte sich mit der **Niederlassung deutscher Bauern und Handwerker** ein aufstrebendes Gewerbe. Insgesamt waren europäische Einwanderer auf allen gesellschaftlichen Ebenen willkommen und mit entsprechendem wirtschaftlichem Erfolg stiegen sie problemlos in die höheren Ränge der Elite auf. Im Vergleich zu Argentinien kam lediglich eine geringe Anzahl europäischer Einwanderer nach Chile, wobei das einstige **Jugoslawien eine wichtige Herkunftsregion** war. Den Großteil machten **Immigranten aus den Nachbarländern Bolivien und Peru** aus, die vornehmlich aus den unteren Gesellschaftsschichten stammten und denen in Chile oftmals mit rassistischen Vorurteilen begegnet wurde.

Salpeterboom und soziale Frage

Der nächste deutliche Einschnitt in der Geschichte Chiles fällt mit dem Ende des Salpeterkrieges 1883 und der Wahl von *José Manuel Balmaceda* zum Präsidenten im Jahr 1886 zusammen. Der Zeitraum von 1883 bis 1924 bildete eine zusammenhängende Einheit, in der das politische Geschehen von einer kleinen Oligarchie aus Großgrundbesitzern, Bergwerksbesitzern und der städtischen Bourgeoisie bestimmt wurde und die Wirtschaft sich auf das **Hauptexportprodukt Salpeter** konzentrierte. Das neu erworbene Nitratmonopol hielten ausländische Unternehmen fast vollständig in Händen. Was die noch nicht erschlossenen Vorkommen und die im Eigentum des Staates stehenden Minen betraf, so wurden diese öffentlich versteigert. **Ausländische Minenbesitzer** führten mit ihrem Kapital technologische Neuerungen ein und erhöhten die Produktion, die eine nie da gewesene Steigerung erfuhr. Die Ausbeute von 862.000 Ton-

Extrainfo 1 (s. S. 6): Dokumentation über die ehemaligen Salpeterminen und Arbeitersiedlungen in Nordchile

nen Salpeter im Jahr 1891 erhöhte sich bis 1917 auf mehr als drei Millionen Tonnen. Die Regierung *Balmaceda* setzte die **Einkünfte aus dem Salpeterhandel** zugunsten der Modernisierung des Landes ein und investierte sie in das Bildungswesen, den Ausbau der Infrastruktur und des Militärs. So wurden eine beachtliche Handelsflotte und ein in Lateinamerika beispielloses Eisenbahnnetz aus eigenen Mitteln aufgebaut. In **den goldenen Jahren des Salpeterbooms** wurde der Reichtum mit vollen Händen ausgegeben. Trotz der immensen Salpetereinkünfte traten Defizite auf, die durch ausländische Kredite abgedeckt wurden. Eine wachsende Auslandsverschuldung und Geldentwertung sowie die Abgabe der Bodenschätze an ausländisches Kapital kennzeichnen die Wirtschaftspolitik dieser Jahre.

Die Jahrhundertwende war eine **Zeit tiefgreifender demografischer Veränderungen.** Die Zahl der Bevölkerung nahm zwischen 1895 und 1920 um 30 % zu und fast die Hälfte aller Chilenen lebte in der Stadt. Im Zuge der Entwicklungen in Bildung und Kultur entstand eine Mittelschicht, die nun begann, ihre eigenen Forderungen zu stellen und langsam zu einem politischen Faktor heranzuwachsen. Mit dem Regierungsantritt *Arturo Alessandris* 1920 setzte der Prozess zur **Eingliederung der Mittelschichten** in das politische System ein. Zum ersten Mal in der chilenischen Geschichte bündelte sich die Macht auf der Seite der Arbeiterschaft und der Mittelschichten. Es waren Lehrer, Beamte oder Angehörige freier Berufe, die in der Radikalen Partei ihren politischen Ausdruck fanden. Das Wachstum im Bergbau und die beginnende **Industrialisierung** gingen mit einer unbarmherzigen **Ausbeutung der Arbeiter** einher. Innerhalb der Arbeiterschaft nahmen die Minenarbeiter eine Schlüsselrolle ein. Sie protestierten gegen schlechte und gefährliche Arbeitsbedingungen sowie gegen das Ficha-System. *Fichas* waren Gutscheine in Form von Metall- und Hartgummischeiben, die nur in betriebseigenen Läden gegen Waren zu überhöhten Preisen eingelöst werden konnten. Im ganzen Land kam es zu zahlreichen **Streiks und Massenprotesten,** wobei die Isolation der Bergbauregionen einen Anschluss an die städtischen Bewegungen verhinderte, die ebenfalls aufgrund von miserablen Lebensumständen entstanden. Die Regierung reagierte mit Unterdrückung und schlug Proteste zum Teil brutal nieder.

Eines der schrecklichsten **Massaker** in der chilenischen Geschichte ereignete sich im Dezember 1907 in der Schule Santa María in Iquique, wo sich Tausende von Bergarbeitern mit ihren Familien versammelten und Lohnerhöhungen sowie Arbeitsschutzmaßnahmen forderten. Als es dem

▷ Eine Dampflok: übrig geblieben aus der Zeit des Salpeterbooms

Befehlshaber des örtlichen Militärs nicht gelang, den Streik aufzulösen, ließ er mit Maschinengewehren auf die in der Schule zusammengekommene Menge schießen. Mehr als 1000 Arbeiter sollen dabei ums Leben gekommen sein. Diese Erfahrungen trieben die Arbeiter nur weiter an, für ihre Forderungen zu kämpfen. Sie vereinigten sich in eigenen politischen Organisationen, die sich für ihre Interessen und Rechte einsetzten. In diesem Zuge entstand die *FOCH (Federación Obrera de Chile),* die größte **Arbeitervereinigung,** die sich später zum größten Gewerkschaftsverband Chiles entwickelte, sowie auch die Sozialistische Arbeiterpartei *(Partido Obrero Socialista),* gegründet 1912 in Iquique und Vorläufer der Kommunistischen Partei.

Nach Ende des Ersten Weltkriegs kam es infolge der Inflation zu **Massendemonstrationen** gegen die hohen Lebensmittelpreise. Inzwischen hatten sich sämtliche Gruppen der Arbeiterschaft der Streikbewegung angeschlossen und die Intensität der Streiks nahm zu. Obwohl die Regierung die Arbeiterbewegung weiterhin unerbittlich bekämpfte, wurde sie von der allgemein herrschenden Unruhe und Unzufriedenheit gezwungen, Zugeständnisse in der sozialen Gesetzgebung einzuräumen. Der erste Schritt in diese Richtung war die Verabschiedung des Arbeiterwohnungsgesetzes, in dem der Abriss von Chiles ersten Elendsvierteln, den *conventillos* (Arbeiterunterkünfte), festgelegt wurde. Allerdings ohne für einen Ersatz derselben zu sorgen.

Weitere **Sozialgesetze** wie das Gesetz von 1918 über Pensionen und eine Sozialversicherung für Eisenbahner folgten und machten Chile in diesem Bereich zum Vorreiter in Lateinamerika. Nach dem Ende des Ersten Weltkriegs entwickelte sich die Situation auf allen Ebenen krisenhaft. Durch die **Erfindung des künstlichen Salpeters** gingen die Salpetereinnahmen rapide zurück und brachten den Staat in Finanznöte.

Aufbruch in die Moderne

Die wachsenden wirtschaftlichen Probleme sowie zunehmende politische und soziale Spannungen stellten die Regierung vor eine fast unlösbare Herausforderung. 1930 ergriff die **Weltwirtschaftskrise** die schwache chilenische Wirtschaft in vollem Umfang. Massenproteste und Widerstand auf allen Gesellschaftsebenen zwangen die Regierung *Ibáñez* zum Rücktritt. **Putsche und Regierungswechsel** folgten, bis der frühere Präsident *Alessandri* 1932 abermals in den Regierungspalast einzog und die institutionelle Ordnung wiederherstellte. Die politischen und sozialen Konflikte verschärften sich während seiner Amtszeit weiter. Durch den Zusammenschluss der Radikalen Partei mit den Sozialisten und Kommunisten zur Volksfront *(Frente Popular)* richteten sich die politischen Kräfte in Chile neu aus und verhalfen *Pedro Aguirre Cerda* 1938 zur Präsidentschaft. Die siegreiche Koalition verfolgte **ehrgeizige Vorhaben,** um den Reichtum des Landes gerechter zu verteilen, ausländische Unternehmen zu kontrollieren und eine Agrarreform einzuleiten. Mit der Volksfront begann erstmals die **Mittelklasse, eine tragende Rolle im politischen Geschehen** zu spielen. Als in den 1930er-Jahren offensichtlich wurde, dass das auf Agrarproduktion und Bergbau basierende Wirtschaftsmodell scheiterte, leitete die Volksfront Schritte zur Umstellung der Wirtschaft vom Primärexport auf **Importsubstitution** ein. Der Ausbruch des Zweiten Weltkriegs trieb dies weiter voran, da Chile vormals importierte Produkte nicht mehr erhielt und nun selbst produzieren musste. Die **Industrialisierung** wurde mit kräftiger staatlicher Unterstützung vorangebracht. In ihrem Verlauf entstanden viele staatliche Unternehmen und private Firmen expandierten. Erdöl-, Stahl- und Zuckerindustrie entstanden sowie ein landesweites Elektrizitätsnetz.

Mit der fortschreitenden Industrialisierung nahm der Beschäftigungsanteil in Bergbau und Landwirtschaft ab und in Industrie und im Dienstleistungssektor dagegen zu. Der Bildungs- und Kultursektor war Präsident *Aguirre Cerda* ein großes Anliegen. Nach seinem Leitspruch **„Regieren heißt erziehen"** erlebte der Bereich einen ungeahnten Entwicklungsschub. Der Schulbesuch wurde kostenfrei und Schüler aus armen Verhältnissen erhielten staatliche Unterstützung. Die Anmeldungen von Grundschülern stiegen zwischen 1940 und 1957 um fast 70 %, in der Oberstufe um 160 % und in den Universitäten bis auf 230 % an, was sich in der Folge in einem fortschrittlichen Denken sowie in der **Herausbildung einer intellektuellen Schicht** äußerte. Einer ihrer Vertreter war der bekannte Schriftsteller und Dichter *Pablo Neruda*.

Zudem gewährte Chile vielen Hunderten von Spaniern, Europäern und Lateinamerikanern, die vor den Diktaturen ihrer Heimatländer flohen, **Asyl.** Oftmals handelte es sich bei ihnen um Intellektuelle, die ihre Ansichten zu einer nationalen und demokratischen Entwicklung in die Diskussion mit einbrachten. Rundfunk und Presse verbreiteten sich und erreichten sämtliche Gesellschaftsschichten. Das grundlegend veränderte soziale Gefüge in Chile ließ eine **neue Mittelschicht** aus Akademikern und Technikern entstehen, die fortschrittlich dachten und zum **Motor des soziokulturellen Wandels** wurden. Dementsprechend veränderte sich die Beschäftigungsstruktur. Der **Dienstleistungssektor wuchs** und der Anteil der in der Landwirtschaft Beschäftigten sank, obgleich dieser Sektor weiterhin dominierte. Der Staat übernahm zunehmend soziale Verantwortung und widmete sich den grundlegenden Bedürfnissen der Bevölkerung wie der Erweiterung der Sozialversicherung oder Verbesserung der medizinischen Versorgung. Trotz dieser Erfolge wurden die Arbeiterbewegungen nach wie vor unterdrückt und deren Teilhabe am politischen System von den konservativen Kräften in Frage gestellt.

Die enorme **Geldentwertung** zwischen 1937 und 1946 machte schließlich die erhoffte Verbesserung der Lebensbedingungen der lohnabhängigen Bevölkerung zunichte. Die Zahl der Industriearbeiter stieg unaufhörlich, da Tausende von Landarbeitern in die Städte zogen. An den Stadträndern sprossen als *callampas* („Pilze") bezeichnete **Armensiedlungen** aus dem Boden. Ohne Strom, Wasser und unter miserablen hygienischen Bedingungen lebten in den 1960er-Jahren etwa eine halbe Million Menschen in solchen offiziell *poblaciones* genannten Armensiedlungen. Die soziale Lage der Landbevölkerung war kaum besser. Die **ungerechte Besitzstruktur** in Gestalt eines kleinen Kreises von Großgrundbesitzern, die den größten Teil der Landwirtschaft kontrollierten, wurde immer mehr als Ursache für die Probleme auf dem Land angesehen. Die Landarbeiter organisierten sich in **Gewerkschaften** und forderten eine Agrarreform. Bereits die konservative Regierung, die Chile zwischen 1952 und 1964 führte, erließ ein Gesetz, das zunächst eine Verfassungsreform erforderte und somit die Umsetzung einer Agrarreform verzögerte

Die stetig ansteigende Bevölkerung bewirkte eine Vergrößerung der Wählerschaft. Zur Präsidentschaftswahl von 1964 waren fast drei Millio-

nen Chilenen wahlberechtigt. Mit ihren Reformvorschlägen zur Landverteilung und **Verstaatlichung der Kupferminen** gewann die Christdemokratische Partei viele Anhänger aus der Mittel- und Arbeiterschicht. Die Wahl von 1964 gewannen die Christdemokraten mit *Eduardo Frei*. Hauptpunkte im Regierungsplan *Freis* waren die Chilenisierung des Kupfers und die versprochene **Agrarreform,** mit der ein Großteil der Landarbeiter gewonnen worden war. Die endgültige Verabschiedung der Landreform rief in der konservativen Opposition starken Widerstand hervor, während die Reformen dem linken Flügel der Christdemokraten nicht weit genug gingen. Trotz der erzielten Erfolge im Wirtschafts- und Arbeitssektor, wie Einführung einer Vermögensteuer, Festschreibung von Mindestlöhnen für Landarbeiter sowie Förderung von Gewerkschaften und Kooperativen, blieben die Reformen hinter den Erwartungen der Bevölkerung zurück. Die Unzufriedenheit entlud sich wieder in **sozialen Unruhen.** Die Spannungen bei den Christdemokraten führten 1969 zur Abspaltung des linken Flügels, der die Bewegung der einheitlichen Volksaktion (MAPU) gründete und 1970 Teil des Regierungsbündnisses der *Unidad Popular* wurde.

⌂ Geisterstädte erinnern daran, dass die Minensiedlungen in der Atacama-Wüste einst die Größe von Kleinstädten hatten

Der chilenische Weg zum Sozialismus

Das Parteienbündnis der *Unidad Popular (UP)* gewann 1970 mit **Salvador Allende** die Präsidentschaftswahlen. Als erster sozialistischer Präsident kam *Allende* durch demokratische Wahlen an die Macht. Der Wahlsieg *Allendes* entfesselte unter seinen Anhängern aus den unterschiedlichsten sozialen Schichten eine ungeahnte Begeisterung. Die neue Regierung führte die unter *Frei* begonnene Agrarreform fort und beendete das Zeitalter des Großgrundbesitzes im ganzen Land. Innerhalb eines Jahres wurden wichtige Industriezweige verstaatlicht, allen voran der Kupfer- und Salpeterbergbau, mit dem Ziel, den **Monopolherrschaften ein Ende zu setzen** und einen sozialistischen Staat aufzubauen. Ehrgeizige **Sozialprogramme** sahen kostenlose Schulspeisungen, die Demokratisierung von Bildung und die Integration der armen Gesellschaftsschichten vor. Die Arbeitslosigkeit fiel bereits im Dezember 1970 unter 4% und die Lebensbedingungen der Mehrheit der Chilenen verbesserten sich merklich. Während diese ersten Erfolge sichtbar wurden, traten an anderer Stelle Probleme auf, die das Vorankommen der neuen Regierung erschwerten. Nationale und internationale Kräfte wirkten gegen sie und setzten alle Hebel in Bewegung, um die Allende-Regierung zu beenden. Washington unterstützte insgeheim den Widerstand gegen die *UP* und reagierte auf die Verstaatlichungen mit einem **Wirtschaftsboykott,** der das Land schwer traf. Zudem wurden die erhofften Überschüsse nicht erwirtschaftet und die expansiv betriebene Konjunkturpolitik forderte ihren Preis. Ab 1972 stieg der **Inflationsdruck** unaufhörlich. Engpässe in der Nahrungsmittelversorgung machten sich bemerkbar und führten zu sozialen Unruhen. Der Konflikt zwischen Regierung und Opposition verschärfte sich und der Kampf um die Macht begann, sich auf die Straße zu verlagern. Die Gesellschaft spaltete sich in zwei Lager – in Regierungsbefürworter und Gegner. Das Ausmaß der politischen Gewalt nahm drastisch zu und **gewalttätige Vorfälle** standen auf der Tagesordnung.

Durch einen **Streik der Lastwagenfahrer und Unternehmer** im Oktober 1972 spitzten sich die Konflikte noch weiter zu und zeitweise wurde die Versorgung des gesamten Landes unterbrochen. Zur Lösung der Krise entschied *Allende,* das Militär ins Kabinett aufzunehmen. In den Monaten vor dem Putsch, der die Regierung der *UP* brutal beenden sollte, befand sich das Land in einem angespannten Zustand von Rechtsunsicherheit und starker politischer Polarisierung.

Trotz des Chaos sprach sich die Mehrheit der Arbeiter bei den Parlamentswahlen im März 1973 für die Regierung aus, was die politische Lage weiter verschärfte. Ein **erster Putschversuch** seitens des Militärs am 29.

Juni 1973 konnte vom Oberkommandierenden des Heeres, General *Prat*, abgewendet werden. *Prat* trat kurz darauf aufgrund verschiedener Provokationen von seinem Posten zurück und überließ diesen dem als loyal geltenden **General Pinochet.** Trotz des Putschversuchs und etlicher weiterer Warnsignale verkannte *Allende* die Bedrohlichkeit der Lage. Am Morgen des 11. September übernahmen Panzer unter der Führung *Pinochets* die Kontrolle über Santiagos Straßen, wichtige Institutionen wurden vom Militär besetzt und der Präsident zum Rücktritt aufgefordert. *Allende* nahm sich im von der Luftwaffe zerbombten Regierungspalast das Leben, nachdem er über einen noch freien Radiosender seine bis heute oft rezitierte **Abschiedsrede** gehalten hatte.

014ch-ks

Die Militärdiktatur unter Pinochet

Innerhalb weniger Tage und unter Anwendung unvorstellbarer Gewalt hatte die Militärjunta das Land unter ihre Kontrolle gebracht. Zunächst als kurzfristige militärische Übernahme gedacht, regierte General *Augusto Pinochet Ugarte* fast 17 Jahre lang diktatorisch und erschuf **eine der längsten und gewaltsamsten Militärdiktaturen Lateinamerikas.** Politische Organisationen, Arbeiterbewegungen und Gewerkschaften wurden verboten, Bürgermeister und Rektoren durch Militärs ersetzt und die Medien einer scharfen Zensur unterworfen. Mit dem Vorsatz, Chile „vor dem Kommunismus zu retten", begann eine unerbittliche Verfolgung von Regimegegnern. Abertausende Chilenen kostete der

◁ Salvador Allende vor dem Regierungspalast – „Ich glaube an Chile und sein Schicksal"

Putsch das Leben, es kam zu Massenverhaftungen und Folterungen von Oppositionellen in eilends errichteten Konzentrationslagern. Eine Million Chilenen suchte Zuflucht im Exil. Doch der **offene Terror** beschränkte sich keinesfalls nur auf Chile. Im Exil fielen Führungspersonen der UP Attentaten zum Opfer. Die Ermordungen von Oppositionellen löste international Bestürzung aus. Das Regime, stets auf den Schein der Verfassungsmäßigkeit bedacht, beschloss, sich ein anderes Gesicht zu geben. Schließlich waren internationale Beziehungen für die Überwindung der miserablen wirtschaftlichen Lage von großer Bedeutung. 1980 wurde eine **neue Verfassung** erlassen, um die Diktatur zu institutionalisieren. Die **USA** standen der Militärjunta positiv gegenüber und unterstützten Chile erneut finanziell. Die Menschenrechtsverletzungen taten dem keinen Abbruch. Regierungen unter Nixon und Ford blockierten Untersuchungen und Resolutionen der Vereinten Nationen gegen Chile.

Auch auf wirtschaftspolitischer Ebene setzte das Regime drastische Reformen in Gang. Chile wurde zum Versuchslabor für die **Erprobung des neoliberalen Wirtschaftsmodells** der Chicago Boys. Eine Gruppe chilenischer Wirtschaftswissenschaftler, die an der University of Chicago die neoliberalen Ideen von Milton Friedman studiert hatten, konnte durch Unterdrückung jedweder Kritik ihre Reformvorstellungen eines kapitalistischen Gesellschaftssystems ungehindert umsetzen. Der **radikale Rückzug des Staates** aus der Wirtschaft, Unternehmerfreiheit und Privateigentum waren dabei die wichtigsten Grundlagen. Ohne zu zögern wurde das Programm umgesetzt, das vorsah, Kontrollmechanismen des Staates auszuhebeln, Ein- und Ausfuhrzölle zu senken, unter Allende verstaatlichte Unternehmen zu reprivatisieren, enteignetes Land an Konzerne zu verkaufen und öffentliche Ausgaben, besonders im Sozialbereich, drastisch zu reduzieren. In der internationalen Wirtschaftswelt sprach man von Erfolg und nannte Chile ein **„Wirtschaftswunder".** Innerhalb weniger Jahre ging die Inflationsrate zurück, Exporte und Wachstumsraten stiegen an und günstige Bedingungen für ausländische Investoren wurden geschaffen.

Die negativen Folgen dieser Politik waren verheerend: Steigende Arbeitslosigkeit, Rückgang des Reallohns um fast 50 % und drastische Einschnitte in öffentlichen Ausgaben führten zur **Verarmung weiter Teile der Bevölkerung.** Der Wirtschaftsboom ging auf Kosten des Wohlfahrtsstaates. An die Stelle von Gesundheits- und Sozialversicherung trat die Eigenversorgung. Besonders die Landbevölkerung sah sich ihrer Lebensgrundlage entzogen. Darunter auch die Mapuche, die aufgrund ihrer Sonderstellung unter Allende von den Militärs brutal verfolgt wurden. Enteignetes Land verkaufte das Regime in vielen Fällen zu Spottpreisen an Holz- und Energiekonzerne.

Extrainfo 2 (s. S. 6): Die letzte Radioansprache Salvador Allendes am 11. September 1973 – O-Ton mit deutschem Untertitel und Bildern des Militärputsches unterlegt

Obgleich das Regime gegen Oppositionelle mit aller Härte vorging, verstummte die **Stimme des Widerstands** nicht. Parteien und politische Gruppen nahmen, meist im Untergrund, ihre Arbeit wieder auf. Die katholische Kirche gründete das „Vikariat der Solidarität", das als Anlaufstelle für Opfer und Angehörige von Verschwundenen diente. Protest löste 1978 das **Amnestiegesetz** *Decreto Ley 2191* aus, in dem sich die Militärs gegen Strafverfolgungen für die von Streit- und Sicherheitskräften begangenen Menschenrechtsverletzungen absicherten. Im Laufe der Zeit entwickelten sich Gegenveranstaltungen an offiziellen Festtagen und Straßenproteste, die in den Jahren der Wirtschaftskrise 1983/84 zunehmend lauter wurden. Die **Massenproteste** reichten jedoch nicht aus, um das Regime zu stürzen. Die Opposition musste den institutionellen Weg gehen und setzte dabei alles auf den 5. Oktober 1988. An jenem Tag sah die Verfassung von 1980 ein **Plebiszit zur Bestätigung Pinochets im Amt** vor. Das „Wahlbündnis der Parteien für ein Nein" *(Concertación de Partidos por el No)* mobilisierte mit Unterstützung der katholischen Kirche den Großteil der Chilenen, nämlich all diejenigen, die vom Wirtschaftserfolg ausgeschlossen blieben, um mit „Nein" gegen eine Fortführung des Regimes zu stimmen. Auf diese Weise beendeten 1988 die Chilenen selbst das Pinochet-Regime durch einen Volksentscheid.

Die Wiedergewinnung der Demokratie

Am 11. März 1990 übernahm **Patricio Aylwin,** der Kandidat der **„Koalition der Parteien für die Demokratie"** *(Concertación de Partidos por la Democracia),* als erster demokratisch gewählter Präsident seit 17 Jahren die Regierungsgeschäfte Chiles. Er erbte ein Land im Wirtschaftswachstum und eine gespaltene Nation. Einerseits prägten verglaste Bürotürme und moderne Einkaufszentren das Stadtbild Santiagos und auch anderer Großstädte. Demgegenüber lebten 40 % der Chilenen unterhalb der Armutsgrenze, viele ländliche Gebiete waren weder an das Strom- noch das Wassernetz angeschlossen. Im Ungewissen blieben die Schicksale von mehr als 3000 Chilenen, über deren Verbleib keine Untersuchungen eingeleitet wurden – die Gerichte wiesen sämtliche Anklagen diesbezüglich ab. Die Diktatur warf ihre dunklen Schatten in alle Winkel der Gesellschaft.

Das Parteienbündnis der *Concertación* behielt die **neoliberale Wirtschaftspolitik** bei und ergänzte das Modell um die dringend erforderlichen **sozialpolitischen Maßnahmen.** Schritt für Schritt wurde die Einflussnahme der Militärs auf die Politik eingeschränkt. Angesichts der von *Pinochet* hinterlassenen Verfassung, die er mit zahlreichen autoritären Elementen zur Machtsicherung des Militärs versehen hatte, war das Anknüpfen an demo-

kratische Traditionen keine leichte Aufgabe. Für den Fall der Aufhebung seiner Diktatur setzte General *Pinochet* Vorbedingungen, welche ihm acht Jahre lang die Oberbefehlsgewalt über das Heer gewährten und das Amnestiegesetz bestehen ließen, das ihm und seinen Helfershelfern **Straffreiheit** garantierte. Zwar konnte *Pinochet* selbst nie der Prozess gemacht werden, da er sich den Anschein von Geistesschwäche gab, doch wurden inzwischen die Ermittlungen gegen seine Mittäter aufgenommen und viele von ihnen verurteilt.

Die *Concertación* stellte nach der Wiedereinführung der Demokratie zwei Jahrzehnte die Präsidenten mit *Patricio Aylwin* (1990–1994), *Eduardo Frei Ruiz-Tagle* (1994–2000, Sohn des Präsidenten *Eduardo Frei*), *Ricardo Lagos* (der erste Sozialist im Amt nach *Allende,* 2000–2006) und *Michelle Bachelet* (die erste Präsidentin Chiles, 2006–2010). Nach einem Zwischenspiel der **rechtskonservativen Regierung,** die 2010 nach mehr als 50 Jahren mit *Sebastián Piñera* die Wahlen gewann, trat 2014 die So-

⌃ „La Mano del Desierto" – das Mahnmal „Die Hand der Wüste" in der Atacama erinnert an die während der Militärdiktatur Verhaftet-Verschwundenen

zialistin *Michelle Bachelet* mit dem Bündnis *Nueva Mayoría* das Amt der Staatschefin an. Zu Beginn ihrer zweiten Amtszeit versprach sie, Forderungen umzusetzen, die während ihrer ersten Präsidentschaft noch als tabu galten: **kostenlose Bildung für alle und eine Verfassungserneuerung.** Chile weist die stabilste Wirtschaft der Region auf und gilt als Modell für einen erfolgreichen Übergang zur Demokratie. Die Mehrheit der Chilenen konnte in den letzten 25 Jahren ihren Lebensstandard verbessern, jedoch haben längst nicht alle Anteil am Wirtschaftserfolg. Keiner Regierung ist es bisher gelungen, die extremen sozialen Unterschiede zu beseitigen – in dieser Hinsicht gehört Chile weltweit zu den Schlusslichtern.

Geschichtstabelle

- **um 10.000 v. Chr.:** Verschiedene Gruppen von Jägern und Sammlern besiedeln das chilenische Territorium.
- **um 6000 v. Chr.:** Chinchorro-Kultur bei Arica, bekannt für ihre hochentwickelten Totenrituale und die ältesten Mumien der Welt
- **um 900:** Einwanderung der Diaguita aus Argentinien in den Kleinen Norden, die kunstfertig Keramik und Metalle bearbeiteten
- **1471:** Eroberungszüge der Inka in Nord- und Zentralchile, erfolgreicher Widerstand der Mapuche südlich des Maipú-Flusses
- **1535:** Erste spanische Expedition unter *Diego de Almagro,* die bis nach Zentralchile vorstößt
- **ab 1540:** Spanische Eroberung Nord- und Zentralchiles unter Führung von *Pedro de Valdivia;* Gründung der Städte Santiago (1541), La Serena (1544), Concepción (1550) und Valdivia (1552)
- **1598–1604:** Aufstände der Mapuche; alle spanischen Siedlungen südlich des Flusses Bío-Bío gehen verloren.
- **16. Jh.:** Dominikaner und Franziskaner nehmen ihre Missionstätigkeit auf, die Jesuiten und Augustiner folgen im 17. Jh.
- **1641:** Im Frieden von Quilín erkennen Spanier den Grenzfluss Bío-Bío als zum autonomen Mapuche-Gebiet gehörend an.
- **1647:** Starkes Erdbeben, Santiago wird fast vollständig zerstört.
- **1778:** Spanien liberalisiert den Außenhandel in den Kolonien; Chile nimmt selbst Einfluss auf den Handel.

> Historisches Bild zur Gründung der Hauptstadt Santiago de Chile durch Pedro de Valdivia 1541

- **18.09.1810:** Bildung einer ersten, noch königstreuen Regierungsjunta
- **1814–1818:** Unabhängigkeitskriege; in den Schlachten von Chacabuco und Maipú wird Spanien endgültig unter Führung von *Bernardo O'Higgins* besiegt.
- **1826:** Die letzte spanische Bastion Chiloé wird chilenisch.
- **1830:** Der erste chilenische Bürgerkrieg; die Schlacht um Lircay endet mit einem Sieg der Konservativen.
- **1851:** Beginn der deutschen Einwanderung im Kleinen Süden
- **1879–1883:** Salpeterkrieg gegen Peru und Bolivien mit einem Sieg für Chile; Erwerb der Regionen Tarapacá und Antofagasta
- **Ende 19. Jh.:** Unterwerfung der Mapuche und Verteilung ihrer Territorien an europäische Siedler; Verfolgung der Stämme der Selk'nam und Yámana zur Errichtung großer Schafzuchten
- **1888:** Chile nimmt die Osterinsel im Südostpazifik in Besitz.
- **1906:** Großes Erdbeben verwüstet Valparaíso
- **1907:** Arbeiteraufstände in den nördlichen Minen; das Militär verübt Massaker an Bergarbeiterversammlung in der Schule Santa María in Iquique.
- **1910:** Erfindung des künstlichen Salpeters von Haber und Bosch; Chiles Salpetermonopol wird damit wertlos.
- **1911:** Inbetriebnahme der weltweit größten Kupfermine Chuquicamata

- **1925:** Neue Verfassung, die die Stellung des Präsidenten stärkt
- **1938:** Wahlsieg des Linksbündnisses *Frente Popular* („Volksfront") unter *Pedro Aguirre Cerda;* der Schulbesuch wird kostenfrei.
- **1939:** Erdbeben von Chillán verwüstet die VIII. Region; zur Bewältigung der Katastrophe wird die Behörde CORFO gegründet, die chilenische Organisation zur Wirtschaftsförderung.
- **1945:** Der Schriftsteller *Gabriela Mistral* erhält den ersten Literatur-Nobelpreis für Lateinamerika.
- **1949:** Einführung des Frauenwahlrechts
- **1960:** Erdbeben von Valdivia, das schwerste Beben des 20. Jh.
- **1962:** Chile ist Gastgeber der Fußballweltmeisterschaft
- **1964–1970:** Amtszeit des Christdemokraten *Eduardo Frei;* Beginn von Verstaatlichungen der Schlüsselindustrien sowie Umsetzung der Agrarreform
- **1971:** *Pablo Neruda* erhält Literatur-Nobelpreis
- **1970–1973:** Präsidentschaft *Salvador Allendes*

◿ Allende-Unterstützer machen sich 1964 in Santiago für seine Wahl zum Präsidenten stark

- **29.06.1973:** Erster Putschversuch gegen die Regierung *Allende* scheitert
- **11.09.1973:** Militärputsch und Machtübernahme durch General *Pinochet;* Beginn einer blutigen Repression gegen die politische Linke
- **1978:** Ausweitung des Konflikts mit Argentinien um den Beagle-Kanal; Krieg in letzter Minute durch päpstliche Vermittlung abgewendet
- **1986:** Gescheiterter Attentatsversuch auf General *Pinochet;* verstärkte Repression
- **05.10.1988:** Plebiszit über eine Verlängerung der Amtszeit *Pinochets;* Bevölkerung lehnt mit 54 % Neinstimmen ab
- **1989:** Verfassung von 1980 nach Verhandlungen mit der Opposition um autoritäre Zusätze erweitert; Wahlsieg des Parteienbündnisses *Concertación* unter *Patricio Aylwin;* Rückkehr Chiles zur Demokratie
- **1991:** Kommission zur Untersuchung der Fälle von ermordeten oder verschwundenen Chilenen während der Diktatur; Rettig-Bericht dokumentiert fast 3000 Fälle von Menschenrechtsverletzungen
- **März 1998:** Abtritt General *Pinochets* als Oberbefehlshaber der Armee; nimmt Senatorensitz auf Lebenszeit ein
- **Oktober 1998:** Verhaftung *Pinochets* in London; Auslieferungsgesuch Spaniens an die britische Regierung wegen Verbrechen gegen die Menschlichkeit
- **März 2000:** *Pinochet* aus „humanitären" Gründen freigelassen; Rückkehr nach Chile und jubelnder Empfang durch seine Anhänger
- **2001:** Valech-Kommission zur Untersuchung der politischen Festnahmen und Folter während der Militärdiktatur
- **2003:** Freihandelsabkommen mit der EU (Februar) und den USA (Juli)
- **2005:** Verfassungsreform, die zahlreiche undemokratische Elemente aus der Diktaturzeit beseitigt
- **2006:** *Michelle Bachelet* als erste Frau ins chilenische Präsidentenamt gewählt; im Dezember Tod *Pinochets*
- **27.02.2010:** schweres Erdbeben in den Regionen Maule und Bío-Bío
- **März 2010:** Amtsantritt Präsident *Sebastián Piñeras.* Bis 2014 war der rechtsliberale Politiker und Unternehmer auf demokratischem Wege gewählter Regierungschef.
- **18.09.2010:** Chile feiert 200 Jahre Unabhängigkeit.
- **Oktober 2010:** Rettung der 33 verschütteten Bergarbeiter in der Mine San José
- **Mai 2011:** Beginn der Protestbewegungen gegen das Bildungssystem, die sich in der Folge in Massenprotesten über das gesamte Land ausweiten.
- **März 2014:** Amtsantritt *Michelle Bachelets* mit der Mitte-Links-Koalition *Nueva Mayoría,* die die einstige *Concertación* ersetzt

Der kulturelle Rahmen

◁ Zeremonie eines Aymara zur Ehrung der Pachamama
(003ch Foto: ks)

Vielfalt in der Einheit: ethnische Zugehörigkeit

Bei einem Gang über den Friedhof lässt sich die Geschichte der chilenischen Einwanderung anschaulich nachzeichnen. Grabsteine tragen europäische und indigene Namen, aber auch arabische und chinesische Schriftzeichen sind darunter, die sich je nach Standort – Nord oder Süd, an der Küste oder in den Bergen – unterscheiden. In den Ballungsgebieten Zentralchiles findet man zunächst eine Mischung aus spanischen, deutschen, britischen und französischen Namen, weiter südlich hingegen fällt besonders die Häufigkeit deutscher Namen auf. Dort gibt es selbst Gemeinschaftsgräber der „Deutschen Feuerwehr" oder der „Deutschen Krankenkasse". Hintergrund ist eine **Welle deutschsprachiger Siedler,** die vorwiegend in der zweiten Hälfte des 19. Jh. ins Land kamen, um die „befriedeten" Mapuche-Gebiete zu besiedeln und zu bewirtschaften. Grabsteine mit indigenen Namen sind hier selten und eher jüngeren Datums. Nach Ansicht der spanischen Kolonisatoren hatten „heidnische Indianer" keinen Platz auf dem Friedhof. Auch kannten die indigenen Gesellschaften weder das europäische System der Vor- und Nachnamen noch hatten sie eine Schrift. Mit der Kolonisierung und zunehmenden **Christianisierung** erhielten sie Taufnamen, die sich aus ihren eigenen Bezeichnungen ableiteten und dem Klang nach hispanisiert und verschriftlicht wurden.

Noch südlicher, in der Region Magallanes, wurde die Bevölkerungssituation durch die Einführung von Schafen radikal verändert. Als diese im Jahr 1876 von den Falklandinseln eingeschifft wurden, zog der Ruf des „weißen Goldes" neben Chilenen aus allen Teilen des Landes auch **Jugoslawen, Spanier, Deutsche, Briten und Italiener** an und erhöhte die Zahl von 195 europäischstämmigen Einwohnern im Jahr 1865 auf 1,5 Millionen Ende des 19. Jh. Gesetze bahnten den Weg für große Landversteigerungen an zukünftige Schafzuchtbarone. Zudem war die Magallanstraße bis zur Fertigstellung des Panamakanals 1914 von großer wirtschaftlicher Bedeutung und Grund für das rapide Bevölkerungswachstum von Punta Arenas. Dies geschah **zu Lasten der einheimischen Völker,** die seit Jahrtausenden in den Kanälen und Buchten Patagoniens lebten. Regelrechte Menschenjagden trugen zu ihrer Ausrottung bei, weshalb heute auf den Friedhöfen des südlichsten Chile kaum Namen indianischer Herkunft zu finden sind.

Im Norden dagegen löste der Salpeterboom nach dem Salpeterkrieg 1884 eine innerchilenische Migrationswelle vom Zentrum und Süden in die Pampas der Atacama-Wüste aus, wo jeden Tag neue Minen (*oficinas*) um die Abbaugebiete entstanden. Die Inschriften auf den Holzkreuzen der Wüstenfriedhöfe weisen auf **Europäer, Bolivianer, Aymara und Que-**

chua hin, die sich einst in der Wüste verdingten und dort sogar Familien gründeten. Auch **chinesische Schriftzeichen** tauchen auf, welche auf die große Zahl chinesischer Arbeitskräfte zurückzuführen sind, die zum Abbau von Guano Ende des 19. Jh. in Peru eintrafen.

Die Namenskombinationen der Nachfahren zeigen, wie nach und nach die verschiedenen Einwanderergruppen untereinander heirateten. Ab dem 19. Jh. treten vor allem Doppelnamen unterschiedlicher Herkunft auf, wobei die **drei Jahrhunderte spanischer Kolonisierung** eine unauslöschliche Spur hinterließen. Nach der Unabhängigkeit gewährte Chile Tausenden von politisch Verfolgten Asyl, unter ihnen vom Faschismus und der Franco-Diktatur verfolgte Europäer sowie zahlreiche Lateinamerikaner, die Opfer von Verfolgung während der Militärdiktaturen in ihren Ländern wurden. Bis zum Militärputsch 1973 in Chile hatte das Land eine lange Tradition als Zufluchtsort für politische Flüchtlinge entwickelt. Dies betont der im Refrain oft wiederholte Vers der chilenischen Nationalhymne: *o el asilo contra la opresión* („Zuflucht für Unterdrückte") und wird seit den 1990er-Jahren auch wieder gelebt.

Die **bunte Mischung all dieser Völker** zeichnet den chilenischen Menschenschlag *(raza chilena)* aus. Dabei vererbte jede Einwanderergruppe ihren Nachfahren nicht bloß Namen, sondern auch Gesichtszüge und äußere Erscheinung.

Chile wird als das Land mit der homogensten Bevölkerung Südamerikas bezeichnet. In gewisser Weise spiegelt das auch die letzte Volkszählung von 2012 wieder. Demnach gibt es 89 % Mestizen und Weiße, fast 11 % gehören einer indigenen Ethnie an. Mestizen sind die Nachfahren von Spaniern und der indigenen Bevölkerung. Selbst sehen sich die Chilenen nicht als Nachfahren der Urvölker, vielmehr nehmen sie sich als westliche, vorwiegend weiße Gesellschaft wahr. Dabei betonen sie stets ihre europäische Abstammung. Hintergrund dieser verschobenen Selbstwahrnehmung als weiße Bevölkerung ist ein in Chile tief verwurzeltes Denken in Gesellschaftsschichten sowie eine spürbare Diskriminierung gegenüber den indigenen Bewohnern des Landes. In den vergangenen Jahren hat sich der Umgang mit ihnen freilich verbessert, da die indigenen Bevölkerungsteile stärker in die Gesellschaft integriert sind, aber auch ihr Selbstbewusstsein und Selbstwertgefühl sind gewachsen. Während sich früher viele ihrer indigenen Abstammung geschämt haben, tragen viele von ihnen heute mit Stolz ihren Aymara- oder Mapuche-Namen. Die **ethnischen Minderheiten sind präsenter und sichtbarer** als je zuvor. Heute findet man mitten in Santiago in einer Apotheke eine junge Mapuche-Frau, die Tinkturen und Heilmittel verkauft, welche sich in ihrer Kultur bewährt haben. Überall im Land haben ethnischer Schmuck und Mode genau wie

Extrainfo 3 (s. S. 6): Dreiteilige ARTE-
Reportage über das Leben in der Wüste Atacama

indianische Heilpflanzen einen guten Absatzmarkt. *Merquén,* das traditionelle Gewürz der Mapuche, hielt Einzug in viele Küchen chilenischer Restaurants, die es als besondere Zutat hervorheben. Ein in aller Öffentlichkeit veranstaltetes Palín-Spiel der Mapuche wäre vor 15 Jahren noch undenkbar gewesen, genau wie die Einführung des zweisprachigen Unterrichts in vielen indigenen Gemeinden. Dies sind vereinzelte Beispiele, die zeigen, dass die indigenen Ethnien Raum im öffentlichen Bewusstsein gewinnen. Gleichzeitig ist jedoch die jahrhundertelange Unterdrückung und Gleichsetzung der Indigenen mit Rückständigkeit nicht spurlos an der Gesellschaft vorübergegangen und durchaus gegenwärtig. Im politischen Geschehen spielten und spielen Indigene so gut wie keine Rolle. Bei offiziellen Anlässen treten sie nur **als folkloristische Komponente** in Erscheinung. Ähnlich wie *huasos* (chilenische Landarbeiter und Reiter, die sich besonders durch das Tragen spezieller Trachten abheben) werden sie so Teil der chilenischen Auslegung von Identität. In diesem Sinne wird auch gern der immer wieder gelobte kämpferische Charakter der Vorfahren betont und es wird schon mal zugegeben, dass irgendwo im eigenen Stammbaum eine indianische Urgroßmutter schlummert.

⌂ Wüstenfriedhöfe – auch Zeitzeugnisse der Einwanderung in Chile

Chiles indigene Völker: die Hüter der Natur

Die Volkszählung enthüllte jedoch auch die traurige Realität um das Schicksal der ursprünglichen Bewohner Chiles. Zwar gibt es keine verlässlichen Angaben zu ihrer Zahl vor der Ankunft der Spanier, doch siedelte damals von Nord bis Süd den widrigsten Umgebungen und extremsten Klimabedingungen zum Trotz eine Vielzahl von indigenen Völkern. „Indígenas" (Ureinwohner) werden die heutigen Nachkommen der vorkolumbischen Völker politisch korrekt genannt. Die Kolonialherren machten keinerlei Unterschiede zwischen ihnen und fassten sie pauschal als „Indios" (Indianer) zusammen. Der Begriff gilt heute im Spanischen, der Sprache der ehemaligen Kolonialherren, als abwertend und degradierend. Die Indigenen selbst bezeichnen sich meist mit dem **Eigennamen ihres Volkes,** der oftmals die **Bedeutung „Mensch"** einschließt, so steht der Name **Yámana** für „Menschen" und bezieht sich auf die Kanu-Nomaden am Kap Hoorn. Das Volk der **Mapuche** nennt sich „Menschen der Erde", wobei *mapu* für Erde und *che* für Mensch steht. Das spiegelt ihre enge Verbundenheit zur Natur wider, die im Zentrum des indigenen Weltbildes steht. Für die Mapuche ist die **Ñuke Mapu** („Mutter Erde") die Grundlage allen Lebens, sie ist von Geistern beseelt, die den *che* Kraft geben und sie leiten. In der andinen Weltanschauung der **Aymara** und **Quechua** verkörpert die Natur das Göttliche – die **Pachamama** („Mutter Erde"), die Leben schenkt und Nahrung gibt.

Wie die Mapuche glauben die Aymara, dass *pacha* (die Erde) für alle da ist. In der indigenen Weltsicht ist der Mensch stets Teil der Natur, der er untergeordnet ist und die er respektiert. Die Vorstellung in den Industrienationen, in der der Mensch außerhalb der Natur steht, ist mit dem indigenen Naturverständnis nicht vereinbar. Eigentumsansprüche auf Naturschätze sind demnach undenkbar – das wäre gleichzusetzen mit dem Wunsch, die Sonnenstrahlen zu besitzen. Als mit ihr verbundene Menschen kämpfen die indigenen Völker Chiles gegen die Ausbeutung und Zerstörung der Natur, denn die **Natur ist die Grundlage ihrer Lebenswelt,** ohne die sie kein Volk mehr sein können. Die Vermittlung zwischen Natur und Mensch, zwischen sichtbarer und unsichtbarer Welt stellt der Weise, Seher oder Heiler her, der diese Aufgabe von seiner Gemeinschaft übertragen bekommt. Bei den Aymara und Quechua ist es der *yatiri,* bei den Mapuche der oder die *machi.* Die Schamanen kennen die Natur und interpretieren Naturereignisse. Zunehmend müssen die *machi* der Mapuche feststellen, dass immer weniger traditionelle Kräuter für die Zubereitung von Heilmitteln in den Wäldern ihrer Umgebung zu finden sind. Die Ureinwohner sind die ersten, die die Auswirkung von Rohstoffübernutzung zu spüren bekommen. Manche Naturereignisse sind menschengemacht und die ursprüngliche Natur wird nur noch in den Nationalparks geschützt. Für eine **harmonische Nutzung des Bodens** setzen sich die Ureinwohner von Nord bis Süd ein. Bei ihnen allen steht die Natur im Zentrum und ist die Grundlage für Religion, Legenden, Traditionen, Gesellschaftsordnung und Sprache.

Heute leben in Chile fast 1,7 Millionen Männer und Frauen, die sich einer indigenen Ethnie zugehörig fühlen. Laut der letzten **Volkszählung 2012** entspricht das **11 % der Chilenen,** davon gehören etwa 9 % den Mapuche an, 0,64 % den Aymara, gefolgt von den Yámana, Kaweshkar, Colla, Rapa Nui, Quechua, Likan Antai, Diaguita und anderen, die sich in die verbleibenden 1,36 % aufteilen. Einige stehen auf der Schwelle der kulturellen Auslöschung, so auch das **Wüstenvolk der Diaguita,** das erst 2006 offiziell anerkannt wurde. Andere wie die Völker der **Aonikenk** oder der **Selk'nam** sind nicht mehr aufgeführt, da sie als ausgestorben gelten. Dabei erlitt jedes indigene Volk je nach Region und Interessen der Einwanderer ein individuelles Schicksal. Überall dort, wo sich das Land als wertvoll für die Landwirtschaft oder lohnend für die Schafzucht erwies, mussten die Einheimischen weichen. Hierbei ging man unterschiedlich vor. Die Mapuche in Zentral- und Südchile wurden in **Reservate,** sogenannte *reducciones,* aufgeteilt, die meist ungünstig an der Küste oder in den Bergen lagen. Dies war ein schwerwiegender Einbruch für die Mapuche-Gesellschaft. Lebten sie zuvor als unabhängige und wohlhabende Vieh- und Landnutzer, wurden sie auf den Status verarmter und entrechteter Kleinbauern reduziert. In **Südpatagonien und auf Feuerland** leben heute **keine Ureinwohner mehr.** Wiederholt waren die dort lebenden Nomadenvölker der Aonikenk und der Selk'nam des Schafdiebstahls beschuldigt worden. Diese zahme Rasse, die den einheimischen Guanakos so ähnelte, war eine leichte Beute. Angesichts der riesigen Flächen und Schafherden fielen die wenigen von indigenen Jägern erlegten Tiere zwar kaum ins Gewicht, doch ein **Anlass zur Verfolgung** wurde hiermit gefunden und ein stattliches **Kopfgeld** auf die Indianer ausgesetzt. Ein Pfund Sterling zahlten die neuen „Barone" des Landes beim Vorzeigen eines abgeschnittenen Ohrenpaares. Hierüber führten die gewissenhaften Geschäftsleute sogar Buch. Es entstanden „herrenlose" Ländereien in der Größe europäischer Staaten.

Die Schicksale der Rapa Nui, Aymara, Colla, oder Diaguita verliefen anders, jedoch ebenso tragisch. Auch sie erzählen von Unterdrückung, Zwangsumsiedlung, Vertreibung, eingeschleppten Epidemien und der „Chilenisierung" *(chilenización),* einer **Zwangsanpassung an die chilenische Gesellschaft,** mit der indigene Sprachen, Traditionen, Religionen,

Bräuche und Gesellschaftsordnungen ausgemerzt werden sollten. Die chilenische Gesellschaft schaffte sich so ausgegrenzte und unterdrückte ethnische Minderheiten, allerdings in den eigenen Reihen.

Zwischen Verbesserung und Unzufriedenheit

Nach Erlangung der Unabhängigkeit Chiles ließ *Bernardo O'Higgins* die **Gleichstellung der Indigenen** mit der übrigen Bevölkerung per Dekret festlegen. Diese Gleichrangigkeit reichte jedoch stets nur so weit wie es die Interessen des Staates zuließen. Im südlichen Patagonien schuf man auf verschiedenen Inseln „Auffanglager" für die noch übrig gebliebenen Ureinwohner, die für die Mehrheit von ihnen zur letzten Station wurden. Sie starben an Seuchen, Entwurzelung und Zerstörung ihrer Identität. Die in den 1860er-Jahren auf Reservate „aufgeteilten" Mapuche, die einst über ein Gemeinschaftsland der Größe von Italien verfügten, sahen sich auf eine Fläche so groß wie Luxemburg parzelliert. Hundert Jahre später hatten sie im Zuge der **Landreform** erstmals die Möglichkeit, ihr Land zurückzufordern. Sie schlossen sich den Bewegungen der Bauern oder der Parteien an und erhielten von den enteigneten Ländereien einen nicht zu verachtenden Anteil zurück. Diese Errungenschaft machte der Militärputsch von 1973 jäh zunichte. Der größte Teil der zurückgewonnenen Territorien wurde den Mapuche wieder abgenommen und zum Spottpreis an multinationale Forstunternehmen verkauft. Hier verlaufen **bis heute die Konfliktlinien** zwischen Privatwirtschaft, Mapuche und Staat.

Pinochet verneinte die Existenz indigener Ethnien gemäß seiner Parole: „Wir sind alle Chilenen. Es gibt keine Indios". Doch die Militärs machten sehr wohl Unterschiede. Angehörige indigener Gemeinden wurden mit besonderer Härte verfolgt. In der achten und neunten Region, in denen die Mehrheit der Mapuche lebt, fanden im Verhältnis zur Bevölkerung die meisten Exekutionen statt. Von den 40 Mapuche-Organisationen überlebte keine den Militärputsch. Das **Verbot indigener Zeremonien, Bräuche und Sprachen unter der Militärdiktatur** hatte schwerwiegende Folgen. Es führte etwa dazu, dass viele Eltern zum Schutz der Kinder ihre Sprache nicht an sie weitergaben. Durch den Verlust einer Sprechergeneration stehen heute viele indigene Sprachen vor dem **Aussterben.** Nur wenige junge Leute verstehen und sprechen noch die Sprachen ihrer Vorfahren. Bisweilen lernen Kinder das ABC, die Zahlen und einige Begriffe im zweisprachigen Unterricht, sofern den Gemeinden dafür Geld zur Verfügung steht. Dann ist es allerdings nicht ihre Mutter-, sondern eine Fremdsprache, die sie erlernen. Hinzu kommt, dass die indigene Identität teilweise verleugnet wurde – man schämte sich, „Ureinwohner" zu sein.

Viele Riten, Bräuche und Legenden haben dennoch überlebt und ihnen wird heute mit großem Interesse wieder Leben eingehaucht. Doch der Prozess der **Rückbesinnung auf die eigene Identität** verläuft langsam. Die Rückkehr zur Demokratie und das 1993 eingeführte **„Ley Indígena"** (Indigenengesetz), das heute offiziell neun Ethnien anerkennt und zur Gründung der Organisation für indigene Belange *(CONADI)* führte, weckte große Hoffnungen bei den indigenen Gemeinden. Beides hat die Beziehung zwischen ihnen und dem Staat, die für die Ureinwohner bisher von gewaltsamen Anpassungsprozessen geprägt war, verbessert und ein neues Kapitel in ihrer Geschichte eröffnet, in dem sie eine eigene Stimme erhielten. Wichtige Schritte, um Landtitel für ehemals angestammte Gebiete zu erlangen, wurden in die Wege geleitet. Allerdings werden diese Vorhaben ständig von den Interessen der Privatwirtschaft und des Staates durchkreuzt. Gesetze zur Monopolisierung der Wasser- und Erzreserven, die aus der Militärdiktatur stammen, behindern die Verfahren und verschärfen die Fronten. Das Hauptanliegen der indigenen Gemeinden ist nach wie vor die **Rückgewinnung ihrer Landgebiete** sowie aller damit verbundenen Rechte, wie etwa die Nutzung des Wassers und der Rohstoffe. Staatliche Initiativen beschränken sich dagegen meist auf Einzelprojekte, die je nach Regierung mal mehr oder weniger intensiv verfolgt werden. Die Vorhaben werden zwar begrüßt, haben jedoch allenfalls kurzfristige und punktuelle

⌃ Traditionelle Ziegenhirten in den grünen Bachläufen der Atacama

Bedeutung. Die indigenen Gemeinden wünschen sich statt derartiger Projekte, dass ihre Anliegen ernst genommen und umgesetzt werden. **In der Verwaltung und den staatlichen Institutionen** von Regionen mit hohem indigenen Bevölkerungsanteil sind sie **unterrepräsentiert** und werden nicht in Entscheidungsprozesse, die ihre Anliegen betreffen, einbezogen. Die Ureinwohner beklagen, dass das *Ley Indígena* zwar ihre Kultur schütze, ihnen aber das Recht auf Anerkennung als Völker mit eigener Identität verwehre. Diese verfassungsrechtliche Anerkennung, die den indigenen Völkern eine Reihe von Rechten zusprechen würde, steht noch aus.

Seit der Rückkehr zur Demokratie haben die indigenen Völker sich viel **öffentliche Präsenz** erkämpft und machen mit ihrer Öffentlichkeitsarbeit und ihren Kampagnen bis hin zu Klagen vor Gericht auf ihre **Forderungen** aufmerksam. Meist geht es um die Rückforderung von Landeigentum und Mitspracherecht bei der Planung von Großprojekten in indigenen Gebieten. Sie setzen sich gegen Umweltzerstörung ein und kämpfen im Süden des Landes gegen große Staudammvorhaben, Goldminenprojekte, die Gletscher versetzen wollen, oder gegen den Bau von Zellulosefabriken, deren Abwässer die Umwelt verschmutzen würden.

Lebensumstände der Ureinwohner

Die Frage nach der ethnischen Zugehörigkeit wurde zum ersten Mal in der chilenischen Geschichte bei der Volkszählung 1992 gestellt. Sie führte allerdings vor Augen, dass die meisten Angehörigen indigener Völker **in den Städten leben** und ihre **wirtschaftliche Armut** um ein Vielfaches größer ist als im landesweiten Durchschnitt. Über die Hälfte aller Ureinwohner verdient nicht genug, um ihre Grundbedürfnisse zu befriedigen. Bis auf die Mapuche leben die weitaus meisten Angehörigen indigener Völker in Städten und arbeiten vorwiegend im Straßenverkauf, Baugewerbe und in den Backstuben. Die Frauen sind zudem häufig als Haus- und Kindermädchen in fremden Haushalten beschäftigt. Die wenigen, die auf dem Land von ihrem eigenen Grund und Boden leben müssen, sind von extremer Armut betroffen. Wie auch die Mapuche, die als größte indigene Gruppe überwiegend auf dem Land mehr schlecht als recht von der Landwirtschaft leben. Nur bei den Likan Antai und Rapa Nui liegen die Werte höher, erstere verdingen sich als Bergarbeiter in den Minen der Atacama-Wüste und letztere vorwiegend im Tourismus auf der Osterinsel.

Der generell eher niedrige Verdienst von Indigenen verwehrt ihnen in vielen Fällen den **Zugang zu guter Bildung und zur Gesundheits- und Altersvorsorge.** Einen besseren Arbeitsplatz zu finden, ist für Indigene oft schwieriger als für die übrige Bevölkerung. Gewiss gibt es auch einige, die unter diesen ungünstigen Voraussetzungen starten und es schaffen, zu studieren und einen Beruf zu erlernen. Nicht wenige setzen ihr Know-how dann im Sinne der indigenen Gemeinschaft ein und engagieren sich gezielt dafür, deren Interessen politisch besser zu vertreten. Den Wunsch in die indigene Gemeinschaft und aufs Land zurückzukehren, hegen viele und verbinden ihn mit dem Ziel der Rückgewinnung von Land und der Anerkennung von Rechten.

Zwischen den drei **Volkszählungen,** die im Zeitraum von 1992 bis 2012 stattfanden, schwankt der Anteil derjenigen, die sich **einer ethnischen Gruppe zugehörig** fühlen, stark. Spekulationen, was der Grund dafür sein könnte, gibt es viele. Sicherlich hängt dies zunächst von unterschiedlichen Fragestellungen und Kriterien ab, die den Erhebungen jeweils zugrunde gelegt wurden. Sodann sind bei der Frage, ob sich jemand mit einer ethnischen Gemeinschaft identifiziert, weniger die Herkunft, die Sprache oder der Stammbaum ausschlaggebend als die **persönliche Einschätzung des Befragten.** Gewiss wirkt das jahrhundertealte Stigma eines unterlegenen Volkes unweigerlich nach. Denn schaut man sich besonders in den ursprünglich angestammten Territorien der indigenen Völker im Alltag um, wo die Mehrheit der Menschen indigene Gesichts- und Wesenszüge trägt, gewinnt man schnell den Eindruck, es müsste sich real um eine viel größere Zahl handeln als in der Statistik ausgewiesen. Die volkseigenen Sprachen und Traditionen pflegen indes aktiv nur noch ein paar Hunderttausend Angehörige der verschiedenen ethnischen Gruppen. Die wenigsten leben in ihrem indigenen Gemeinschaftsverbund.

Es mag sein, dass, wie einige Historiker glauben, die meisten Ureinwohner heute genauso Mestizen sind wie die übrigen Chilenen. Auch die Ureinwohner sprechen von **Kulturverlust.** Ihre Nachkommen antworten ihnen auf Spanisch, diskutieren über Fernsehshows, wachsen in den Städten mit den *huincas* auf und leben wie sie. **Huinca** ist ein Mapuche-Wort für alle Nicht-Indianer, mit dem sie einst die Spanier als *güi-inka* („neue Inka") bezeichneten, was gleichzeitig „Eindringling" und „Dieb" bedeutet. Der Eindringling in die indigene Kultur ist heute vor allem auch die moderne Welt. Die Mapuche nennen diesen Prozess *ahuincar,* wenn nicht-indianische Einflüsse beginnen, die Mapuche-Kultur zu dominieren.

⊳ Terrassenbau im Andenvorland: Die Aymara leben nach traditionellem Vorbild ihrer Vorfahren

Vorwärts in die Vergangenheit

Für das Volk der Aymara im Hochland der Anden tickt die Zeit anders. Dabei läuft sie nicht etwa langsamer oder schneller, sondern einfach anders herum. Erinnern sich die Aymara an Vergangenes, ist ihr Blick nach vorn gerichtet, denn das Geschehene ist das einzig ihnen bekannte und breitet sich vor ihren Augen aus. Die Zukunft aber kennen sie nicht und damit liegt sie hinter ihnen. Die Andenbewohner reden gern von früher, der „Zeit davor" („nayra") und sorgen sich auch um die Zukunft, die „Zeit dahinter" („qhipa"), wobei sie mit dem Daumen nach hinten zeigen. Ein Grund, warum die Zeitkonzepte im Aymara anders gewichtet sind, könnte darin bestehen - so vermutet der Linguist Rafael Nuñez - dass die Aymara großen Wert darauf legen, ob und wie der Sprecher ein Ereignis erlebt bzw. beobachtet hat. Ein Satz wie „Kolumbus segelte 1492 über den Pazifik" wäre auf Aymara nicht möglich, denn die Aussage müsste zusätzlich angeben, ob es persönlich beobachtet oder durch Hörensagen in Erfahrung gebracht wurde. Dabei werden die Wörter mit Vor- und Nachsilben gespickt, sodass riesige Wortbandwürmer entstehen. Für die Sprache der Aymara besteht das Risiko des Aussterbens nicht, wird sie doch von zwei bis drei Millionen Sprechern im südamerikanischen Andenraum gesprochen. Allerdings denken und gestikulieren die heute fließend Spanisch sprechenden jungen Aymara mit der Vergangenheit im Rücken und den Blick in die Zukunft gerichtet.

Auch für die Kaweshkar, die Kanu-Nomaden im Insellabyrinth Südpatagoniens, verlief der Strom der Zeit auf besondere Weise. Sie hatten für mor-

018ch-ks

gen und gestern nur ein Wort, dafür viele, die den Moment beschrieben, ob er sich unmittelbar, bald oder plötzlich ereignete. Ihre Sprache kannte auch viele Begriffe für Schmerz und Angst, dafür wenige, die Freude ausdrückten. Dies lässt wohl auf ihr hartes Leben in einer der extremsten Weltregionen schließen, in der sich alles schlagartig ändern konnte. Das sind allerdings nur Vermutungen, denn viele kulturelle Phänomene und besondere Sichtweisen auf die Dinge, die indigene Völker auszeichnen, bleiben Außenseitern verschlossen und in manchen Fällen für immer verborgen.

Die Mapuche: neue Konflikte, alte Forderungen

Chile zeigte sich im September 2010 zur Feier des 200-jährigen Bestehens der Unabhängigkeit – wie andere Länder des Kontinents auch – in seiner kulturellen Vielfältigkeit. Vertreter der Rapa Nui, Aymara und Mapuche tanzten in ihren Trachten und spielten traditionelle Instrumente. Auch der Präsident war mit Stolz erfüllt, als er im geschichtlichen Abriss vom Heldentum und Kampfgeist der Vorfahren sprach und mit „Wir sind stolz, eine multikulturelle Nation zu sein" schloss. Die **Jubiläumsfeier zeigte ein harmonisches Bild.** Auch die Erfolgsgeschichten von Sportlern und Models mit Mapuche-Nachnamen wie die des Fußballstars *Francisco Huaiquipán* oder des Topmodels *Ximena Huillipán* sowie erfolgreicher Geschäftsleute, die den Aufstieg als Mapuche geschafft haben, werden gern als Vorbilder dargestellt. Tritt der oft gelobte Kampfgeist und die traditionelle Kleidung der Mapuche allerdings auf einer Demonstration in Erscheinung, in der diese gegen Diskriminierung und für **Multikulturalität für alle** eintreten, ist die Rede vom „gewalttätigen Mapuche" sowie „unzivilisiertem und extremistischem Verhalten".

In der **Auffassung von „indigen"** gibt es stets zwei Sichtweisen: Gern sieht man die tanzenden und singenden indigenen Gruppen sowie die wirtschaftlich und kulturell erfolgreichen Vorzeige-Ureinwohner, dagegen wird der in seiner Tracht und für seine Rechte demonstrierende Mapuche oft als **„Indio" statt als „Indígena"** angesehen. In der chilenischen Öffentlichkeit haben die indigenen Völker in den letzten 15 Jahren an Sichtbarkeit gewonnen. Dennoch sind das Interesse und der Einsatz für die Belange der Ureinwohner außerhalb der indigenen Gemeindegrenzen nicht groß. Die Presse spricht vom **„Mapuche-Konflikt"** und lässt die Öffentlichkeit über dessen Bedeutung und Auswirkungen im Ungewissen. Beispielsweise berichteten die chilenischen Fernsehsender im Oktober 2010 über das Ereignis der 33 eingeschlossenen Bergleute in der nordchilenischen Kupfermine rund um die Uhr, während die sich zur gleichen Zeit seit zwei Monaten im Hungerstreik befindenden 32 Mapuche mit keiner Schlagzeile erwähnt wurden. Dabei sind gerade die Forderungen der Mapuche am lautesten zu hören, der größten indigenen Gruppe. Die Forderungen sind alte Bekannte: Anerkennung der angestammten Territorien und Mitspracherecht bei Großprojekten auf Gemeindeland. Seit den 1990er-Jahren verlaufen die **Landkonflikte** zwischen den Energie- und Holzkonzernen auf der einen Seite und den Mapuche-Gemeinden auf der anderen zunehmend konfrontativ. Der Großteil des ursprünglichen Siedlungsgebietes der Mapuche zwischen dem Fluss Bío-Bío und der Insel Chiloé ist heute mit Holzplantagen zur Zelluloseherstellung übersät, wobei der Anbau von Monokulturen und massiver Holzeinschlag in den letzten Jahren stark zugenommen haben. Unter den Mapuche löst das Unzufriedenheit aus, der sie mit **Protestmärschen und Landbesetzungen** Ausdruck verleihen. Kleine Gruppen von Mapuche-Aktivisten greifen dabei zu extremen Mitteln, zünden Holzstapel oder auch einen Lastwagen an. Die zivilen Mapuche-Bewegungen werden jedoch mit friedlichen Absichten geführt. Dabei protestieren sie z. B. gegen Pflanzungen von Monokulturen auf ihren Feldern und gegen den Bau von Staudämmen in ihren Gebieten. Meist werden die Mapuche bei Entscheidungen für Großprojekte, die ihre Gemeindegebiete betreffen, nicht konsultiert. Internationale Konventionen werden übergangen und das Indigenen-Gesetz erweist sich oft als zu schwach, da es im Rahmen wirtschaftlicher oder politischer Interessen leicht zu umgehen ist. Auf Proteste, ob extrem oder zivil, reagiert der Staat mit harter Hand, verurteilt Protestführer nach dem **Anti-Terrorgesetz,** einem Relikt aus der Militärdiktatur, unter dem eine Untersuchungshaft bis zu einem Jahr dauern kann und anonyme Zeugen zugelassen werden. Dabei findet das Gesetz vorwiegend **Anwendung bei der Verhaftung von Mapuche-Angehörigen.** Eine Mehrheit im Parlament zur Abschaffung des Gesetzes fand sich bisher nicht, es wurde lediglich dessen Nicht-Anwendung auf Minderjährige festgelegt.

Unter den Inhaftierten und Verurteilten befinden sich auch einige *lonkos,* die Dorfobersten der Mapuche und weltlich gewählten Führer der Gemeinden. Sie werden für Landbesetzungen ihrer Gemeinden verantwortlich gemacht. Für die Mapuche ist dies auch deshalb besorgniserregend, da die Behörden vor den angesehenen Würdenträgern ihrer Gemeinden wenig Respekt zeigen. Doch die Mapuche demonstrieren weiterhin Kampfgeist und ergreifen Initiative, um ihre Rechte einzufordern – wenn es sein muss, singend und tanzend.

Kirche, Religion und Glaube

Im chilenischen Hochland hat sich die Dorfgemeinschaft, die zum großen Teil aus Aymara besteht, in der festlich geschmückten Kirche zum Festtag des Maikreuzes zusammengefunden. Kurz darauf beginnt der katholische Gottesdienst. Auch der Bischof ist gekommen und nimmt seinen Ehrenplatz während der Prozession durch das Dorf ein. Bei den Aymara-Zeremonien, die der *Pachamama* („Mutter Erde") huldigen, wird das Jesuskind neben Kokablättern geweiht. **Christliche Elemente** vermischen sich scheinbar widerspruchslos mit **indigenen Traditionen.** 3000 km weiter südlich feiern die Mapuche in einem abgelegenen Ort das Ngillatun-Fest.

019ch-ks

Die wichtigste religiöse Zeremonie ihrer Kultur dauert bis zu drei Tage und soll die Verbindung zwischen Mensch und Kosmos festigen. Die Mehrzahl der teilnehmenden Mapuche ist getauft und für sie, wie auch für andere Urvölker, sind die zwei Religionen miteinander vereinbar: der christliche Gott und die Weltauffassung ihres Volkes. Dieser über Jahrhunderte andauernde Austausch prägte den Glauben und zeigt, dass Religion in Chile viele Gesichter hat und keine Frage von *entweder – oder,* sondern eher von *sowohl – als auch* ist. Die **indigene Religiosität** wird heute von der katholischen Kirche nicht als Gegensatz, sondern vielmehr als andere religiöse Ausdrucksform wahrgenommen und unterstützt.

Ohne Zweifel ist Chile ein historisch wie kulturell **katholisch geprägtes Land,** in dem sich über 67 % der Bürger zum Katholizismus bekennen. Freilich geben Zahlen und Statistiken kein zuverlässiges Abbild der Glaubenspraxis. Denn schaut man bei den katholischen Sonntagsgottesdiensten vorbei, zeigt sich ein eher kümmerliches Bild. Dagegen füllen sich die Kirchen an den Feiertagen und die Wallfahrtsorte an den Festtagen von Heiligen und der Jungfrau *Maria* auf beeindruckende Weise.

Die **Kirche** – und damit ist in Chile stets die katholische Kirche gemeint – übt seit der Kolonisation eine wichtige Rolle in Politik und Gesellschaft aus. Daran hat auch die Trennung von Staat und Kirche 1925 nichts geändert. Im Gegenteil, denn die Kirche setzte nun verstärkt auf den Ausbau und die Stärkung der eigenen Strukturen. In den 1960er-Jahren nach dem II. Vatikanum, das den Akzent auf eine Kirche für alle und insbesondere für die Armen setzte, wandte sich die katholische Kirche in größerem Maße der Lebenswirklichkeit der Armen zu und entwickelte sich als **Sprachrohr für soziale und politische Belange.** Bereits 1964 unterstützte die Kirche die unter Präsident *Frei* durchgeführte Landreform zugunsten der Landarbeiter, die unter *Allende* fortgeführt wurde. Verhielten sich die Kleriker unter der *Allende* Regierung zunächst abwartend und begrüßten

⌃ Kreuzfest im Hochland mit katholischem Gottesdienst und traditionellen Aymara-Zeremonien

die Sozialreformprogramme, so ergriffen sie nach dem Militärputsch am 11. September 1973 die Initiative. Angesichts der massiven Menschenrechtsverbrechen, die von den Militärs während der Diktatur verübt wurden, bot die Kirche den vom Regime Verfolgten und deren Angehörigen kurz nach dem Putsch Hilfe. Die christlichen Kirchen und die jüdische Gemeinde gründeten das **Comité Pro Paz** („Komitee für den Frieden"), um den in Chile lebenden Flüchtlingen sowie Tausenden als Regimekritiker verfolgten Chilenen zu helfen, das Land zu verlassen, Rechtsbeistand für Verhaftete zu organisieren und Menschenrechtsverletzungen ausführlich zu dokumentieren. Nachdem das Friedenskomitee vom Militärregime zur Auflösung gezwungen wurde, gründete Kardinal *Raúl Silva* 1976 das **Vicaría de Solidaridad** („Solidaritätsvikariat"), das die Arbeit als rein katholische Institution fortsetzte. In der Nachfolgezeit gerieten auch viele Priester, die sich stark für die unterdrückten Bevölkerungsschichten einsetzten, in die Schusslinie des Militärs. Als Anhänger des Kommunismus diffamiert, wurden sie Opfer von Verleumdung und Verfolgung. Doch die Kirche wich in ihrem Kampf gegen Menschenrechtsverletzungen nicht zurück, was keineswegs selbstverständlich war. Anderswo auf dem Kontinent wurden Bischöfe und Priester zu Handlangern der Militärdiktatoren. In Chile jedoch stand die **Kirche auf der Seite des Volkes,** was dem unermüdlichen Einsatz von **Kardinal Raúl Silva** zu verdanken ist, der bis heute in Chile dafür geehrt wird. Die 500-Peso-Münze trägt sein Abbild, eine Ehre, die bisher vor allem Kämpfern des Unabhängigkeitskriegs zuteil wurde. Nicht zuletzt leistete die katholische Kirche einen wesentlichen Beitrag zur friedlichen **Rückkehr der Demokratie** in Chile.

Bis heute engagiert sie sich in sozialer Arbeit und dies oftmals in solchen Bereichen, die von staatlichen Institutionen vernachlässigt werden. In ihrem Einsatz stellt sich die Kirche oft auf die Seite der Vernachlässigten. Kinder aus ärmeren Vierteln erhalten durch ihre Unterstützung kostenfreies Schulessen. Den Mapuche bietet sie im Kampf um ihre Landrechte Rückhalt. Eine Vielzahl von Bildungs- oder Gesundheitseinrichtungen hat kirchliche Träger.

Ihre **institutionelle Stärke und Einflussmöglichkeiten** in der Politik setzt die Kirche für ihre Ziele ein und hat bei politischen Entscheidungen durchaus starkes Gewicht. So leistete sie viele Jahre lang erbitterten Widerstand gegen die Legalisierung der Ehescheidung in Chile. Erst 2004 wurde schließlich das Scheidungsgesetz verabschiedet. Bei aktuellen Themen wie Empfängnisverhütung, gleichgeschlechtliche Partnerschaft oder dem Anti-Diskriminierungsgesetz zeigt sich die Kirche höchst **konservativ** und lässt keinen Dialog zu. So sorgen Programme zur Einführung von Sexualkunde im Schulunterricht regelmäßig für Konfliktstoff. Nach Auffassung der Kirche sollte Aufklärung nach moralischen Aspekten und nicht über Sexualität und Verhütung geschehen. Die hohe Zahl minderjähriger Mütter spricht eine andere Sprache. Starken Einfluss übt zudem die **ultrakonservative Strömung** der katholischen Kirche **Opus Dei** („Werk Gottes") aus, da sie über gute Kontakte zu politischen Entscheidungsträgern verfügt. Als Laienorganisation der katholischen Kirche in den 1920er-Jahren gegründet, erhielt Opus Dei unter *Pinochet* starken Auftrieb. Nachdem die katholische Kirche die Militärjunta nicht bedingungslos unterstützte, bemühte sich das Regime um Rückhalt in den konservativsten Kreisen und fand sie u. a. bei Opus Dei, das nach dem Putsch nicht nur große Präsenz im TV-Kanal 13 und der Tageszeitung El Mercurio zeigte, sondern die Mitgliedergemeinschaft um Funktionäre in hohen und einflussreichen Kreisen erweitern konnte. Heute sind viele Mitglieder von Opus Dei Großindustrielle sowie Eigentümer von Schulen und Universitäten. Der prominenteste Vertreter ist wohl der Ex-Bildungsminister und seinerzeit erste Minister für soziale Entwicklung unter *Piñera, Joaquín Lavín.* Gleichwohl wäre der mächtige Einfluss der katholischen Kirche nicht so stark, wenn er in Chile nicht auf einen **tief verwurzelten Glauben** treffen würde. Dieser ist fest im Wertesystem der chilenischen Gesellschaft verankert und Ursprung vieler konservativer Moralvorstellungen.

Protestanten, Pfingstler und Evangelikale

Gibt man in Chile an, man sei evangelisch, könnte das zu Missverständnissen führen. Denn die Bezeichnung **„evangélico"** bezieht sich in Chile wie in den meisten lateinamerikanischen Ländern auf protestantisch-charismatische Frei- und Pfingstkirchen, die u. a. durch US-amerikanische Missionsarbeit ins Land kamen. In Chile bilden sie unter den protestantischen Kirchen die größte und nach dem Katholizismus die zweitgrößte religiöse Gruppe. Heute gehören etwa 17 % der Bevölkerung dem protestantischen Glauben an, die Mehrzahl davon den Pfingstkirchen. Zur Zeit der Diktatur förderten die Militärs die aggressive Mission der Pfingstler, indem sie ihnen u. a. Präsenz in Fernsehen und Presse einräumten. Sie sollten ein Gegengewicht zu der teilweise regimekritischen katholischen Kirche stellen. Längst ist die **Pfingstbewegung** keine Randerscheinung mehr und es geht eine ungebrochene Anziehungskraft von ihr aus, sodass die katholische Kirche nicht länger das Monopol in Glaubensfragen ausübt.

Die **Gottesdienste** der Pfingstkirchen sind meist **sehr modern und persönlich** gestaltet. Christliche Gesänge unterlegt mit bewegender Musik, charismatische Pastoren, die mitreißende Predigten halten, sowie persönliche Erlebnisberichte zeichnen den sonntäglichen Kirchgang aus. Pfingstkirchen gehen gezielt in Wohngegenden der unteren sozialen Schichten und engagieren sich aktiv in der Armutsbekämpfung. Sie eröffnen beispielsweise Kindertagesstätten oder Bildungszentren für Frauen. Das Zusammengehörigkeitsgefühl, das in den Gottesdiensten vermittelt wird, soll die Gemeinschaft stärken. So gelingt es den Pfingstkirchen, soziale Netze in bestimmten Regionen und Gesellschaftsschichten aufzubauen, die Orientierung und Hilfe bei der Bewältigung von Alltagsproblemen bieten. Klare **ethische Vorgaben** wie etwa Alkoholabstinenz machen die Pfingstkirchen besonders für Frauen aus unteren Einkommensschichten attraktiv, da sie häufig unter den Lastern ihrer Männer zu leiden haben. Die Lebensweise trägt erheblich zu einer verbesserten wirtschaftlichen Situation bei – ein Fakt, der sich auch für die Pfingstkirchen „auszahlt", müssen sie sich doch selbst finanzieren. Jedes Mitglied ist verpflichtet, den Zehnten seines Einkommens zu „spenden". Mit unternehmerischem Geschick predigen die Pastoren, die oftmals keine theologische Ausbildung haben, von raschem sozialem Aufstieg und machen **Geld zum Mittelpunkt** ihrer Predigten. Die Gläubigen werden angehalten, großzügig zu spenden, hängt doch ihr Wohlstand davon ab, wie viel sie selbst zu geben bereit sind. Kein Wunder also, dass gewisse Pfingstkirchen selbst in armen Gegenden gewaltige Kirchpaläste schufen, ausgestattet mit modernem technischen Gerät. Eine der größten Gemeinden Lateinamerikas befindet sich in Santiago. Deren Tempel, Catedral Evangélica de Chile, füllt sich zu den Gottesdiensten mit Hunderten von Gläubigen, wobei der Tempel wie auch die Gottesdienste nicht wie eine Kirche der Öffentlichkeit zugänglich sind. Dafür ist die persönliche Einladung eines Mitgliedes erforderlich. Die **Pfingstkirchen haben eine hohe öffentliche Präsenz** in den Medien und auf den Straßen, wo Pfingstler etwa gegen Gesetzesinitiativen für die Anerkennung gleichgeschlechtlicher Paare demonstrieren. Nicht zu vergessen sind dabei auch die charismatischen Bibelpredigten auf öffentlichen Plätzen.

Nun meint man als Europäer mit der Konfessionszugehörigkeit „evangelisch" gewiss nicht das chilenische *evangélico,* sondern eben evangelisch-protestantisch. Die unverfänglichste Lösung ist hier die Bezeichnung *luterano,* also evangelisch-lutherisch. In Chile gibt es eine kleine **lutherische Glaubensgemeinschaft,** die auf deutsche Einwanderung im 19. Jh. zurückgeht. Etwa 0,8 % der Chilenen bekennen sich zu diesem Glauben. Trotz dieser relativ kleinen Gruppe gibt es seit 1975 zwei lutherische Kirchen in Chile. Der Grund für die **Entzweiung** – die Jahreszahl lässt es vermuten – lag in den unterschiedlichen Positionen zum Pinochet-Regime. Ein großer Teil der Deutsch-Chilenen und Mitglieder der lutherischen Kirche **IELCH (Iglesia Evangélica Luterana en Chile)** gehörten in ihrer Mehrheit den Wohlhabenden an, sie waren Großgrundbesitzer oder Unternehmer und begrüßten den Militärputsch im Jahre 1973. Als sich nach dem Putsch die IELCH unter Bischof *Helmut Frenz* für die unter der Militärdiktatur Verfolgten und die Wahrung der Menschenrechte engagierte, stieß dies auf Protest bei Teilen der lutherischen Gemeinden und wurde als kirchenschädigend gewertet. Ohne Erfolg forderte man den Rücktritt des „roten Bischofs", wie *Frenz* genannt wurde, und auch Vermittlungsversuche des Außenamtes der Evangelischen Kirchen in Deutschland waren vergebens. Alle **Gemeinden deutschen Ursprungs,** ausgenommen die Gemeinde von Concepción und einzelne Mitglieder der Gemeinde Santiagos, trennten sich schließlich von der IELCH und gründeten im Juni 1975 eine eigene Kirche, die **ILCH (Iglesia Luterana de Chile).** Letztere machte kurz darauf höchstpersönlich ihre Aufwartung beim Diktator und sprach sich für eine Auflösung der evangelisch-lutherischen Kirche in Chile aus. Dies geschah nicht. Bischof *Frenz* wurde die Einreise nach Chile verweigert, nachdem er sich 1975 in Genf aufgehalten hatte. Er setzte seinen Einsatz gegen Menschrechtsverbrechen des Regimes in Deutschland fort. Für das Wirken der IELCH standen weiterhin **Solidarität und gesellschaftliches Engagement** im Vordergrund und ihre Gemeinden sind –insbesondere in den Armenvierteln – weiter gewachsen. Bis heute ist die Spaltung der beiden Kirchen nicht überwunden, doch sind seit der Rückkehr des Landes zur Demokratie viele Initiativen zur Zusammenführung auf dem Weg.

Volksfrömmigkeit

Blumengeschmückte Marienstatuen und kleine Schreine, die einem Schutzpatron huldigen, sieht man überall – in Häusernischen, Bahnhöfen wie auch in Privathäusern. Dass sich viele Chilenen bekreuzigen, wenn sie an einer Kirche vorbeifahren, ist selbstverständlich und gehört genauso zum Alltag wie die Nachbarin zu grüßen. Das starke **Bekenntnis zum Glauben** ist Teil des Alltags und spiegelt sich in allen Lebensbereichen wider. Betende Fußballteams, Gottesdienste an Nationalfeiertagen sowie Heiligenbildchen und Rosenkränze, die an Rückspiegeln von Autos, Bussen oder Lkws baumeln, sollen die Reisenden unter den wohlgemeinten Schutz Gottes stellen. Floskeln wie „Gott segne dich" oder „nach Gottes Willen" sind so gängig wie ein kurzer Besuch in der Kirche. Viele kommen, um zu beten oder wegen eines besonderen Anliegens. Heiligenfiguren werden berührt und mit Blumen geschmückt. Nicht nur in Kirchen finden sich solche Wirkungsstätten. Auch auf Friedhöfen fallen geschmückte Gräber mit bunten Fähnchen, Heiligenbildern und unzähligen Zettelchen mit Fürbitten und Danksagungen auf. Diese Gräber erlangten den Ruf,

wundertätig zu sein, und an ihnen wird um Hilfe bei Krankheit oder Kinderlosigkeit gebeten. So erlangten etwa das Grab des „unbekannten Indianerjungen" *(el indio desconocido)* auf dem Friedhof von Punta Arenas oder das des als Mörder zum Tode verurteilten *Emile Dubois* in Valparaíso aufgrund ihrer großen **Wundertätigkeit** Berühmtheit.

Auch viele **„animitas"** haben diesen Ruf und die Leute geben sich untereinander Tipps, welche *animita* gerade besonders wundertätig wirkt. Diese „Seelchen" stehen als kleine, geschmückte Schreine an Chiles Landstraßen, an der Stelle, an der jemand verunglückte. Es werden kleine Häuschen gebaut, die mit persönlichen Gegenständen des Verunglückten bestückt sind und von den Angehörigen liebevoll gepflegt werden. Manchmal erlangt eine *animita* die Bedeutung, Wunder vollbringen oder Wünsche erfüllen zu können. Diese Annahme geht auf den Glauben zurück, dass die **Seelen** der unter tragischen Umständen zu Tode Gekommenen sich weiterhin in der Nähe des Sterbeorts befinden und **zwischen dem Jenseits und dem Hier** vermitteln. Man glaubt, die Seele *(ánima)* des Verunglückten wohne in dem Häuschen und ihr werden daher Kerzen, Blumen und Bittbriefe gebracht. Einige *animitas* sind zu regelrechten Wallfahrtsorten geworden und wurden erweitert, sodass auch Heilige dort ver-

△ Die wohl wundertätigste „animita" Chiles:
Animita Romualdito am Hauptbahnhof Santiagos

ehrt werden. Einer der berühmtesten Schreine ist die **Animita Romualdito** am Hauptbahnhof *(estación central)* in Santiago, die sich inmitten des geschäftigen Treibens der Straßenhändler befindet. Über eine lange Mauer erstrecken sich über zwanzig *templetes techados,* überdachte Häuschen, in denen Tag und Nacht Kerzen brennen, dazu unzählige Fürbitten und Dankesworte auf Votivtafeln, Blumen und Geschenke. Beim Umbau des Bahnhofs wurde die Mauer erhalten. Als schwierig erwies sich jedoch der Erhalt der vielen Straßenschreine beim Bau der neuen *Carretera,* der von Nord bis Süd verlaufenden Fernstraße. Die ursprünglich selbst gezimmerten Schreine mussten weichen und die Mehrzahl wurde durch einheitliche *templetes* ersetzt, die es als Standardausführung heute für diesen Zweck zu kaufen gibt. Über Jahrzehnte werden die kleinen Kapellen gepflegt und erweitert. Auch nicht religiöse Gruppen errichten *animitas,* etwa zum Gedenken der vom Militärregime ermordeten Personen.

Neben der Huldigung von Volksheiligen werden den **christlichen Heiligen** gleichfalls schmuckvolle Altäre gebaut, wo an ihren Festtagen sehr emotional gefeiert wird. Die wohl beliebtesten Heiligen sind *Teresita de los Andes,* die als erste Chilenin heilig gesprochen wurde, und der Jesuitenpater *Alberto Hurtado,* der das Hilfsprogramm *El Hogar de Cristo* ins Leben rief. Zur Heiligsprechung von *Padre Hurtado* am 23.10.2005 reisten Tausende Chilenen nach Rom, während sich Chile selbst im Freudentaumel befand und bis heute dieses Tages alljährlich gedenkt. Auch der **Papstbesuch** von *Johannes Paul II.* 1987 bleibt in Chile unvergessen. Aufrufe seiner letzten Ansprache im Nationalstadion werden immer wieder zitiert wie *No tengáis miedo de mirarlo a Él* („Habt keine Angst, Ihn anzusehen") oder auch *El amor es más fuerte* („Die Liebe ist stärker").

Eine besondere Rolle in der Volksfrömmigkeit der Chilenen spielt die Verehrung der *Maria* als Mutter Gottes. Als chilenische **Nationalpatronin** und „Mutter aller Chilenen" wird *Nuestra Señora Virgen del Carmen* („unsere liebe Frau vom Berge Karmel") verehrt. Sie ist in Chile weit verbreitet und erscheint selbst in der **nationalstaatlichen Symbolik.** Während der Unabhängigkeitskämpfe 1817 erklärte *Bernado O'Higgins* die *Virgen del Carmen* zur Patronin und Oberbefehlshaberin des chilenischen Heeres und versprach, nach einem endgültigen Sieg über die Truppen der spanischen Krone ihr zu Ehren eine Kirche zu errichten. Daraufhin wurde mit dem Bau des Templo Votivo de Maipú (Votivtempel von Maipú) begonnen. Die Gründung der Republik Chile und die chilenischen Streitkräfte sind seither eng mit der Symbolik um die *Virgen del Carmen* verbunden. Die Fertigstellung des Tempels wurde 1975 unter *Pinochet* mit allen Kräften gefördert, auch vor dem Hintergrund, die *Virgen del Carmen* in die ideologische Symbolik des Regimes zu übernehmen.

Viele kleine und große Altäre sind der **Jungfrau** gewidmet: Der November ist der **Marienmonat** *(el mes de María)* und geht einem der wichtigsten religiösen Feste Chiles voraus – dem „Fest der Unbefleckten Empfängnis" am 8. Dezember. Gemeinden organisieren zu Ehren der Jungfrau *Maria* religiöse Veranstaltungen und besuchen Marienschreine, die mit Erscheinungen der Jungfrau in Zusammenhang stehen. In Chile gibt es eine Reihe von Wallfahrtsorten, die die Jungfrau seit Jahrhunderten verehren.

Wundergläubigkeit und Übersinnliches

Der tiefe Glaube der Chilenen äußert sich jedoch nicht in besonderer Bibelfestigkeit oder theologischem Kenntnisreichtum. Vielmehr vermischt sich eine starke Frömmigkeit mit dem Glauben an Wunder und Übersinnliches. Religionslose Chilenen würden sich selbst nie als *ateístas* (Atheisten), sondern stets als *agnósticos* (Agnostiker) bezeichnen, denn ersteres impliziert einen Nichtglauben bzw. die Negation von Gott, während **Agnostizismus** die Frage nach der Existenz eines Gottes – und in gewisser Weise auch die Himmelspforte – offenlässt. Denn in brenzligen Situationen wird doch sicherheitshalber die Mutter Gottes angerufen.

Nicht wenige Chilenen haben in ihrem Leben ein **Gelübde** *(manda)* abgelegt, um etwa die Heilung eines Kranken, das Glück für einen Verwandten oder einen Lottogewinn zu erbitten. Dabei verpflichtet man sich beispielsweise zu Spenden an die Kirche, Enthaltung in bestimmten Dingen, das Anbringen von Votivtafeln an einem Heiligenaltar bis hin zu Bußübungen auf Knien an Wallfahrtsorten.

Zudem gibt es kaum einen Chilenen, der nicht schon **Zeuge eines Wunders** wurde oder zumindest von einem gehört hat. Berichte von Ereignissen oder Begegnungen, die sich nicht erklären lassen, sind beliebt und finden gern Gehör. Extraterrestrische Flugobjekte am Nachthimmel sind nichts Ungewöhnliches und auch Erscheinungen, insbesondere in Verbindung mit der Jungfrau *Maria* lösen Wallfahrten Hunderttausender aus. So geschehen 1983, als *Michael Ángel Poblete* die Jungfrau *Maria* erschien, was als das „Wunder von Peñablanca" Berühmtheit erlangte. Nicht nur *Poblete,* sondern viele der **Pilger nahmen Lichter wahr** und glaubten, die Gestalt der *Maria* darin zu sehen.

Große Aufmerksamkeit erregte auch der Fall von *María Mercedes Correa,* die geistig und körperlich beeinträchtigt zur Welt kam und plötzlich mit 18 Jahren vom Bett aufstand und um Essen bat. Diese sogenannte **„Wunderheilung von San Felipe"** wurde auf das Zutun des jung verstorbenen italienischen Seminaristen *Nicolás D'Onofrio* zurückgeführt, zu dem die Mutter *Marías* – eine bekannte chilenische Schriftstellerin – un-

aufhörlich gebetet haben soll. Die Medien waren begeistert ob der neuen Wundersensation und es gab kaum jemanden, der nicht an dieses Wunder glaubte.

Ebenso erfreuen sich die **Heilmethoden indigener Schamanen** und Heiler großer Beliebtheit. Wenn die Schulmedizin nicht mehr weiterweiß bzw. der Geldbeutel des Patienten diese nicht bezahlen kann, legt man seine Gesundheit in die Hände z.B. eines *machi,* eines traditionellen Heilers der Mapuche.

Gleichermaßen erfreut sich die **Astrologie** großer Beliebtheit unter den Chilenen. Viele leben nach dem Horoskop und lassen sich in der Mittagspause schon mal die Tarot-Karten legen. Kärtchen und Zettelchen verbunden mit Tarot und Glück, die an Metro-Ausgängen verteilt werden, sollte man auf keinen Fall unbeachtet lassen oder gar wegwerfen. Das könnte Unheil bedeuten. So stößt auch der Aberglaube in Chile auf nahrhaften Boden. Einen Salzstreuer über den Tisch von Hand zu Hand zu reichen, birgt Unglück, wie auch Dienstag der 13., an dem man besser nicht verreist oder gar heiratet. Die **Farbe Rot** jedoch beschützt und so wird kleinen Kindern zur Taufe als **Schutz vor dem „bösen Blick"** ein rotes Armband geschenkt. Auf Holz schlagen bringt Glück sowie ein dreibeiniges „Schwein von Quinchamalí" aus Ton im Haus zu haben – nicht zu vergessen ein Heiligenbild in der Tasche.

⌃ Heiligenbildchen können zusammen mit Chile-Flaggen erstanden werden

Lebendiges Brauchtum

Chile ist überaus reich an Volkskultur. Der Kalender ist gefüllt mit **Patronatsfesten,** die ein ganzes **Spektrum an Ritualen, Symbolen und religiösen Zeichen** umfassen. In ihnen blühen indigene Ursprünge fort genau wie nie aufgeschriebene und von den Vorfahren mündlich überlieferte Bräuche. Diese sind sehr dynamisch und werden zu religiösen Festen und Feiertagen jedes Jahr aufs Neue belebt mit Tänzen und Gesängen aus früheren Zeiten, in denen sich **indigene Ursprünge mit europäischen Wurzeln** vermischen. Die Tanzgruppen sind generell als **„chinos"** (wörtlich: Chinesen) bekannt und die traditionellen Tänze als *bailes chinos* (chinesische Tänze). Zwar erinnern einige reich verzierte Trachten durchaus an asiatische Kostüme, doch ist ihr Ursprung nicht etwa westlich, sondern nördlich von Chile zu suchen. *Chinas* wurden unter den Inka die Dienstmädchen des Sonnentempels genannt – die **Jungfrauen der Sonne.** Die Bedeutung dieses einst ehrenvollen Titels aus dem Quechua verschwamm mit Ankunft der Spanier, die fortan alle einheimischen Frauen *chinas* nannten, da sie in ihren Diensten zu stehen hatten. So bezieht sich etwa der Begriff *chinear* im Chilenischen auf das „in Dienst nehmen" von Hauspersonal. *Chino* ist allgemeinsprachlich ein Diener und daraus hat sich die Redensart *Es fiel como chino* („Er ist treu wie ein Diener") abgeleitet, die noch heute gebräuchlich ist. Aufgrund der bunten Trachten der *chinas* aus dem Inkareich heißen sowohl die Tänze als auch die Tänzer und deren Trachten *chinos* bzw. *chinas.* Auch für die Jungfrau *Maria* selbst, der im stark marianistischen Chile gehuldigt wird, hört man mitunter das Kosewort *chinita* (hier: „meine kleine Jungfrau").

Neben den Ortschaften, deren wichtigster Tag im Jahr der Namenstag ihres Schutzpatrons ist, hat auch **jedes Handwerk seinen eigenen Schutzheiligen.** So ist für die Schuhmacher *San Crispín* zuständig, für die Blumenverkäufer *San Nicolás,* den Fahrern steht *San Cristóbal* und den Minenarbeitern *San Lorenzo* bei. In vielen Werkstätten, Läden, am Straßenrand oder an den Mineneingängen befindet sich ein kleiner Altar für den jeweiligen Heiligen, der um alltäglichen Schutz angerufen wird. Am Tag des Schutzpatrons der Minenarbeiter, dem 10. August, arbeitet niemand in der Mine aus dem Glauben, dass sonst Unfallgefahr drohe. In gleicher Weise gibt es **Naturereignisse** die jeweiligen Heiligen wie den *San Isidro* bei Regen oder den *San Saturnino* bei Gewitter. Bei Krankheiten und Schmerzen wie Zahnweh bittet man *Santa Barbara* um Linderung. Häufigere Bitten werden wohl zur *Santa Elena* geschickt, die dafür sorgen soll, dass etwas verloren Gegangenes, ohne es zu suchen, wieder auftaucht. Geht die Liebe verloren, schickt man Bittgebete zum **San Antonio,** dem

Schutzheiligen der Ehe und Mittelsmann für Dinge, die wiedergefunden werden sollen. *San Antonio* ist einer der beliebtesten Heiligen in Chile aufgrund seiner Gabe, in Liebesdingen für Abhilfe zu sorgen. In der Regel ist er mit einem Jesuskind im Arm dargestellt, da es ihm während seines Lebens einige Male erschienen sein soll. Allerdings fehlt den Figuren des *San Antonio* in Chile oftmals das Jesuskind. Wenn Bittende das Gefühl haben, der Heilige erhöre ihre Bitten nicht, entreißen sie ihm das Kind, bis er das Wunder vollbringt. Der *Santo* ist darüber so sehr bedrückt, dass er schnell einen Partner für den Ersuchenden findet, allerdings ist dieser nicht immer die erste Wahl. Um sich des Glückes der Ehe zu vergewissern, wird eine Münze mit dem Bild des *San Antonio* ins Kissen oder die Matratze des ehelichen Bettes genäht.

Die **Bilder der Heiligen,** die man aufstellt oder bei sich trägt, gibt es vor Kirchen und Friedhöfen zu erwerben, das heißt zu tauschen, denn in Chile werden Heiligenbilder und Rosenkränze nicht gekauft oder verkauft, sondern gegen Geld getauscht. Beschädigte Heiligenfiguren aus Gips oder Holz werden nicht einfach fortgeworfen, sondern an einen speziellen Ort gebracht, wo sie „wieder erleuchten". Meist ist ein Ort auf dem Friedhof dafür vorgesehen. In Santiago ist es eine große Christusfigur inmitten des Zentralfriedhofs, am Fuße derer sie niedergelegt werden – eine Art letzte Ruhestätte für Heiligenfiguren.

Kalender der wichtigsten religiösen Feste

Chiles Feste und deren Traditionen knüpfen an die **Geschichte und Legenden der jeweiligen Orte** an. Von Nord bis Süd hat jeder noch so winzige Ort seinen Schutzpatron bzw. seine eigene Heilige, die in großen Festen verehrt werden. Es heißt dann, der Ort werde einmal im Jahr heilig. Allen Festen sind die **Prozessionen** gemein, bei denen die Figuren und Bildnisse der Heiligen durch die Straßen getragen werden, begleitet von Priestern, Bewohnern, Besuchern, Musikern und Tänzern. Dabei unterscheiden sich die Rhythmen, Bräuche und typischen Trachten von Ort zu Ort. Im Norden, wo noch stark die andinen Traditionen dominieren, ist es nichts Ungewöhnliches, während der Messe dem heiligen Schutzpatron oder der Jungfrau *Maria* zu huldigen und anschließend am Außenaltar die *Pachamama* („Mutter Erde") mit gleicher Hingabe zu ehren.

Die Aymara im Norden leben größtenteils noch in ihren angestammten Gebieten, die von europäischen Einwanderern aufgrund der klimatischen Widrigkeiten nicht begehrt wurden. Dadurch integrierte sich ihr Brauchtum stärker in die christlichen Traditionen als es etwa bei den Mapuche im Süden geschah, die von ihrem Land vertrieben worden waren. Zwar

022ch-ks

feiern auch sie über das Jahr ihre volkseigenen Zeremonien, diese haben sich jedoch nicht so stark mit den christlichen Bräuchen vermischt.

Es ist erstaunlich, welche **Anziehungskraft** von den Schutzheiligen ausgeht und wie diese von Jahr zu Jahr zuzunehmen scheint. Dabei fällt auf, dass besonders die kleineren Orte die größten Feste feiern und zu regelrechten **Wallfahrtsstätten** werden. Die abgelegensten Dörfer in den Bergen, die während des Jahres nur von einer Handvoll Familien bewohnt sind, füllen sich am Festtag des Patrons mit Farbe und Leben. Die Einwohnerschaft vermehrt sich zu diesem Anlass um ein Hundert- oder Tausendfaches. Diese Feste werden mitunter bis zu einem Jahr lang vorbereitet, die Kirche und Straßen werden herausgeputzt und geschmückt, Trachten genäht und Tänze einstudiert sowie Tanz- und Musikgruppen eingeladen, ob traditionell oder modern. Kein Heiligenfest beginnt und endet am selben Tag. Es wird **mindestens drei Tage** lang gefeiert, in der Regel jedoch eine Woche oder gar einen Monat lang. Die folgende Auswahl der wichtigsten Patronatstage und religiösen Feste zeigt, wie vielfältig und reich Chiles Festkultur ist, die stets von unzähligen Legenden und Geschichten begleitet wird.

⌃ Zahlreiche Gottesdienste sind Rahmenprogramm jedes Festes

Januar

Am 6. Januar, dem Tag des Dreikönigsfestes, beginnt das Fest **El Niño Dios de Sotaquí** („Jesuskind von Sotaquí"). Es ist kein Zufall, dass das Fest zu Ehren des Jesuskindes in Sotaquí (bei Ovalle, Region Coquimbo) an ebendiesem Tag begangen wird. Einer Legende aus dem 19. Jh. zufolge soll eine weise Alte zwei Hirtenjungen beobachtet haben, die mit einem dritten, fast nackten Jungen spielten – einer Jesusstatue, die auf wundersame Weise plötzlich auftauchte. Die Alte nahm die Statue an sich, die als Beschützer des Ortes und dessen Wundertätigkeit weit über die Grenzen von Sotaquí hinaus bekannt wurde. Die etwa einen halben Meter messende Holzfigur wird drei Tage lang Mittelpunkt der Prozessionen und Gebete Tausender Pilger, die Gesundheit für ihre Familien und Kinder erbitten.

Der 20. Januar ist der Tag eines der wundertätigsten Heiligen in Chile: **San Sebastián, der große Beschützer der Bauern.** Ihm zu Ehren pilgern bis zu 300.000 Besucher nach **Yumbel** (bei Concepción), das in den Farben des Heiligen – Rot und Gold – geschmückt ist. Dazu gehören eine Bildnisprozession durch den Ort wie auch die ländlichen Traditionen des Pferderennens.

Februar

Der 2. Februar ist der Gedenktag der **Virgen de la Candelaria.** Die Licht bringende Jungfrau ist die Schutzpatronin der Minenarbeiter, die in allen großen und kleinen Minenstädten in der Atacama-Wüste von Antofagasta bis La Serena an diesem Tag gefeiert wird. Die Hauptprozessionen finden in Copiapó statt, in dessen Nähe Mitte des 18. Jh. der in einem Unwetter verirrte Viehtreiber *Mariano Caro Inca* vom Licht der *Virgen de la Candelaria* auf den richtigen Weg geführt wurde. Das Licht führte ihn zu einem Fels, wo er nicht nur Unterschlupf, sondern auch das Bildnis der Jungfrau mit dem Jesuskind im Arm fand. Seit dieser Zeit steigen die Arbeiter aus den umliegenden Minen von Copiapó hinab in die Stadt, um der Jungfrau zu huldigen sowie ihr zu Ehren in traditionellen Trachten für sie zu tanzen und zu singen. Auch in Lota (bei Concepción), der Minenstadt des Südens, wird der Schutzpatronin gedacht.

Der Februar gehört außerdem dem **Carneval Andino** (Andenkarneval), der in der nördlichsten Region **Arica-Parinacota** eine lange Tradition hat und mit dem sogenannten *Invierno Boliviano* (Bolivianischer Winter), der Regenzeit der Anden, zusammenfällt. In den Wüstentälern sowie Dörfern der Präkordillere wie etwa in Putre und im Andenhochland, z. B. in Parinacota, beginnt der Karneval mit dem Einzug des —o *Carnevalón* und endet mit seinem Abgang traditionell jeweils an einem Sonntag. Der **abuelo —o** (Väterchen —o) ist die wichtigste Figur der Festwoche, denn er ist es, der

---

Extrainfo 4 (s. S. 6): Bilder des Anden-Karnevals in Arica: Zusammenschnitt typischer Tänze und Musikvorführungen

die Siedlung das Jahr über von einem Berg aus beschützt. Nun steigt er hinab, besucht die Häuser und weiht die Böden der Felder in der Ch'alla-Zeremonie, wobei die **Pachamama** mit der Gabe von Hochprozentigem, Kokablättern und Essen um eine gute Ernte und **Wohlstand für das kommende Jahr** gebeten wird. Jede Ortschaft lebt dabei ihre eigene Auslegung der alten andinen Tradition. In einigen ist —o eine Puppe aus Stoff, in anderen personifiziert durch einen Dorfbewohner. Begleitet werden die Zeremonien von andinen Tänzen und traditioneller Musik mit Trommeln und *Tarkas* (andine Flöten). Zu regelrechten **Karnevalshochburgen** haben sich **Arica und Iquique** entwickelt, wo im Sinne der Völkerverständigung 5000 Tänzer aller Altersgruppen aus über 50 Tanzgruppen überall aus dem Norden, Bolivien und Peru anreisen. Dann gibt es nicht nur jede Menge Papierschlangen und Konfetti, sondern auch die Nominierung der —usta – „Tochter der Sonne", „Inkaprinzessin" oder „Schönheitskönigin".

März/April

Die **Karwoche** *(semana santa),* beginnt am Palmsonntag und dauert die folgende Woche an. Prozessionen füllen dann die Straßen und Messfeiern die Gotteshäuser des Landes. Am Ostersonntag wird eine **Judasverbrennung,** *(quema de Judas)* veranstaltet, die am Nachmittag für die Judas-Puppe mit einem Umzug beginnt und abends am Galgen endet. Vorher laufen die Kinder von Haus zu Haus und bitten um eine Münze für Judas mit dem Sprüchlein: *Una monedita pa'l Judas* („Ein Münzchen für den Judas"), um sie dann in die Puppe aus Stroh zu stecken. Zudem wird die Strohpuppe in Jeans und Jackett gekleidet und so mit Böllern und Raketen präpariert, dass es bei ihrer Verbrennung schließlich aus allen Körperteilen kracht und zischt. Die Kinder sammeln die in alle Richtungen fliegenden Münzen auf. Vorher wird Judas sein Urteilsspruch und Testament recht humorvoll vorgetragen. Einzigartig in Chile ist das **Fest des Cuasimodo,** das auf einen Brauch zu Kolonialzeiten zurückgeht, als der Priester am Sonntag nach Ostern aufs Land fuhr, um den Alten und Kranken die Gaben des Abendmahls zu bringen. Zu seinem Schutz begleiteten ihn *huasos* zu Pferd. Im Volksmund heißt der Umzug auch *Correr a Cristo* („neben Christus reiten"), was sich auf das Christusbild bezieht, das den Tross begleitet. Aus **Ehrfurcht vor Christus** und den Gaben nahmen die *huasos* ihre Hüte ab und banden sich stattdessen weiße Tücher um. Heute hat dieser alte Brauch auch Einzug in die Großstädte gehalten, wo der Priester von Hundertschaften als *huasos* oder romanische Soldaten verkleideter Reiter und von einer langen Prozession begleitet wird. Sogar Radfahrer in traditioneller Tracht mischen sich darunter. Der Tross hält überall dort, wo als Zeichen eine weiße Fahne am Haus hängt.

023ch-ks

Mai

Am 3. Mai wird das Kreuzfest **La Cruz de Mayo** von Arica bis Chiloé gefeiert und kann je nach Ort von einer Woche bis zu einem Monat dauern. Aus Mangel an religiösen Bildnissen und Gegenständen ließen die Missionare zur Kolonialzeit das Kreuz als Symbol für den neuen Glauben auf zentralen und wenn vorhanden erhöhten Plätzen der Siedlungen errichten. Somit schmücken eine Vielzahl von Kreuzen die Anhöhen, Dorfplätze und Altäre des Landes und jeder noch so kleine Ort verfügt über einen *Cerro de la Cruz* (Kreuzberg) oder zumindest eine *Colina de la Cruz* (Kreuzhügel). Für das **Kreuzfest** werden die Kreuze in langen Prozessionen von den Bergen geholt und am 1. Mai zeremoniell „eingekleidet", das heißt kunstvoll mit buntem Kreppapier und Kunstblumen verziert. Erwähnenswert ist, dass es sich mitunter um bis zu **drei Meter große Holzkreuze** handelt, die von mehreren (starken) Männern über beschwerliche Wege heruntergetragen werden müssen. In Zentral- und Südchile, wo es im Wintermonat Mai regnet und gelegentlich auch stürmen kann, befinden sich die Kreuze in den Häusern der Familien oder in Kapellen und werden singend von der Prozession besucht. An der Küste, beispielsweise in Constitución, ist es Brauch, die Kreuze inmitten von Weizenfeldern aufzustellen.

Juni

Vom 23. auf den 24. Juni findet auf der südlichen Hemisphäre die längste Nacht des Jahres statt, die in der indigenen Weltanschauung von wesentlicher Bedeutung ist. Als „Rückkehr der Sonne" feiern sowohl die

⌃ Geschmückte Kreuze befinden sich auf vielen Anhöhen und Gipfeln im Norden des Landes

Aymara im Norden *Machaq Mara* wie auch die Mapuche im Süden *Wiñoy Xipantu* – die **Wintersonnenwende,** den Beginn eines neuen Jahres. Nach Ankunft der Spanier wurde jedoch der 31. Dezember als Jahresende festgelegt und ein anderes Fest sollte das der Sonnenwende ersetzen – die **Nacht des San Juan Bautista** – welche der Geburt *Johannes* des Täufers mit großen Lagerfeuern gedenkt. In Zentral- und Südchile bezeichnet man die dieser Nacht folgenden, meist trockenen und warmen Tage als *veranito de San Juan* („kleiner Sommer des heiligen Johannes"). Am 29. Juni, dem **Festtag von San Pedro** (Feiertag), regnet es oftmals wieder. *San Pedro* stammt wie *San Juan* aus der Reihe der weinenden Heiligen und häufig ist bei Regen zu hören: *Lloró San Pedro* („Der heilige Petrus weinte"). Da er auch **Schutzpatron der Seeleute und Fischer** ist, feiern die Orte an Chiles langer Küste von Arica bis Punta Arenas diesen Tag. Die Prozession führt von der Kirche durch die Stadt bis zum Hafen. Dort wird die Figur des Heiligen auf ein Boot verladen, um eine Runde in der Bucht zu drehen, begleitet von einem Gefolge aus Musikern mit ihren Instrumenten, kleinen Chorgruppen, Cueca-Tänzern sowie von Fischerfamilien in ihren mit Blüten und bunten Fähnchen geschmückten Booten. *San Pedro* hat eine besondere Bedeutung aufgrund der Seemannstradition des Landes und ist Teil der Volksdichtung. In Chile heißt es, wer am Tag des *San Pedro* stirbt, fährt direkt ins Himmelreich, da der wachende *Santo* betrunken ist und jeden durchlässt.

Juli

Am 16. Juli (Feiertag) hat die **Virgen del Carmen** (Jungfrau vom Berge Karmel) ihren Patronatstag. Als die **„Königin Chiles"** trägt sie eine Krone und wird als Schutzheilige des chilenischen Heeres in Santiago mit großen Prozessionen geehrt, die u. a. von den Kadetten der Militär-, Flug- und Marineschulen begleitet werden. Weiter nördlich pilgern zu dem kleinen Ort **La Tirana** bei Iquique mit etwa 500 Einwohnern in der Wallfahrtswoche um den 16. Juli bis zu 300.000 Menschen aus Chile und Bolivien. Die heißen Tage und bitterkalten Nächte in der Wüste ausharrend, stehen die Gläubigen oft tagelang an, um die Jungfrau sehen, berühren, küssen und ihr einen **Geldschein anstecken** zu dürfen. Die Jungfrau ist buchstäblich eingedeckt mit Geld. Viele Pilger legen den Weg nach La Tirana auf Knien und Ellbogen zurück, um Verzeihung bittend für ein nicht erfülltes Versprechen oder aber, weil sie ein *manda,* ein persönliches Gelübde, ablegen wollen. Am letzten Tag zum Höhepunkt des Festes wird die Marienstatue auf den Platz getragen, um sie herum tanzen Teufel, die dann schließlich ihre farbenprächtigen Masken abnehmen und auf dem Platz niederlegen als Symbol für den **Sieg des Guten über das Böse.**

Extrainfo 5 (s. S. 6): Musik und Tänze zur Wallfahrtswoche *La Tirana* in Nordchile

August

Der Festtag der **Virgen del Tránsito** (Entschlafung *Mariä*) ist der 15. August (Feiertag), der in vielen Ortschaften mit Kerzenprozessionen, Glockenspiel, Feuerwerk und Lagerfeuern gefeiert wird. Die größten und längsten Feste finden etwa in **Putre** (bei Arica) oder in **Puchuncaví** (bei Valparaíso) statt, deren Schutzpatronin die Jungfrau ist.

Am 30. August wird **Pelequén** (bei Rancagua) zum Wallfahrtsort zehntausender Pilger zur **Ehrung von Santa Rosa de Pelequén** (ursprünglich *Rosa von Lima*). Es heißt, dass einst eine Familie namens Riquel im Besitz einer kleinen Holzfigur des Jesuskindes war. Als ihre Tochter *Rosita* eines Tages das Haus verließ, nutzte ihr Verlobter die Gelegenheit, die Figur zu berühren und mehr noch, das Ebenbild von *Rosita* einzuschnitzen. Wie die Familie zum Gebet vor dem Altar zusammenkam, war die Überraschung groß, dass die Figur nicht nur das Geschlecht geändert hatte, sondern jetzt auch die Tochter des Hauses darstellte. Seither wird die **Heilige Rosita** bei Krankheiten oder Kummer angerufen und Rosenkränze werden ihr zu Füßen gelegt.

September

Die **Virgen de la Merced** (Schutzmantelmadonna) ist die Patronin einer Reihe von Kathedralen und Ortschaften in den **Regionen Valparaíso und Metropolitana** wie etwa der Diözese von Valparaíso oder Petorca, wo ihr an ihrem Festtag, dem 24. September, für eine gute Ernte mit einem acht Kilometer langen, kunstvoll gestalteten **Blumenteppich** gedankt wird. In **Isla de Maipo** treten Tänzer in Kimonos und Chinesenhüten auf. Dieser Tanz geht auf ein Hochwasser zurück, das Teile des Friedhofs mitriss. Die Bewohner versprachen, für die Jungfrau zu tanzen, falls sie Abhilfe schaffe. Am nächsten Tag war der Fluss trocken und seither wird für die Jungfrau an ihrem Festtag getanzt.

San Miguel (Erzengel *Michael*) steht Pate für viele Orte in Chile, in denen er wegen verschiedener Dienste geehrt wird. So ist er für San Miguel de Azapa, ein fruchtbares Oasental bei Arica, der Heilige der Oliven, der hingebungsvoll von den Olivenbauern, -pflückern und -essern am 29. September gefeiert wird. Weiter südlich danken ihm die Fischer des Hafenstädtchens **Calbuco** (bei Puerto Montt) mit traditionellen Zeremonien der gegenüberliegenden Insel Chiloé für gute Winde.

> Prozession mit Heiligenfiguren durch ein Dorf

Oktober

San Francisco de Asís *(Franz von Assisi)* wird vielerorts am 4. Oktober gefeiert und ist einer der ältesten und am weitesten verbreiteten Schutzpatrone, denn die Franziskaner waren unter den ersten Missionaren und brachten ihren Patron mit. Daher sind viele Figuren und Bildnisse, die *San Francisco* darstellen, sehr alt, zum Teil über 400 Jahre (z. B. in Chiu Chiu bei Calama). Wie in Tucapel oder Antuco (beide Region Bío-Bío) werden zu diesem Anlass auch anderswo **Kreuze in die Weizenfelder** gestellt, die in langen Prozessionen besucht und zum ausgelassenen Festplatz werden.

Etwas beschwerlicher erweist sich hingegen die Wallfahrt zur **Virgen del Rosario de las Peñas** (Jungfrau vom Rosenkranz) im Azapa-Tal in Nordchile, welche jeweils am 1. Sonntag im Oktober beginnt. Große und kleine Pilger nehmen den in Chile wohl beschwerlichsten Pilgerweg von etwa 22 Kilometer zu Fuß unter der Wüstensonne über steinige Serpentinenrouten auf sich, um der Jungfrau **Kerzen, Blumen** und **Bitten** zu überbringen. Pilger aus allen Landesteilen sowie auch aus den Nachbarländern, Tanzgruppen und Musikbands feiern in der abgelegenen Schlucht des Tals bis zu einer Woche lang. Die Leute glauben, dass die Jungfrau in ihrer Nische weint, und fangen „ihre Tränen" geduldig auf, die aus einem winzigen Rinnsal tröpfeln. Dieses gesegnete Wasser halten sie dann ein Jahr lang in Ehren.

Mythen und Legenden

Landauf landab sind unzählige Mythen und Legenden bis heute lebendig. In Überlieferungen aus vorkolonialer Zeit vermischen sich christliche Elemente mit indigener Spiritualität und europäischem Mythos. Nach Einzug der Spanier, die den christlichen Glauben ins Land brachten und keinen anderen Glauben daneben duldeten, haben die Einheimischen in den Legenden einen Weg gefunden, ihre Mythen zu erhalten. Besonders auf dem Land, wo die Menschen einen engen Bezug zur Natur haben, gehören sie zum Alltag. Bestimmte Plätze werden gemieden, da sie schlechte Energien besitzen, andere wiederum haben magische Kräfte. Jeder der kegelförmigen Vulkangipfel, die sich von Nord bis Süd erheben, hat eine Legende, so auch die Moore, Quellen und Schluchten.

In den chilenischen Sagen kommen keine guten Feen oder Hexen, keine Riesen, Drachen oder Monster vor. In Chile übernehmen diese Rolle die Alten oder Tiere, die sich am Ende als Jungfrau Maria oder Heilige entpuppen. Häufig ist von der „Frau" die Rede, „die ewig jung bleibt" oder von Menschen, die zur gleichen Zeit an verschiedenen Orten erscheinen, also über eine Art Allgegenwart verfügen.

Häufige Motive sind Personen, die an einem völlig fremden Ort wieder aufwachen oder Kinder, die mit Erscheinungen sprechen, die nur für sie sichtbar sind. Und natürlich gibt es in einem Land mit langer Küste auch Legenden um schöne Seenymphen, wie sie etwa von La Pincoya auf Chiloé erzählt wird, einer schönen jungen Frau mit langem, blondem Haar, die jedoch nicht Seemänner, sondern Fischer verführt. Sie tanzt am Ufer mit offenen Armen. Richtet sie dabei ihren Blick aufs Meer, können sich die Fischer über reichhaltigen Fischfang freuen. Schaut sie beim Tanzen dagegen aufs Land, bleiben die Netze leer. Singende Fischer stimmen die Pincoya wohlgesonnen.

November

Der 1. November ist der **Día de todos los Santos** (Allerheiligen) und Feiertag in Chile. Vielerorts werden die Gräber mit bunten Papierblumenkränzen geschmückt und die **Friedhöfe** werden lebendig, da die Familien mit ihren verstorbenen Verwandten **„gemeinsam" Leckereien verzehren,** trinken und musizieren.

Im Zuge des Marienmonats November wird die **Jungfrau Maria** landesweit an sämtlichen Altären geehrt, die liebevoll für den 8. Dezember geschmückt werden (siehe unten).

Dezember

Am **8. Dezember** feiert ganz Chile seinen wichtigsten religiösen Feiertag **La Inmaculada Concepción** („Tag der Unbefleckten Empfängnis"). Auf dem Land ist es Brauch, ein **Tischchen mit Landesfahne, Bibel und Blumen** vor das Haus zu stellen, wo gebetet werden kann. In einer vom Priester angeführten Prozession begibt sich die gesamte Gemeinde zur Kirche, um die Jungfrau zu begrüßen. Beliebte Wallfahrtsorte der Santiaguiner sind die Jungfrau und die Kapelle auf dem Cerro San Cristóbal hoch über der Stadt sowie die Stadt Lo Vásquez. Über eine halbe Million Pilger machen sich bereits am Vortag zum Wallfahrtsort der **Virgen de Lo Vásquez** ca. 33 km von Valparaíso entfernt auf. Sie kommen gefahren, gelaufen, barfuß oder gar auf Knien, um ihr Gelübde abzugeben.

Mehrere Hunderttausend pilgern zu Ehren der **Virgen del Rosario de Andacollo** (Jungfrau von Andacollo), die im Ruf steht, besonders *milagrosa* (wundertätig) zu sein, vom 23. bis 27. Dezember nach Andacollo (bei La Serena). Die Geschichte berichtet von einem alten Indio namens *Collo*, dem die Jungfrau in seinen Träumen erschien und den Weg zum Millionär weisen sollte. Ihrem Ruf *Anda Collo* („Geh Collo") folgte der Alte bis zum vorausgesagten Ort. Anstatt des Goldes brachte er das Bildnis der Jungfrau zurück, die seither verehrt wird. Bereits am 15. Dezember beginnt das Fest mit einer Novene. **Heiligabend** wird dann gemeinsam die **Mitternachtsmesse** *(misa de gallo)* gefeiert, gefolgt von weiteren Messen und Prozessionen. Am 27. Dezember nehmen die Pilger **Abschied von der Jungfrau,** die sie liebevoll *Mamita* („kleine Mama"), *Chinita* („kleine Jungfrau") oder auch *Negrita Linda* („schöne Dunkle") nennen.

Volksfeste und Traditionen

Wer käme auf den Gedanken, sein Hausschwein „Achtzehnter" zu nennen? – Chilenen! Denn am **dieciocho** (Achtzehnten) feiert Chile die Nation und zwar im **September,** dem **Monat des Vaterlands** *(mes de la* *patria*). Die *fiestas patrias* (Nationalfeiertage) gibt es nur im Plural, denn sie dauern mindestens zwei Tage und bis zu einer Woche.

Am **18. September** wird der **ersten unabhängigen Regierungsversammlung** (*Junta de Gobierno de Chile*) von **1810** gedacht, der erste Schritt zur Unabhängigkeit von den Spaniern. Gefolgt vom **19. September,** dem **Tag der Streitkräfte.** Zum offiziellen Festakt gehören traditionell eine groß angelegte Militärparade sowie das *Te Deum Ecuménico.* Chile ist eines der wenigen Länder, die einen ökumenischen Dankesgottesdienst am Nationalfeiertag feiern. Nicht weniger rituell verläuft das Volksfest im Anschluss daran. Sogenannte *ramadas* oder auch *fondas* säumen die Straßen und bieten typische Speisen feil wie *empanadas* und Getränke wie *chicha* (Traubenmost) und *mote con huesillos* (Saft mit eingelegten Pfirsichen und Graupen). Diese zu allen Seiten hin offenen **Festständen** stehen im Mittelpunkt der Fiestas und werden seit jeher anlässlich des Nationalfeiertags aus Pfählen, Palmenblättern und einem Dach aus Binse gebaut. Dabei tragen sie Namen wie Restaurants und verfügen entsprechend dem chilenischen Ordnungssinn über eine Lizenz. Jedes Jahr wird die schönste *fonda* in Santiago gekürt, die dann für das kommende Jahr die *fonda oficial* stellt und vom Regierungsoberhaupt **mit dem Nationaltanz Cueca eröffnet** wird.

Da sich Chilenen mit ihrer Nation sehr verbunden fühlen, ist das ganze Land auf den Beinen. **Traditionelle Spiele** haben Hochsaison bzw. Saisonstart, denn in Zentral- und Südchile beginnt der Frühling. Wenn die Sonne scheint und ein leichter Wind weht, ist das Wetter ideal, um **Drachen** in den Nationalfarben steigen zu lassen. Dabei zeigen sich Chilenen von ihrer praktischen Seite, denn es kommt weniger auf Farben und Verzierungen an, die den Drachen *(volantín)* nur beschweren würden, als auf Leichtigkeit, um ihn schnell fliegen lassen zu können. Die Drachen werden gern selbst gebaut. In Wettkämpfen lässt man sie gegeneinander steigen und versucht, den Gegner mit dem eigenen Drachen „abzutrennen". Kinder sind begeistert und flitzen umher, um herrenlose Drachen zu fangen, denn die Regel heißt *volantín cortado no tiene dueño* („abgeschnittener Drachen hat keinen Besitzer"). Früher verwendete man statt der Schnur eine Art Draht, versehen mit kleinen Glasstückchen *(hilo curado)*. Aufgrund von bösen Schnittverletzungen und Unfällen an Stromleitungen sind sie heute sogar per Gesetz verboten und die Stromgesellschaft Chilectra macht jedes Jahr aufs Neue darauf aufmerksam, Schnur anstelle von Draht zu verwenden.

Weitere traditionelle Spiele sind farbige, schön gestaltete **Kreisel** *(trompos)*, **Murmeln** *(bolitas)* und das **Rayuela,** ein Kastenspiel, bei dem jeder Mitspieler eine Metallmünze erhält, die in einen flachen Holzkasten – gefüllt mit Sand und überspannt mit einer Schnur – geworfen werden muss. Ziel ist es, die Münze so zu werfen, dass sie genau auf der Schnur liegen bleibt. Damit erhält man einen *punto quemado* (verbrannten Punkt). In der Kolonialzeit sollen sich Soldaten damit die Zeit vertrieben haben. Heute steht vor allem die **Tradition im Vordergrund,** denn all diese Spiele werden in Vereinen und Wettkämpfen gepflegt. Selbst in Supermärkten werden sie im September aufgebaut, sodass sich die Kunden auch hier die Zeit ein bisschen „vertreiben" können.

Chile, das reich an landwirtschaftlicher Tradition und Klimazonen ist, feiert rund um das Jahr **Erntefeste. Im Norden** sind es vor allem Aymara-Gemeinden, die den ländlichen Raum besiedeln und im November zur Kartoffelaussaat die als **Pachallampe** bekannte Zeremonie zur Segnung der Saat und zu Ehren der *Pachamama* („Mutter Erde") abhalten. Hingegen im **Zentraltal,** im Herzen des Weinanbaus, beginnen zur Herbstzeit im März die **Weinfeste** *(vendimias)*. Mit viel Wein und Traubenmost wird die Weinlese gefeiert. Im Januar und Februar werden im Süden die Pferde losgelassen, um das Getreide zu dreschen und so die Spreu vom Weizen

◁ Asado – ein gut bestückter Grill ist Bestandteil jedes Volksfestes

zu trennen. Heute werden dafür natürlich Maschinen eingesetzt. Doch das **traditionelle Getreideerntefest** (fiesta de la trilla) wird nach wie vor gepflegt. Anschließend finden in jahrhundertealter Tradition **Pferderennen nach chilenischer Art** statt (carreras a la chilena), das heißt ohne Sattel. Ebenso wenig sind technische Hilfsmittel am Start, daher gibt es einen Schreier (gritón), der lauthals den Anpfiff gibt. Früher haben die Landbewohner viel Geld bei Wetteinsätzen verloren, sodass das Wetten bei den carreras verboten und stattdessen kommerziell in den Pferderennwettbüros der Städte und im Fernsehen eingeführt wurde. Und natürlich darf das **Rodeo** nicht fehlen, das als Nationalsport landesweit zelebriert wird.

Wie die Feste selbst eine landwirtschaftliche Tradition haben, so stammen auch Tanz, Musik und Gesang (tonadas) aus der Mitte des Volkes. Der chilenische **Nationaltanz Cueca** wird seit Anfang des 19. Jh. getanzt, damals zu Gitarren- und Harfenspiel, heute zu rhythmischer Gitarrenmusik mit Männergesang und weiblichen Backgroundstimmen. Die Tanzbewegungen scheinen zunächst ungewöhnlich und gleichen einer Art Trippeln, wobei sich die Partner nicht berühren. Die Frau wird stets umworben, obgleich es ab und an scheint, als ergreife auch sie die Initiative.

Chilenen lieben Volksfeste und verstehen sich gut darin, Feiern auszurichten. Denn jeder Feiertag wird auch gleichzeitig zum geselligen Beisammensein mit Familie und Freunden genutzt. Auch hierzu gibt es eine Tradition – das asado (Grillfest). Während in der Stadt auf den Balkons der Holzkohlegrill mit Würsten und Fleisch vollgepackt wird, hängt auf dem Land ein Lamm oder Schwein, vielleicht sogar el dieciocho, über dem Feuer.

Denkweisen und Lebensgefühl

Bedenkt man die extreme soziale Ungleichheit und Unsicherheit in Chile, könnte man annehmen, dass eine gedrückte Stimmung mit verzweifeltem Blick in die Zukunft herrsche. Weit gefehlt! Klagen über Geldmangel und die eigene Misere wird man nicht zu hören bekommen. Umso bemerkenswerter sind der allseits verbreitete **Optimismus** und die Gepflogenheit, trotz widriger Umstände nie zu klagen und nie die Kontrolle zu verlieren. Nach außen zeigt man immer die Schokoladenseite, wie es auch in einem oft zitierten Sprichwort heißt: La ropa sucia se lava en casa („Die schmutzige Wäsche wird zu Hause gewaschen"). Dieses Bild des stets freundlichen und höflichen Chilenen trägt sehr zu einem harmonischen und liebenswürdigen Umgang miteinander bei. Auffällig ist dabei auch das **hohe Selbstwertgefühl,** das selbst einfache Arbeiter umgibt. Ein

Extrainfo 6 (s. S. 6): Straßenmusiker im Einsatz:
Chinchineros mit ihren selbstgefertigten Pauken und Drehorgelspieler

Aufzugsbediener, der seit 20 Jahren Mitfahrer von Stockwerk zu Stockwerk begleitet, führt seine Arbeit mit Stolz und Zufriedenheit aus. Kein Jammern über zu wenig Luft, kaputte Knie, die langen Arbeitszeiten oder den minimalen Lohn. Im Gegenteil, jeder Gast im Fahrstuhl wird ausnehmend höflich begrüßt, nach der gewünschten Etage gefragt und wortreich wieder verabschiedet. Gleiches könnte einem auf einer Obstplantage mit Apfelpflückern oder bei Arbeiterinnen in einer Textilfabrik widerfahren. Auf diese Weise werden auch Krisen bewältigt, die für Chilenen immer plötzlich und völlig unvorhergesehen eintreten. Selbst wenn im Vorhinein bestimmte Anzeichen eine Krise ankündigen, ist es erstaunlich, wie wenig zur Krisenvorbeugung unternommen wird. Freilich schwingt hier auch eine gewisse **schicksalhafte Ergebenheit** mit, anhaltende Krisen als gegeben hinzunehmen. So eine Krise kann von einschneidenden Tiefpunkten wie Jobverlust bis hin zu kleinen Leiden reichen. Etwa wenn die Klimaanlage auf der 20-stündigen Busreise viel zu hoch eingestellt ist und die Mitfahrenden bibbernd versuchen, Schlaf zu finden, wird dies schicksalsergeben und vor allem schweigend hingenommen. Angenommen, man befindet sich in ebendiesem Überlandbus auf dem Weg zu einem wichtigen Termin, zu dem es nur noch zwei Stunden Fahrt wären. Plötzlich bleibt der Bus aufgrund einer Reifenpanne stehen und nachdem der Fahrer festgestellt hat, dass kein Ersatzreifen an Bord ist, scheint eine Weiterfahrt erstmal undenkbar zu sein. Wie kann das sein? Kein Ersatzreifen auf einer 20 Stunden andauernden Busfahrt? Während der Mitteleuropäer mit Unverständnis reagiert und Wutattacken unterdrücken muss, bleibt der Chilene gelassen und bringt ein *No te preocupes* („Mach dir keine Sorgen") oder *Tranquilo* („Ruhig bleiben") zum Ausdruck.

Wenn eine Situation aussichtslos erscheint oder es zu einer ungewollten Störung in der Planung kommt, sind Chilenen bewundernswert gelassen und **gewiss, dass es einen Ausweg gibt,** denn: *A la larga todo se arregla* („Mit der Zeit wird sich schon alles klären"). Und tatsächlich auf wundersame Weise tut sich letztendlich immer eine Lösung auf. Ohnehin scheint **Ruhe und Gelassenheit** der Ursprung chilenischer Wesenszüge zu sein. Der Lösungsweg mag dabei nicht immer geradlinig verlaufen. Entweder lässt man seine Beziehungen spielen oder aber man reagiert spontan. Mit Gelassenheit und einem großen **Talent zur Improvisation** überstehen Chilenen die verfahrensten Situationen, wobei sie niemals ihre positive Einstellung und Gemütsruhe verlieren. Die Fähigkeit, zu improvisieren, entsteht freilich auch aus der Not heraus, da die Mehrheit der Chilenen es sich schlichtweg nicht anders leisten kann. Es wird **eher geflickt und ausgebessert** als ein neues Ersatzteil – etwa fürs Auto – zu kaufen. Dafür gibt es geradezu spezialisierte Werkstätten *(talleres),* die findigen Bastelstuben gleichen. Man fährt auch erst in die Werkstatt, wenn's brennt und wirklich nicht mehr anders (weiter)geht. Auf rasche und insbesondere **kreative Lösungen** wird Wert gelegt und dieser Wert wird geradezu kultiviert. In Chile ist jeder ein *maestro sin maestría* („Meister ohne Meisterbrief"), der jedoch sein Handwerk wie auch die Kunst der Improvisation versteht und seinen Titel mit Stolz trägt. Aber nicht nur die Maestros improvisieren. Auch die Straßenhändler reagieren umgehend, sobald das Wetter oder die Stimmung umschlägt: regnet es, preisen sie Regenschirme an, scheint die Sonne werden Sonnenbrillen ausgelegt, ist es kalt werden Socken und Unterhosen in jeder Größe und Farbe an Mann und Frau gebracht. Kündigt sich eine Demonstration an, finden sich Abnehmer für die dargebotenen Zitronenstückchen und feuchten Tücher, denn diese sind das beste Mittel gegen Tränengas.

Chilenen leben im **Hier und Jetzt.** Sie glauben nicht an Beständigkeit und noch weniger an Standfestigkeit, wohl wissend um die Nähe zur Instabilität. Jeden Moment könnte der Boden beben oder ein Vulkan ausbrechen. Wie das von Erschütterungen geplagte Land so ist manches im Leben unbeständig und die ständige Gefahr besteht, dass Hab und Gut jeden Moment verloren sein können. Deshalb wird jeder Tag intensiv gelebt. Genauso gut können politische Entscheidungen von gestern **schon morgen nicht mehr aktuell** sein. Die Politik bevorzugt **kurzfristige Entscheidungen,** ohne dass langfristig an die Folgen gedacht wird. Viele Projekte scheitern allein schon an einem Regierungswechsel, sei es auf Bundes-, Landes- oder Kommunalebene. Jeder neue Bürgermeister wie auch jede neue Regierung verfolgt eigene Ziele, vernachlässigt laufende Programme oder setzt sie ab und „räumt" erstmal auf. Beispielsweise erhielten die Mapuche in der ersten Regierungszeit *Bachelets* vom Staat aufgekaufte Ländereien zurück, die von der Regierung *Piñera* erneut geprüft wurden. Ein ähnliches Schicksal ereilt ökologische, auf Nachhaltigkeit angelegte Projekte und Sozialprogramme, wenn sie kurzerhand für beendet erklärt werden. Zu einem abrupten Ende kommen dann auch viele Arbeitsverträge, denn sämtliche Ministerien und Abteilungen werden nach einem Wechsel fast vollständig neu besetzt. Nicht selten werden die Posten an Familienmitglieder und gute Bekannte vergeben. Vertrauen schafft das nicht und die Bevölkerung weiß, dass sie sich zu keiner Zeit in Sicherheit wiegen und auf Vater Staat zählen kann.

▷ Verschnaufpause eines Schaftransporters auf demWeg zum Markt

In einer **Notsituation** gilt es, Ruhe zu bewahren, Improvisationstalent zu zeigen und auf die Hilfsbereitschaft der Mitbürger zu vertrauen. Denn in einer Notlage sind Chilenen untereinander sehr solidarisch, selbst über den Zusammenhalt der Familie hinaus. Diese **besondere Solidarität** der Chilenen zeigt sich in großen Spendenaktionen nach Naturkatastrophen und einer ausgeprägten Bereitschaft zur Freiwilligenarbeit. Eine über die Landesgrenzen bekannte Benefizveranstaltung ist „El Teletón", die zu Gunsten von beeinträchtigten Kindern stattfindet. Über einen **Spenden-marathon** sammeln die Chilenen jedes Jahr innerhalb von 27 Stunden Geldsummen in Millionenhöhe. Seit den 1970er-Jahren werden auf diese Weise **sozial Schwache unterstützt,** die sonst im marktwirtschaftlich aus-gerichteten System wenig Berücksichtigung fänden. Gleiches gilt auch für den kleinen Kreis. Kommt es in einer **Familie** zu einem schweren Krank-heitsfall, ist es selbstverständlich, dass nahe und entfernte Verwandte für die Behandlung sammeln und auf ihr Erspartes verzichten.

Spendenaufrufe begegnen den Chilenen überall im Alltag. An der Kas-se in Apotheken und im Supermarkt wird gefragt, ob man einen Teil des Wechselgeldes für Sozialeinrichtungen wie etwa das **Hogar de Cristo** geben möchte. Bereits in den 1940er-Jahren gründete *Padre Hurtado* das Obdachlosenprojekt für Straßenkinder, das heute die **größte Wohltätig-keitsorganisation Chiles** ist. *Padre Hurtado* sammelte Geld, Schmuck und Grundstücke, um obdachlose Kinder von Santiagos Straßen zu holen und

ihnen ein Heim *(hogar)* zu schaffen. Der Padre rief die Bevölkerung nicht nur zu Spenden, sondern auch zu ehrenamtlicher Arbeit auf. Der August steht in Chile als *mes de la solidaridad* (Monat der Solidarität) ganz im Zeichen der Nächstenliebe. Offiziell wurde der 18. August, der Todestag von *Padre Hurtado,* zum **Tag der Solidarität** erklärt. Seither entstanden viele Initiativen, die auf die Mitwirkung der Bevölkerung bauen, wie z. B. *Un techo para Chile* („Ein Dach für Chile"), welche Wohnraum für mittellose Mitbürger schafft. Der Leitspruch des Padre lautete *Dar hasta que duela* („Geben bis es weh tut") und er ist jedem Chilenen bis heute im Ohr. Oft jedoch wird beklagt, dass eben nicht alle Chilenen spenden, wie sie sollten, und jeder weiß, wer gemeint ist. Der chilenische Schriftsteller und Humorist *Rafael Gumucio* beschreibt es treffend: *El rico chileno gane lo que gane, siempre se siente víctima, siempre necesita ayuda y nunca sabe cómo ayudar* („Der reiche Chilene verdient wo er kann, fühlt sich stets als Opfer und benötigt immer Hilfe, jedoch weiß er nie, wann er helfen muss"). Dass große und erfolgreiche Unternehmen traditionell spenden oder Stiftungen für soziale Zwecke gründen, ist in Chile unüblich. Die großen Unternehmen beginnen erst seit Kurzem, eine soziale Ader entsprechend dem globalen Trend zu entwickeln. Die Solidaritätsbereitschaft geht nach wie vor von der Bevölkerung aus und ist eines ihrer Wesensmerkmale. Genau wie die Chilenen gelernt haben, mit Katastrophen umzugehen, haben sie sich die Fähigkeit erworben, danach neuen Mut zu gewinnen und sich wieder aufzurappeln. Sie nehmen das Leben mit **Optimismus und Humor,** obwohl viele von ihnen um ihr Überleben kämpfen müssen.

Die chilenische **Überlebensstrategie** heißt „scherzen und lachen". Man nimmt den anderen gern auf die Schippe, reißt Witzchen und zieht sich gegenseitig auf. Ist man unter Leuten, wird generell viel gelacht. Schaut man sich jedoch auf der Straße um, etwa die vorübergehenden Passanten oder Mitfahrer im Bus, umgibt die Chilenen etwas Trauriges, gar Melancholisches, das eigentlich nicht zu den herzlichen und optimistischen Menschen zu passen scheint – auch diese Seite gibt es.

Soziale Klassen und Hierarchien

Blätterteiggebäck heißt auf Spanisch *pastel de milhojas,* „die Torte der tausend dünnen Schichten". Mit diesem Bild beschreibt *Isabel Allende* die Gesellschaft ihres Heimatlandes. Das gut trainierte Auge der Chilenen kann hierbei eine Person nach **Aussehen, Hautfarbe, Verhalten sowie der Art zu reden** ihrem jeweiligen sozialen Stand zuordnen. Es gibt nicht nur die drei Schichten Ober-, Mittel- und Unterschicht wie etwa bei einem Obstkuchen aus Teig, Obstlage und Streusel, sondern **weitere Zwischen-**

schichten, wobei der Nährgehalt den Einkommen entspricht. Am härtesten und undurchdringlichsten ist die hauchdünne obere Oberschicht, gefolgt von der unteren Oberschicht, ebenfalls dünn und delikat, angrenzend die obere Mittelschicht, knusprig und schon dicker, dagegen etwas aufgebläht die untere Mittelschicht, noch schmackhaft aber grenzwertig, und abschließend die teigigen, weniger nahrhaften Unterschichten. Die oberen Schichten sind meist bestrebt, ihren Besitzstand zu halten bzw. zu erweitern, während die Mittelschichten am härtesten gegen die Gefahr eines Abstiegs kämpfen. Dabei behauptet die Mehrheit der Chilenen von sich, der Mittelschicht zugehörig zu sein.

Das Denken in Gesellschaftsschichten ist in Chile stark ausgeprägt und zieht sich durch sämtliche Lebensbereiche. Bereits bei der Geburt erben die Kinder den sozialen Status ihrer Eltern, der den weiteren Lebensweg vorgibt und sich in Einschränkungen oder Erweiterungen ihrer Lebenschancen ohne eigenes Zutun äußert. Die **Höhe des Einkommens** bestimmt den Wohnsitz sowie den Bildungsweg der Kinder (öffentlich oder privat), deren Lebenswelten klar voneinander getrennt sind. Die Eltern der Ober- und Mittelschichten versuchen, ihre Kinder von Kindern der jeweils darunter liegenden Schicht fernzuhalten. Auch die Mittel- und Oberschicht ist **scharf voneinander abgegrenzt** und die Barriere fast unüberwindbar. Allein schon deshalb, weil die unterschiedlichen Einkommensschichten auch räumlich getrennt voneinander leben.

Anhand des **Familiennamens** können Chilenen ziemlich genau eine Einordnung des sozialen Status vornehmen. Die angesehensten Familien haben einen europäisch klingenden Namen wie etwa Edwards, Lyon, Angelini, Matte, Aguirre, Larraín oder Errázuriz, wobei Nachnamen mit einem Doppel-R baskischer Herkunft sind und zu den sogenannten *apellidos vinosos* („Wein-Nachnamen") gehören. Diese gehen auf das 18. Jh. zurück und stehen zum einen für die Gründer großer Weingüter, zum anderen für die, „die gekommen sind, um zu bleiben" *(vino para quedarse)*. Die dünne Oberschicht besteht aus den alteingesessenen, zum Teil aristokratischen Familien, bei denen Reichtum und Macht seit jeher Hand in Hand gehen. Der Ursprung liegt in der starken Konzentration von Land und Primärgütern seit der Kolonialzeit bis ins 20. Jh. hinein. **Immenser Reichtum und starke Machtgefüge** zeichnen die obersten Bevölkerungsgruppen aus, die mit Bedacht ihr Familienvermögen und ihren Besitz durch geschickte Verheiratung innerhalb des Clans nicht aufteilten, sondern zusammenhielten und weiter vermehrten. Daher tauchen immer wieder die gleichen Namen auf, sowohl in Führungspositionen wirtschaftlicher Unternehmen als auch in der Regierung. Man könnte fast schon von einer Erbtradition sprechen. Etwa die Familie *Errázuriz,* Eignerin eines der größten Weingüter Chiles, stellte seit ihrer Immigration nach Chile im 18. Jh. vier Präsidenten, zwei Erzbischöfe und eine Reihe von hochrangigen Politikern, Diplomaten sowie Unternehmern und Schriftstellern. Für ein Weiterkommen in der chilenischen Gesellschaft zählen neben dem richtigen Nachnamen auch Beziehungen. Diejenigen ohne vorteilhaften Familiennamen müssen doppelte Anstrengungen unternehmen und der Zugang zu bestimmten Positionen bleibt ihnen oftmals verwehrt. Denn aus **Familiennamen** lässt sich Herkunft und damit Wohnort wie auch Bildung ableiten. Dennoch gibt es viele Kinder der unteren Mittelschicht und bisweilen auch der Unterschicht, die den Aufstieg schaffen und vor allem im Finanz- und Dienstleistungsbereich erfolgreich sind.

Fragen nach dem **Beruf der Eltern** und der **Universität** sind weitere entscheidende Kriterien für die soziale Einordnung. Chilenen geben bei der

Frage nach ihrem Beruf grundsätzlich an, auf welcher Universität sie ihren Titel erworben haben. Ist es eines der renommierten Bildungsinstitute des Landes, ist die Wertschätzung hoch, wobei, wie gesagt, auch Wohngegend und Familienstammbaum eine Rolle spielen. Neben der Unterscheidung in Schichten wird zudem **nach ethnischen Merkmalen** abgegrenzt, Aussehen und Name sind die Hauptindikatoren. Dunkelhäutige Chilenen werden nach dem hierarchischen Raster automatisch den unteren Schichten der Gesellschaftspyramide zugeordnet, an deren Spitze die „weiße" Elite steht, wobei diese sich für „weißer" hält, als sie tatsächlich ist. Es folgen die Mestizen, die unteren Ränge bele-

◁ Die Schuhputzer Santiagos haben immer zu tun: Im Schnitt wienern sie 50 Paar Schuhe am Tag

gen die Indigenen. Die Europäer und Nordamerikaner werden allein aufgrund des Aussehens automatisch der oberen Schicht zugeteilt, während es den dunkelhäutigen bolivianischen und peruanischen Nachbarn genau andersherum ergeht.

Bis heute grenzt sich die Oberschicht von den unteren Schichten ab und legt großen Wert auf ihre „weiße" Abstammung. Das macht den **Aufstieg** für die indigene Bevölkerung besonders **schwer.** Schließen diese jedoch erfolgreich ihr Studium ab, genügen Talent und gute Noten allein nicht. Reicht beispielsweise ein gut ausgebildeter Arzt mit Mapuche-Nachnamen seine Bewerbung in einer renommierten Klinik ein, könnte er aufgrund seiner Herkunft abgewiesen werden. Das führt dazu, dass heute noch in Gegenden wie der südlichen Region Bío-Bío, die am ehemaligen Mapuche-Grenzgebiet La Frontera liegt, das Einwohnermeldeamt nach wie vor eine hohe Zahl an **Anträgen zu Namensänderungen** von Mapuche zu europäisch klingenden Nachnamen erhält. Auch die Wahl der Vornamen für Neugeborene der unteren und ethnisch benachteiligten Schichten fällt zugunsten englischklingender Namen aus. Chilenen selbst bezeichnen ihr Schichtenbewusstsein nicht als Rassismus, sondern nennen es *clasismo* – **Klassendenken.** In der Folge leitet sich das Verhalten gegenüber der sozial eingestuften Person ab, das schichtenkonform **hierarchisch geprägt** ist. Ist der Rang dem eigenen untergeordnet, verhält man sich entsprechend und lässt das Gegenüber seine Überlegenheit spüren. Ein Beispiel dafür ist das Restaurant, wo der Kunde König ist und dies dem Kellner und Koch gegenüber zeigt. Regelmäßig beschweren sich Chilenen über ihr Essen, selbst wenn es nichts daran auszusetzen gibt. Macht anderen gegenüber wird gern zur Schau gestellt, sei es im eigenen Haus der *nana* gegenüber oder bei Angestellten der Firma. Eine Führungsperson demonstriert ihren höher gestellten Status nach außen. Die Angestellten arbeiten in der Regel nur auf Anweisung, die alleinige **Entscheidungsmacht liegt beim Vorgesetzten.**

Angesichts dieser Schichtenzuweisung und der daraus resultierenden hohen **Ungleichheit,** egal aus welcher Schicht heraus betrachtet, wird auf diesen Umstand mit Resignation und einer gewissen **Selbstverständlichkeit** reagiert: *Siempre fue así y no hay nada que hacer* („Das ist schließlich seit jeher so gewesen, da kann man nichts machen"). Im Gegenteil, die Gesellschaft nicht in ihre Schichten zu zerlegen, wäre höchst absonderlich. Dieses Denken ist so tief verwurzelt wie ein alter Baum und da es von Kindheitsbeinen an erworben wird, ist es schwer wegzudenken. Bis zu einem gewissen Punkt scheint sogar ein breiter Konsens darüber zu bestehen. Freilich werden das Schichtendenken sowie die immer weiter voranschreitende **Individualisierung** der Gesellschaft beklagt. Doch arbeitet der Durchschnittschilene eher daraufhin, selbst aufzusteigen und vermehrt am Wohlstand teilzuhaben als das System grundlegend ändern zu wollen. Erst in letzter Zeit regt sich **Widerstand** seitens der jungen Generation von Schülern und Studenten, die in landesweiten Protesten **gegen die Ungleichheit** demonstrieren und erstmals das Bedürfnis zeigen, diese Situation tatsächlich ändern zu wollen. Ansonsten ist es ein Kampf an einsamer Front, denn jeder Chilene versucht, seinen erreichten guten Status aufrechtzuerhalten bzw. durch Eigenanstrengungen hochzukommen. Diese **Aufsteigermentalität** – *el arribismo* – zeichnet insbesondere die Mittelschicht aus.

Chilenen haben den Ruf, Neider zu sein. Vielleicht ist dies eine Kehrseite des Schichtendenkens und *arribismo*. Während Chilenen ein überaus ausgeprägtes Mitgefühl und große Solidaritätsbereitschaft an den Tag legen, scheinen sie ihren Mitmenschen deren Erfolg nicht zu gönnen. Selten wird der Freundin zum neu erworbenen Haus gratuliert oder der Kollege zu einem erfolgreichen Geschäftsabschluss beglückwünscht. Die **Missgunst** äußert sich sogar insoweit, dass selbst kräftig nachgelegt wird. Erfolgreichere Kollegen werden diffamiert, bis sie schließlich ihren guten Ruf und schlimmstenfalls sogar ihre Stellung verlieren. Im Chilenischen wird allerdings nicht durch den Kakao gezogen, sondern dem anderen an die Jacke gefasst und nach unten gezogen. Der chilenische Ausdruck dafür ist *chaqueteo*, das „Jacken-Rupfen". Das kann schließlich zum Äußersten führen, nämlich wenn dem anderen der Boden unter den Füßen „abgesägt" wird *(aserruchar el piso)*.

Da es schon immer extreme soziale Ungleichheiten in Chile gab, nährte das womöglich den Boden für den von den Chilenen als **„envidia nacional"** (Volksneid) bezeichneten Komplex, der sich darin ausdrückt, dass man sich selbst möglichst ins positive Licht rückt. Häufig zählt nicht das, was man kann und weiß, sondern vielmehr, wer man vorgibt zu sein und was man vortäuscht zu haben. Oft ist **mehr Schein als Sein** im Spiel, wie das oft erzählte und doch traurige Beispiel des gefüllten Einkaufskorbes illustriert: Ein gut gekleidetes Paar geht in einen großen Supermarkt, schlendert an Regalen vorbei, während es seinen Einkaufskorb mit den besten und teuersten Sachen füllt. Das Pärchen dreht ein paar Extrarunden und verschwindet plötzlich. Der Wagen bleibt gefüllt zurück.

▷ Nationalstolz wird an den „fiestas patrias" gezeigt

Patriotismus und Nationalgefühl

In einem Punkt sind sich alle Chilenen einig: Ihr Land ist der schönste Fleck auf Erden, an dem es sich wirklich gut leben lässt. So schwärmen sie oft von der Vielfalt Chiles, der Wüste, den Bergen, der Küste und den Seen, obgleich viele von ihnen diese nur von Schilderungen oder aus dem Fernsehen kennen. Daher wundert man sich wenig über Ausländer, die ihre Heimat verlassen, um in Chile leben zu wollen. **So lebenswert wie Chile** kann es dort eben nicht sein. Für Chilenen ist es auch höchst absonderlich, wie viele Deutsche sich von ihrem Heimatland distanzieren und es ständig kritisieren. Sich im Ausland seinen Landsleuten nicht zu erkennen zu geben, würde Chilenen nie passieren. Freilich gibt es weniger Chilenen als z. B. Deutsche und man trifft dadurch wohl seltener auf einen Landsmann, doch wenn es passiert, freut man sich und fällt sich in die Arme, als hätte man einen lange verloren geglaubten Schulfreund wieder getroffen.

Wie stark sich Chilenen mit ihrem Land identifizieren und sich für ihr Land begeistern können, zeigt sich vor allem beim Fußball. **Fußball eint die Nation** und bei internationalen Spielen, etwa gegen die Nachbarländer, gerät Chile ins Fußballfieber. Fliegende Händler verkaufen Perücken, Mützen und Trikots in den Nationalfarben weiß, blau und rot. An Autofenstern und Balkonen wehen chilenische Flaggen und man hört den Schlachtruf *¡chi-chi-chi le-le-le! ¡Viva Chile!* Zu Spielzeiten bei Weltmeisterschaften und Lateinamerika-Cups ist das ganze Land lahmgelegt und ob fußballbegeis-

tert oder nicht: jeder Chilene schaut oder hört das Spiel, wenn Chile auf dem grünen Rasen steht. Jeder Sieg wird wie ein Titelgewinn gefeiert und das Herz jedes Chilenen schlägt dann voll und ganz für sein Land. Hören Chilenen in diesem Zustand die Nationalhymne, ergreift sie ein **Gefühl von Stolz und Zugehörigkeit.** Sie singen die Strophen auswendig mit und einige sind emotional so berührt, dass sogar Tränen fließen.

Ihr Land zu lieben, lernen die Kinder von klein auf. Nicht nur die Hymne singen sie an nationalen Feiertagen in der Schule, sie hissen dazu auch die Fahne. In einigen Schulen, vor allem in den abgelegenen Gebieten, wird montagmorgens der sogenannte *acto* (Festakt) zeremoniell abgehalten, wobei die gesamte Schülerschaft zum Morgenappell antritt, die Flagge hisst, die Hymne singt und der für die jeweilige Woche wichtigen nationalen Daten und Persönlichkeiten gedenkt. Denn auch im **Geschichts- und Gesellschaftskundeunterricht** dominiert die chilenische Geschichte mit Hauptgewicht auf der Zeit der Unabhängigkeitskämpfe gegen die Spanier und den siegreichen Schlachten. Indigene Kulturen und die Allende-Pinochet-Problematik werden dabei erstmal ausgeblendet.

Bis heute spaltet insbesondere letztere Thematik die Nation und war ein Grund dafür, dass sich nach dem Übergang zur Demokratie *(transición)* das **Wir-Gefühl** der Chilenen – *nosostros los chilenos* – nicht konfliktfrei gestaltete. Das Gemeinschaftsgefühl, sich chilenisch zu fühlen und etwas als typisch chilenisch zu empfinden, musste nach der Diktatur wieder gestärkt und zum Teil neu definiert werden. **Werbung auf Bussen, an Gebäuden und in Zeitungen** förderten den Nationalstolz mit *sentirse orgulloso de ser chileno* („sich stolz fühlen, Chilene zu sein") genauso wie die gesteigerte Vermarktung der Nationalsymbole des *huaso* als authentischster Chilene, der *Cueca* als Nationaltanz oder dem Rodeo als Nationalsport. Nach einer **Umfrage der Fundación Futuro 2007** sind 92 % der Befragten stolz darauf, Chilenen zu sein. Freilich blicken Chilenen auch selbstkritisch auf die eigene Nation und ihr Land, doch tut dies ihrem Nationalstolz keinen Abbruch. Die Verbundenheit mit der eigenen Nation ist ein völlig eigenes Gefühl und offenbart sich nicht nur am Nationalfeiertag. Auch an traumatischen Ereignissen des Landes wie etwa der Rettung der 33 verschütteten Bergleute im Herbst 2010 oder bei großen Erdbeben. Die **Liebe zur Nation** äußert sich dann in grenzenloser **Anteilnahme und Hilfsbereitschaft** für die Beteiligten. Spendenkampagnen und Rettungsaktionen werden auf der nationalen Bühne mit sämtlichen Chilesymbolen abgehalten und das Volk steht zusammen. Genau wie im **Chilemonat September.** Hier erwacht nicht nur im Zentrum und Süden Chiles der Frühling, sondern auch allerorten der Stolz auf die eigenen Wurzeln. Die **Feierlichkeiten zum Nationalfeiertag** am Achtzehnten, *el dieciocho,* dauern mindestens drei Tage und können sich bis auf eine ganze Woche erstrecken. Dann erscheint Chile in seinen Nationalfarben und überall weht die Flagge. Kaum ein Chilene, der nicht mindestens eine aufhängt. In diesen Momenten stellt man fest, dass selbst in den mit Pappe und Blech versehenen Verschlägen Menschen wohnen, denn auch hier weht die chilenische Fahne.

Mythen und Wahrheiten um „huasos" und „rotos"

Bei der Suche nach *dem* repräsentativen Chilenen, wie etwa der Gaucho Teil der argentinischen Seele ist oder der Llanero zu Venezuela gehört, fällt in Chile die Wahl auf den **„huaso".** Zur Aufmachung eines typisch chilenischen *huaso* gehört ein weißes Hemd, ein kurzes andalusisches Jäckchen, darüber ein bunt gemusterter Poncho sowie ein breitkrempiger Hut, über den vor einem wichtigen Rodeo noch einmal das Bügeleisen gleitet, damit er schön flach ist. Die Stiefel stecken in Steigbügeln, die aussehen wie **riesige holländische Holzpantinen,** in die kunstvoll je eine arabische Rose geschnitzt ist. Die Stiefel sind mit Ledergamaschen und **extrem großen Sporen** versehen, bei deren Anblick Mitgefühl für das Pferd aufkommt. Allerdings berühren diese nur leicht den Gaul und geben vor allem dem Auftritt im Rodeo noch einen musikalischen Touch. So groß sind nur Sporen chilenischer *huasos,* die *Pedro Valdivia* ursprünglich aus Europa mitgebracht und seine Soldaten damit in Goldausführung großspurig nach Peru geschickt haben soll, um die *limeños* zu beeindrucken. Die Peruaner waren derart begeistert, dass sie die Goldsporen behielten und die Soldaten sporenlos zurück nach Chile reiten ließen.

Legenden ranken sich um den *huaso,* dessen Wurzeln bis in die Kolonialzeit ins „ursprüngliche" Chile zurückgehen. Seine Herkunft liegt in zwei Kulturen, die Chile bis heute prägen, der europäischen und der indigenen. In vielen volkstümlichen Erzählungen und Volksliedern hat er seinen festen Platz und ist vor allem seit der Zweihundertjahrfeier zur Unabhängigkeit, an der Chile sein kulturelles Gesicht zeigte, als Nationalfigur nicht mehr wegzudenken. Er tritt bei chilenischen Volksfesten, Rodeos wie auch staatlichen Zeremonien auf und ist nicht nur per Erlass die **nationale Symbolfigur** des Landes, sondern lebt diesen Mythos bis heute auf den Landgütern im Zentraltal Chiles. Sein untrennbarer Gefährte ist das stämmige, etwas untersetzte **chilenische Pferd,** bekannt als **„corralero",** das von gleicher Natur ist wie er: stolz und elegant. Im Selbstverständnis der Chilenen ist der *huaso* der authentischste Landmann, der jede Menge **Kulturgut im Gepäck** hat und **die typischen chilenischen Wesensmerkmale** in sich vereint: Bescheidenheit, Bodenständigkeit, Solidarität, Stolz und etwas Konservativismus. Aber da gab es noch jemanden neben dem *huaso,* der ebenfalls als **Landarbeiter** tätig war – den **„roto".** Während sich der *huaso* zunächst um den Grundbesitz eines Patrons, später um den eigenen kümmerte und im Zentraltal sesshaft wurde, wanderte der *roto* als Gelegenheitsarbeiter von Landgut zu Landgut, in die Minen und Städte des Landes. Der *huaso* war auf Tradition bedacht, der *roto* dagegen ständig von Wandel betroffen. Er musste sich anpassen und wanderte stets dorthin, wo es Arbeit gab. Der *roto* war der **typische Vertreter der chilenischen Unterschicht.** Karikiert war er der Nation viele Jahrzehnte als *verdejo* aus der politischen Satire-Zeitschrift Topaze bekannt, in der er barfüßig, ärmlich angezogen und gerissen bis spitzbübisch auftrat. *Rotos* waren die einfachen und bescheidenen Leute mit wenig Bildung und kaum materiellem Besitz, jedoch durch viel Fleiß, Nächstenliebe und Lebensfreude gekennzeichnet. So besingt es folgende Strophe eines alten Volkslieds:

> *Yo soy el roto ladino,*
> *nieto de Caupolicán,*
> *con todos comparto el vino,*
> *con todos comparto el pan*

> *„Ich bin der Roto-Mestize,*
> *Enkel von Caupolicán,*
> *mit jedem teile ich den Wein,*
> *mit jedem teile ich das Brot"*
> *(Chilenisches Volkslied)*

Als Nachfahre des Mapuche-Führers *Caupolicán* fließt Araukanerblut durch seine Adern, das ihn widerstandsfähig und stolz werden ließ. Ihn umgibt auch **eine gewisse Traurigkeit,** die wohl mit den prekären Umständen der Arbeiter und Bauern zusammenhängt, die durch die Oberschicht über die Jahrhunderte hinweg ausgebeutet und entsprechend schlecht behandelt wurden. Heute ist *roto* eine abwertende und **geringschätzige Bezeichnung für „arm, verwegen, unehrlich"** oder jemanden, der sich schlecht benimmt. Anfangs hatte *roto* sicher nicht diesen negativen Beiklang. Denn zu Kolonialzeiten nannte man die Ureinwohner – meist junge Männer, die zwischen Chile und Peru reisten – *rutus.* Der Begriff stammt aus dem Quechua und bezeichnete eine Zeremonie, bei der den Jungen die Haare geschnitten und sie zu Männern gekürt wurden. Bis zu diesem Zeitpunkt durften ihnen die Haare nicht geschnitten werden und erst danach waren sie *rutu.* Die Spanier übernahmen den Begriff, um

einheimische Arbeiter zu bezeichnen und wandelten ihn der Einfachheit halber zu *roto* ab, was im Spanischen „zerlumpt, kaputt, liederlich" bedeutet und sie von der Oberschicht aus Spaniern und Kreolen abgrenzte. Auf diese Zeit geht das paternalistische **Abhängigkeits- und Treueverhältnis zwischen Patron und Untergegebenem** – dem *roto* – zurück. Der *roto* wurde für den Patron zum undankbaren, unwissenden Nichtsnutz und der *señor* zum Ausbeuter seiner Klasse. Der *roto* war es auch, der sich als Soldat *(roto milico)* verdingte und in der Schlacht von Yungay ohne Uniform, ohne militärische Kenntnisse und barfüßig am 20. Januar 1839 den Sieg gegen die peruanisch-bolivianische Konföderation heldenhaft errang. Zu Ehren der tapferen Kämpfer feiert Chile bis heute am 20. Januar den **Tag des „roto chileno".**

△ „Huasos" – die stolzen Reiter der Anden

Der *roto* begann auch in den Minen des Nordens zu rebellieren und setzte eine der größten **Arbeiterbewegungen** Lateinamerikas in Gang. Er entwickelte sich zum Arbeiter und Bürger des Landes, der für seine Rechte und einen Wandel kämpfte. Ohne bestimmten Beruf war er ein „Meister ohne Meisterbrief", ständig unterwegs von Arica bis Punta Arenas, von den Anden bis zum Pazifik, der erste *patiperro* der Nation – das Urbild des reisefreudigen Chilenen. *Rotos* waren die **zahlenmäßig größte Schicht,** die bis in die 1970er-Jahre landauf und landab in allen Berufszweigen anzutreffen war. Die Regierung *Allende* kürte den *roto* neben dem *huaso* zum waschechten Chilenen, da er die Mehrheit des Volkes repräsentierte. Unter der *Unidad Popular* erreichte der *roto* seinen Höhepunkt.

Der ausschließlich in der Landwirtschaft arbeitende *huaso* stand auf der Sozialleiter höher, zwar ebenfalls zwischen Indios und Mestizen, doch war er den Kreolen und Weißen näher durch seine vorwiegend spanisch-andalusische Abstammung. So ranken sich **zwei Legenden um den Ursprung seiner Bezeichnung.** Einerseits könnte diese im Quechua-Wort *huasu* liegen, das den Rücken eines Pferdes benannte. Bis dahin waren Pferd und Reiter in der „neuen" Welt gänzlich unbekannt und die Einheimischen sollen zunächst angenommen haben, dass beide ein einziges Geschöpf waren. Aus *huasu* wurde das spanische *huaso,* das sich allerdings auch aus dem spanischen Begriff *guaso* für „bäuerlich, rustikal" ableiten könnte.

Im landwirtschaftlichen Chile arbeitete der *huaso* seit jeher mit Pferden, versorgte auf den großen Haziendas das Vieh, hielt Zäune instand, führte den Viehtrieb an. Bis heute ist das so, nur besitzen *huasos* nun meist ihr eigenes Vieh.

Der *roto* hingegen ist heute gänzlich von der kulturellen Bühne verschwunden, einzig am Ehrentag des *roto chileno* werden ihm zu Ehren die Fahnen gehisst. Gewiss ist die jüngste Geschichte daran nicht ganz unschuldig, denn die Pinochet-Diktatur distanzierte sich vom *roto* als typischem Chilenen, der mit der Arbeiterklasse und *Allende* in Verbindung stand, und propagierte stattdessen den *huaso* als Nationalfigur. Das weibliche Pendant tritt lediglich als **Tanzpartnerin bei der Cueca** als *huasa* oder *china* in Erscheinung – eine treue und bodenständige Seele.

Im Paartanz *Cueca,* der seit jeher in der Mitte des Volkes getanzt wird, steht das uralte Ritual um das Werben der Braut im Mittelpunkt. Dabei trippelt sie zunächst schüchtern, dann immer offener werdend um den *huaso,* der sie mit einem Tüchlein wedelnd schließlich verführt. Die *Cueca* wurde 1979 **per Dekret zum Nationaltanz** erklärt und ist wie der *huaso* eng mit der **Nationalsymbolik Chiles** verbunden. Ob *Cueca, huaso* oder sein Pferd, das erst unter der Regierung *Piñera* zum „Naturdenkmal" erklärt wurde, reichen die Wurzeln bis in die Zeit der Eroberung zurück. Jedoch beschränkt sich die Huaso-Manie um *Cueca* und Rodeos auf den chilenischen Nationalmonat September und die Volksfeste während des Jahres. Zu allen anderen Zeiten hat das Huaso-Sein den Glanz verloren und steht abschätzig für „grob, unwissend, bäuerlich" oder auch „schüchtern", wenn man sagt: *Es muy huasito* („Er ist sehr scheu").

Und was ist aus der Bezeichnung des *roto* geworden? Umgangssprachlich steht sie heute für eine ärmliche Person. In Chiles Nachbarstaaten hingegen gibt es den *roto* seit eh und je, denn *rotos,* das sind für Südamerikaner die *chilenos.*

◁ Viehhandel in den Anden: beim jährlichen Almabtrieb

Extrainfo 7 (s. S. 6): Nationaltanz *Cueca* in landestypischer Tracht

Die Gesellschaft heute – Staat, Politik und Wirtschaft

◁ Schüler und Studenten prangern an: In Chile ist Bildung ein Konsumgut
(004ch Foto: ks)

Politisches Panorama und Engagement

Der Wahlkampf zu den Präsidentschaftswahlen im November 2013 bot den Medien eine Steilvorlage: das **Duell der Generalstöchter Michelle Bachelet und Evelyn Matthei.** Die Biografien der beiden Hauptkandidatinnen sind eng mit der politischen Vergangenheit des Landes verbunden. Bis zum Militärputsch 1973 waren die Väter *Bachelet* und *Matthei* zunächst befreundete Luftwaffengeneräle. Als sich *Alberto Bachelet* dem Putsch widersetzte, wurde er gefoltert und starb während seiner Gefangenschaft im Folterzentrum der Akademie der Luftwaffe. Das Prekäre daran war, dass diese Folterstätte unter Leitung von *Fernando Matthei* stand, der sich der Militärjunta angeschlossen hatte. Die Lebenswege der Töchter entwickelten sich ähnlich gegensätzlich und mündeten letztendlich in unterschiedlichen politischen Positionen.

Während *Michelle Bachelet* als erste Frau im chilenischen Präsidentenamt das Land von 2006 bis 2010 regierte, trat *Evelyn Matthei* 2013 als Kandidatin des Mitte-Rechts-Bündnisses *Alianza por Chile* an. Das **„Bündnis für Chile"** stellte mit **Sebastián Piñera** erstmals seit dem Ende der Militärdiktatur 1989 von 2010 bis 2014 die Regierung. Zwar nutzte *Piñera* seine Amtszeit, um Chiles internationales Ansehen zu steigern, doch im eigenen Land war er weniger erfolgreich. Wohl konnten Erfolge in der Wirtschafts- und Finanzpolitik verbucht werden, doch wurde auch nie zuvor so viel Reichtum erwirtschaftet und gleichzeitig so ungleich verteilt. Ungeschickt ging die Regierung *Piñera* mit den landesweit stattfindenden **massiven Protesten** um, die sich insbesondere gegen die Bildungspolitik richteten. In diesem Zuge wurden auch Forderungen nach grundlegenden Reformen in den Bereichen Gesundheitswesen, Alterssicherung, Arbeitsrecht, Steuersystem und Wahlrecht laut. All diese Reformvorhaben ließen sich jedoch nur mit einer Verfassungsänderung umsetzen, die ebenfalls Gegenstand der öffentlichen Diskussion wurde. Fast alle politischen Kräfte weigerten sich bisher, die geforderte Neugestaltung der Verfassung anzugehen.

So entfernten sich Politik und Gesellschaft immer weiter voneinander, was sich in den letzten Jahren weiter verstärkte. Deutliche Zeichen dafür sind die immer mehr Zulauf findenen sozialen Bewegungen, die ihre Forderungen über öffentliche Proteste kundtun, sowie die **besorgniserregend niedrige Wahlbeteiligung** von lediglich 49 %, die niedrigste überhaupt in Chile seit der Rückkehr zur Demokratie – und das trotz tiefgreifender Änderungen des Wahlrechts. So schaffte die Regierung *Piñera* 2012 die Wahlpflicht ab und führte eine automatische Wählereinschreibung und die freiwillige Wahl ein.

Ob es der ehemaligen und neuen Präsidentin *Michelle Bachelet* gelingen wird, einige Forderungen umzusetzen, bleibt abzuwarten. Ansonsten ist damit zu rechnen, dass sie ein Land mit steigender politischer Instabilität regieren müssen wird. In ihrer ersten Amtszeit erfreute sie sich hoher Zustimmungswerte in der Bevölkerung. Jedoch durfte sie laut Verfassung 2010 nicht noch einmal kandidieren, denn die Verfassungsreform von 2005 untersagt zwei direkt aufeinanderfolgende Legislaturperioden unter einem Präsidenten und legt die Amtszeit auf vier Jahre fest.

Im Präsidialsystem Chiles fällt die außergewöhnlich **große Machtfülle des Präsidenten** auf. So ernennt bzw. entlässt er sämtliche Minister, Gouverneure sowie die Oberkommandierenden der Streitkräfte und bestimmt über die öffentliche Verwaltung per Präsidialerlass. Zudem wurde die Mehrheit der Gesetze in den letzten zwei Jahrzehnten auf Initiative des Staatsoberhaupts verabschiedet. Auch der Sitz des Präsidenten ist zentral. Mitten in der Hauptstadt befindet sich **La Moneda** („Die Münze"). Den Namen verdankt der Regierungspalast der einstigen Münzprägeanstalt, die sich in ihren Mauern befand. Der Volksmund spielt gern vom Zentrum der Macht auf das Zentrum des Geldes *(moneda)* an, denn Politik beschränkte sich meist auf eine Elite, die auch die Wirtschaftsmacht innehatte. Auch für den bis März 2014 regierenden Präsidenten *Sebastián Piñera*, einen der reichsten Unternehmer des Landes, traf das zu. So zogen in der Geschichte des Palastes vorwiegend Abkömmlinge einflussreicher Familien der Wirtschaftselite in die Moneda ein. Diese bauten zum Teil regelrechte Präsidentendynastien auf, wie etwa die *Montts, Alessandris, Errázuriz'* und *Freis.*

Das **chilenische Parlament** *(congreso nacional)* dagegen tagt seit 1990 in Valparaíso – nach 16-jähriger sitzungsfreier Zeit zwischen 1973 und 1990. Es besteht aus einer **Abgeordnetenkammer** *(cámara de diputados),* deren 120 Mitglieder auf vier Jahre gewählt werden, sowie einem **Senat** *(senado)* mit 28 Senatoren, die acht Jahre ihr Amt innehaben. Beide Kammern werden direkt vom Volk gewählt. Jedes Wahlbündnis stellt bis zu zwei Kandidaten, unabhängige Parteien nur einen. Der Kandidat mit den meisten Stimmen erhält das erste Mandat für sein Wahlbündnis, das zweite Mandat geht an den Kandidaten des zweitstärksten Bündnisses, egal wie viele Stimmen er erhalten hat. Ein Bündnis erhält beide Mandate, wenn es doppelt so viele Stimmen in einem Wahlkreis auf sich vereinen kann wie das zweitplatzierte. Erreicht keiner die doppelte Mehrheit, gehen die zwei Kandidaten mit den meisten Stimmen aus den Wahlbündnissen als Sieger hervor. Dieses **einzigartige Wahlsystem** hat einst *Pinochet* ersonnen, ebenso die bis heute geltende chilenische Verfassung, die auf die 1980 unter dem Juntavorsitzenden erlassene Version zurückgeht. Seit

der Rückkehr zur Demokratie durchlief das Rechtsdokument eine Reihe von Reformen, um die **autoritären Relikte,** sogenannte *enclaves autoridades,* aus der Militärzeit zu beseitigen. Diese Überbleibsel fügte die Militärregierung noch im Vorfeld des Plebiszits von 1989 ein. Notgedrungen stimmte die Opposition damals zu, um den Übergang zur Demokratie nicht zu gefährden. Diese Art von **Kompromissdemokratie** erschwerte in der Vergangenheit politische Entscheidungsprozesse in hohem Maße. So mussten permanent Kompromisse gefunden werden, um zu einer Einigung zu gelangen. Obwohl zahlreiche autoritäre Relikte, insbesondere in der umfangreichen Verfassungsreform von 2005, bereits beseitigt wurden, schlummern einige noch heute in der höchsten Rechtsgrundlage des Landes, u. a. das verhängnisvolle **Mehrheitswahlsystem.** Es zwingt die Parteien zur Blockbildung untereinander und **begünstigt ein Zweiparteiensystem,** sodass stets die beiden mächtigsten Parteienblöcke Aussicht auf die Regierung oder eine größere Anzahl an Parlamentssitzen haben. So gibt es bei einer Wahl zwei Möglichkeiten – das rechte Parteienbündnis *Alianza por Chile* oder das Mitte-Links-Bündnis *Nueva Mayoría* („Große Mehrheit"), vormals *Concertación.*

Dieses Wahlsystem veränderte die **Parteienlandschaft,** da es eine Parteienzersplitterung weitgehend verhindert und kleine Parteien vorwiegend ausschließt bzw. diese nur mit wenigen Sitzen in den Kammern vertreten sind. Außerdem führt das System dazu, dass eine große Zahl

La Moneda – der Präsidentenpalast im Zentrum Santiagos

der Wählerstimmen nicht berücksichtigt wird. Seit der Rückkehr zur Demokratie dominieren **zwei Parteienbündnisse** das politische Feld. Das Erfolgreichste unter ihnen war bisher die *Concertación de Partidos por la Democracia,* welche zwanzig Jahre (1990–2010) das Staatsoberhaupt sowie die Mehrheit der Abgeordneten und Senatoren im Parlament stellte. Mit dem „Plebiszit für ein Nein" 1988 gegründet, welches zur Abwahl *Pinochets* führte, schloss sich die *Concertación* zu den Präsidentschafts- und Parlamentswahlen 2013 als *Nueva Mayoría* mit der „Breiten Sozialen Bewegung", der „Bürgerlichen Linken", der „Kommunistischen Partei" sowie Unabhängigen aus dem Mitte-Links-Spektrum zusammen. Den Gegenpol und das zweite Gewicht im Parlament bildet das Bündnis *Alianza por Chile* als Mitte-Rechts-Block, welcher die konservative und rechtseingestellte Wählerschaft bedient. Es besteht aus der zum Teil noch pinochetistischen Bewegung *Unión Demócrata Independiente* (*UDI,* „Demokratische Unabhängige Union") und der liberaleren *Renovación Nacional* (*RN,* „Nationale Erneuerung"). Beide, *Nueva Mayoría* (vormals *Concertación*) und *Alianza,* sind die **Profiteure des „binominalen Wahlsystems"** und haben bisher keine ernst zu nehmenden Anstrengungen für dessen Umgestaltung unternommen. Die Verlierer des Wahlsystems sind dagegen die vielen kleineren Parteien. Finanziell schlecht aufgestellt ist es ihnen praktisch unmöglich, außerhalb der Hauptstadtregion Stimmen zu gewinnen. Denn die mit dem Wahlkampf verbundenen Werbekosten sind in Chile enorm hoch. Raum für öffentliche Auftritte erhalten kleinere Parteien kaum, da dieser vorwiegend von den konservativen Medien dominiert wird. Übrigens: Am Wahltag ist **Alkohol strikt verboten** und sämtliche Geschäfte, die in Chile sonst sieben Tage die Woche geöffnet haben, aber die Wählerschaft ablenken könnten, bleiben geschlossen.

Soziale Bewegungen

Im lateinamerikanischen Vergleich wird die chilenische Demokratie trotz der „autoritären Enklaven" als positiv gewertet, besonders im Hinblick auf die wirtschaftlichen Erfolge und eine Reihe sozialer Reformen. Die Bürger Chiles hingegen geben ihrer politischen Führung weniger gute Noten. Umfragen zufolge ist die Mehrheit **mit der Funktionsweise der Demokratie unzufrieden** und fühlt sich nicht repräsentiert. Die nur ansatzweise erfolgte Aufarbeitung der Militärdiktatur und der Verbleib pinochetscher Strukturen, wie etwa die Verfassung, führen zu einem unzureichenden Vertrauen in die Demokratie und die Parteien, das sich zunehmend in Unmut gegenüber den politischen Eliten ausdrückt und sich immer häufiger in sozialen Bewegungen offenbart. Die starke Unterdrückung sozialer Be-

030ch-ks

wegungen während der Militärherr-
schaft hat die damit verbundenen
Strukturen nachhaltig geschädigt.
In der letzten Zeit hat **zivilgesell-
schaftliches Engagement** jedoch
reichlich an Auftrieb gewonnen.
Hauptakteur ist neben den Indigenen die junge Generation, die keine
Angst mehr vor Militär und Polizei
hat und nicht wie die Vorgänger-
generationen durch die Diktatur
traumatisiert ist. Das Misstrauen in
die Politik führt junge Leute nicht etwa an die Wahlurnen, sondern auf
die Straße. Bis 2012 war der Gang
zur Wahlurne Pflicht in Chile. Um
Geldbußen zu vermeiden, ließ sich
die Mehrheit der Neuwähler nicht
registrieren. Somit machte gut ein
Viertel der wahlberechtigten Bür-
ger, die unter Dreißigjährigen, von ihrem Wahlrecht keinen Gebrauch.
Zwar hat sich dies seit Einführung des freiwilligen Wahlrechts etwas verbessert, doch findet die Teilhabe am politischen Geschehen nach wie vor
zunehmend auf der Straße statt. Die hartnäckigen Proteste von Schülern
und Studenten sowie von Leiharbeitern der Kupferminen haben gezeigt,
dass sich mit Unnachgiebigkeit und Mobilisierung in Chile durchaus etwas erreichen lässt. Über soziale Bewegungen werden die Forderungen
direkt gestellt, wobei insbesondere wirtschaftliche, kulturelle und soziale
Rechte im Vordergrund stehen. Öffentliche Aufmerksamkeit wird durch
Demonstrationen und Streiks erregt oder auch durch **Landbesetzungen**
von landlosen Bauern und Indigenen. Durch zahlreiche Bewegungen,
die Umweltverschmutzung im Bergbau oder in der Zelluloseproduktion
anprangern, ist es gelungen, **Themen wie Umweltschutz und erneuerbare Energien** auf die öffentliche Agenda zu setzen, ja sogar bestimmte Vorhaben zu verhindern bzw. vorläufig zu stoppen wie zum Besipiel
das **Megastaudammprojekt HidroAysén.** Als die Umweltverträglichkeit
dieses umstrittenen Projekts offiziell festgestellt und der Bau endgültig
beschlossen wurde, löste das eine seit Jahrzehnten nicht da gewesene

⌃ Trommler und Künstler sind ständige Begleiter von Demonstrationen

Massenbewegung aus, die Menschen aus den verschiedensten Bereichen zusammenführte. Der Druck der Straße wurde durch Druck vom Staat auf die Straße beantwortet, nämlich **mit massivem Polizeiaufgebot.** Mit Wasserwerfern und Tränengas werden Demonstrationen auseinandergetrieben. Der Wortschatz der Chilenen kennt dafür eine Reihe von Begriffen. So heißen die gepanzerten Wasserwerfer *guanacos* für „spuckende Kamelide" und die Tränengasfahrzeuge *zorrillos* für „gasende Stinktiere". Ihr Einsatz auf Demonstrationen ist durchaus nichts Ungewöhnliches. Hartes polizeiliches Vorgehen und Massenfestnahmen spielen sich auch bei den Demonstrationen der Schüler und Studenten ab. Schon 12-Jährige wissen, wie stark der Strahl eines Wasserwerfers auf der Haut oder Tränengas in den Augen brennt und dass feuchte Tücher und Zitrone am besten dagegen helfen. Die Übergriffe auf friedliche Demonstranten und das brutale Vorgehen entfachen regelmäßig **Diskussionen über Polizeigewalt.** Die Studierenden wissen die Mehrheit der empörten Bevölkerung hinter sich, sodass sich die **Bildungsstreiks** zu einer sozialen Bewegung ausweiteten, die nicht nur starke Kritik an der staatlichen Bildungs- oder Energiepolitik übt, sondern zunehmend für eine gerechtere Politik eintritt, die alle Teile der Gesellschaft einbezieht. Dabei wird zu altbewährten Mitteln gegriffen, denen mit Tränengas schwer beizukommen ist, nämlich Kochtöpfe. Mit Löffeln auf leere Töpfe und Pfannen schlagend bekunden die Bürger auf der Straße und von den Fenstern ihrer Wohnhäuser aus ihren Unmut. Die **„cacerolazo"** genannte Protestform schweißte die Chilenen schon unter *Pinochet* zusammen und kommt nun seit dem Ende der Diktatur erstmals wieder zum Einsatz.

Die Rolle des Militärs

Eine Truppe junger Kadetten marschiert im zackigen Stechschritt, die Pickelhaube mit wehenden weißen Helmbüschen in die Höhe gestreckt, zu deutscher Marschmusik über den Paradeplatz. Diese Szene spielt sich nicht etwa Mitte des 19. Jh. in Preußen ab, sondern im heutigen Chile, wo preußische Militärtradition weiterlebt. **Preußische Militärausbilder** wurden Ende des 19. Jh. im Zuge der militärischen Neuordnung und zum Aufbau des Berufsheeres ins Land gerufen. Denn trotz des siegreichen Ausgangs des für Chiles wirtschaftliche Zukunft so ausschlaggebenden Salpeterkrieges von 1884, offenbarte dieser Krieg dennoch Reformbedarf. Die Professionalisierung der Streitkräfte verhalf Chile zu weiteren Siegen in der „Befriedung" Araukaniens, des ehemaligen Siedlungsgebiets der Mapuche. Diese Siege begründeten auch den **Mythos von der chi-**

lenischen **Unbesiegbarkeit** und brachten den Chilenen den Ruf ein, die **„Preußen Südamerikas"** zu sein. Zahlreiche **Kriegshelden** gingen aus diesen Schlachten hervor, die heute in Gestalt von Büsten und Statuen sowie auf Straßenschildern und Geldscheinen verewigt sind. Genannt seien hier *Pedro Lagos, Manuel Baquedano* oder *Arturo Prat,* die als Symbolfiguren für Tapferkeit und vaterländische Opferbereitschaft stehen. Die Hintergründe zu den hisstorischen Schlachten und Kriegshelden geben Chilenen kenntnisreich und stolz wieder.

In Chile spielt das **Militär eine zentrale Rolle** und das seit jeher. Bereits zur Kolonialzeit war Chile aufgrund seiner abgelegenen Lage und des indigenen Widerstands die am stärksten militarisierte Kolonie Spaniens in Lateinamerika.

Die große Zahl militärisch erfahrener Männer befreite die Nation von der Kolonialmacht und es waren auch die **Offiziere,** die mit der Unabhängigkeit die politische Macht für sich beanspruchten. Führende Militärs übernahmen mehrmals das Amt des Staatspräsidenten. Die ranghohen Offiziere kamen zudem aus aristokratischen Kreisen und so verwob sich von Anfang an **militärische mit politischer und wirtschaftlicher Macht.**

Heute gehört zu sämtlichen nationalen Feier- und Gedenktagen eine Militärparade ebenso dazu wie ein Gottesdienst. Als **Geburtshelfer der Nation** und Helden siegreicher Schlachten werden die Streitkräfte an ihrem Feiertag, dem 19. September, der auf den Nationalfeiertag folgt, geehrt. Gesellschaftlich genießen sie hohes Ansehen. Aspiranten für den **Militärdienst** gibt es mehr als Plätze angeboten werden. Trotz allgemeiner Wehrpflicht muss der Staat seine Rekruten daher nicht aktiv einziehen und die Frage der Kriegsdienstverweigerung erübrigt sich. Viele junge Männer, gerade aus den unteren sozialen Schichten, sehen im Militärdienst einen möglichen Zugang zu Bildung, Aufstieg und Ansehen.

Angesichts der jüngsten Vergangenheit umgeben auch düstere und dunkle Schatten das Militär. 17 Jahre Militärdiktatur, gezeichnet von Folter, Mord und willkürlichem Verschwindenlassen von Personen, haben einen bitteren Nachgeschmack hinterlassen und **das Ansehen der Militärs in Misskredit** gebracht. Nach dem Ende der Diktatur zogen sie sich in ihre Kasernen zurück, jedoch nicht ohne vorher die **Unantastbarkeit ihrer Machtposition** in der Verfassung verankert zu haben. Auch heute beschränken sich die Aufgaben des Militärs nicht auf die traditionelle Landesverteidigung. Sie greifen auch bei Krisen ein, wenn sie gerufen werden. In den Tagen nach dem großen Erdbeben vom Februar 2010 ergriff ein Nachbeben gesellschaftlichen Ausmaßes das Land. Massive Plünderungen und Überfälle waren an der Tagesordnung, sodass die Regierung am vierten Tag nach der Katastrophe den Notstand ausrief und das Militär zur Wiederherstellung der Sicherheit einsetzte. Die einziehenden Soldaten wurden jubelnd begrüßt, was angesichts der jüngsten chilenischen Geschichte ein schwer begreiflicher Umstand ist. Zwar liegt das Ende der Diktatur gut zwei Jahrzehnte zurück, doch wecken Panzerwagen und Soldaten mit Helmen und Gewehren in den Straßen nach wie vor Erinnerungen an dunkle Zeiten, als das Militär, unter dem Vorwand für Ordnung und Sicherheit zu sorgen, putschte und das Land fast zwei Jahrzehnte lang unter **Terror und Gewalt** regierte.

Als der Oberbürgermeister Santiagos, *Pablo Zalaquett,* jedoch öffentlich erwog, bei den Studentendemonstrationen für eine gerechte Bildung 2011 das Militär einzusetzen, löste das eine **Welle der Empörung im ganzen Land** aus. Die Ergänzung, man müsse den Bürgern „ein ruhiges Leben sichern", erinnerte zu stark an alte Zeiten. Die rechtskonservative Regierungspartei unter *Piñera* distanzierte sich umgehend von dieser Aussage und bekräftigte, die öffentliche Sicherheit habe heute nur einen Vor- und Nachnamen, nämlich Regierung und *carabineros,* die chilenische Polizei.

Vergessene Erinnerung

Besucht man in Santiago den Cementerio General, den Hauptfriedhof der Stadt, kommt man an einem Mahnmal in Form einer langen Mauer vorbei. Über 4000 Namen von **Opfern der Militärdiktatur** von 1973 bis 1990 sind dort eingraviert. 1002 Namen tragen kein Todesdatum, es sind die **„Verhaftet-Verschwundenen"** *(los detenidos desaparecidos).* Eine große Zahl von Opfern wird jedoch nicht aufgeführt und zwar die der **politisch Gefangenen und Gefolterten.** Allein im ersten Jahr der Diktatur sollen 180.000 Chilenen verhaftet worden sein, über 90 % von ihnen wurden gefoltert. Auch die **Exilanten,** die zu einer Million das Land verließen, sind nicht verzeichnet. Heute finden sich in Chile einige Stätten zur Erinnerung an die Opfer des Staatsterrors. Das war nicht immer so. Zwar befasste sich der chilenische Staat seit 1989 mit der Aufgabe, die Hinterlassenschaften der Militärdiktatur aufzuarbeiten und letztlich zu überwinden, doch blieben die unzähligen Verbrechen, die das Militärregime während seiner 17-jährigen Herrschaft beging, lange Zeit unausgesprochen und ungesühnt.

Die chilenische Gesellschaft spaltete sich in zwei Lager, das der Befürworter und das der Gegner des Militärregimes. Im Hinblick auf die **Vergangenheitsbewältigung** waren sich Teile der Bevölkerung einig, dass Wahrheitsfindung und Gerechtigkeit Voraussetzung für eine Versöhnung seien. Die Militärs und ihre Befürworter bewerteten dies als Racheakte und Feindseligkeiten. Daher lösten die ersten zaghaften Initiativen zur

Extrainfo 8 (s. S. 6): Interview mit der Senatorin Isabel Allende 40 Jahre nach dem Putsch

Aufarbeitung der Vergangenheit Anfang der 1990er-Jahre heftigste Kritik von Seiten des Militärs aus. Die **Kommission für Wahrheit und Versöhnung** wurde gegründet und diente vornehmlich der Dokumentation der Vorkommnisse. Der Rettig-Bericht von 1991 (*Informe Rettig*), welcher erstmals einen Teil der Verbrechen der Pinochet-Diktatur dokumentiert, legte fast 3000 Fälle von ermordeten und verschwundenen Chilenen vor. Die Mehrzahl der Schicksale blieb jedoch unaufgeklärt, da das Militär die Befugnisse zur **Aufklärungsarbeit** äußerst eingeschränkt hatte. *Pinochet* drohte mit einem erneuten Putsch, falls es jemand wagen sollte, gegen ihn oder seine Offiziere vorzugehen und ließ das Militär aufmarschieren, um die Machtverhältnisse wieder ins „rechte Licht" zu rücken. *Pinochet* war nach wie vor präsent und versetzte das Land in **Angst und Schrecken** vor einer Rückkehr der dunklen Zeiten der Diktatur. Und er hatte vorgesorgt. Das von ihm erlassene **Amnestiegesetz** garantierte Straffreiheit für sämtliche Verbrechen, die nach dem 10. März 1978 durch staatliche Gewalt verübt wurden, und machte Verurteilungen unmöglich. Die Politik setzte erstmal auf **Vergessen statt Bewältigen.** In Chile spricht man vom *blanqueo,* der „Weißtünchung" der Geschehnisse, wodurch eine kollektive Aufarbeitung und Wiedergutmachung lange Zeit verhindert wurde.

Öffentlich wurden die Menschenrechtsverbrechen nicht thematisiert, sondern verstärkten unterschwellig den durch die Gesellschaft laufenden Bruch. Im Oktober 1998 kam es schließlich zum Wendepunkt durch die überraschende **Festnahme Pinochets in London** aufgrund eines internationalen Haftbefehls, ausgestellt durch den spanischen Richter *Baltasar Garzón,* der ihn wegen der Verbrechen während der Militärdiktatur vor Gericht stellen wollte. *Pinochets* Fall war der erste seiner Art im Sinne des Weltrechtsprinzips, nach dem bestimmte Verbrechen so schwer wiegen, dass die Täter überall auf der Welt verfolgt werden können. In Chile löste die Festnahme **heftige Reaktionen** aus und das Schweigen brach. Die Fronten der zwei Lager verhärteten sich. Während ein großer Teil der Chilenen Aufklärung und die Bestrafung *Pinochets* forderte, verlangten seine Anhänger seine Auslieferung an Chile. Schließlich kehrte *Pinochet* nach 17 Monaten Hausarrest in London nach Chile zurück. Der Verantwortung konnte er sich entziehen, indem er zum letzten Mittel griff: ein ärztliches Gutachten bescheinigte ihm gesundheitliche und geistige Labilität – zu schwach um einen Prozess durchzustehen. In London gab sich *Pinochet* als Tattergreis und kaum, dass er chilenischen Boden berührte, erhob er sich aus seinem Rollstuhl und begrüßte nach alter Befehlshabermanier „seine" Truppe und Anhänger.

Doch hatte sich in Chile inzwischen das Blatt gewendet und *Pinochet* wurde eine lange **Anklageschrift wegen Menschenrechtsverbrechen** vorgelegt. Zeitlebens musste er sich dafür nie vor Gericht verantworten, verfügte er doch über mächtige Anhänger auf privilegierten Posten. Nach Feststellung der Beeinträchtigung seiner geistigen Fähigkeiten musste das Verfahren gegen ihn eingestellt werden. Der Prozess gab vielen Chilenen Ansporn, nun offen über ihre Erlebnisse zu sprechen und die Täter anzuzeigen. Die im Verfahren veröffentlichten Folterberichte und Einzelheiten der Machenschaften des Militärs lösten landesweit Entsetzen aus. Man hatte es sich bis dahin zu einfach gemacht, als man die Opfer und deren Angehörige nicht ernst nahm, ja sie sogar als Spinner bezeichnete, wenn sie von den Schrecken des Militärregimes berichteten. Die überlebenden Gefangenen, Angehörige von Opfern und Menschenrechtsorganisationen kämpften unermüdlich, damit die Machenschaften der Militärs während der Diktatur aufgeklärt und gesühnt werden. Die Regierung sah sich verpflichtet, die **Nationale Kommission für politische Haft und Folter** zu gründen, um die Verbrechen zu dokumentieren. Nach dem **Valech-Bericht von 2004** wurden über 30.000 Opfer angehört und erhielten in Form einer monatlichen Rente und kostenfreier medizinischer Versorgung Entschädigung.

Viele Fakten waren nicht neu, doch machte der Valech-Bericht erstmals das Ausmaß und die **Systematik von Folter und Verfolgung** deutlich, bei der es sich um eine institutionalisierte Praxis des Regimes handelte und nicht um die Taten Einzelner, wie es bis dahin dargestellt wurde. *Valech* nennt viele Opfer – es bleibt die **Frage nach den Tätern.** Die Namen der Täter, die aus den Akten hervorgehen, sollen über 50 Jahre anonym bleiben – so die Abmachung. Dennoch haben sich Verbände der Angehörigen von Opfern für die Aufklärung der Fälle eingesetzt, unterstützt von Rechtsanwälten des Menschenrechtsprogramms der chilenischen Regierung. Bis August 2011 gab es über **1400 offene Prozesse** vor Gericht, hauptsächlich Fälle von gewaltsamem Verschwinden und Mord. 230 Urteile sind bereits rechtskräftig, davon sitzen weniger als ein Drittel der Verurteilten ihre Haftstrafen ab. Bei den anderen zwei Dritteln war die Haftstrafe so gering, dass sie nicht einmal ins Gefängnis mussten. Zwar ist Chile Spitzenreiter bei der Anzahl eingereichter **Klagen wegen Verbrechen gegen die Menschlichkeit,** doch gleichzeitig unschlagbar, wenn es darum geht, das Strafmaß zu mindern. So verhindern juristische Besonderheiten chilenischer Gerichte, wie beispielsweise eine **„halbe Verjährungsfrist"** (*media prescripción*), welche einzig die Zeit vom Begehen der Tat bis zum Prozess als Strafminderungsgrund zulässt, und unangemessen niedrige Urteile, wie Haftstrafen zwischen drei und sieben Jahren für Massenmorde, dass dem Unrecht mit Recht begegnet wird. Als bekannt wurde, dass die verurteilten Täter aus der Militärzeit in eigens für sie errichte-

ten Haftanstalten **Privilegien** wie eigene Wohnräume mit Küche, Internet, Tennisplatz und sogar Grillplätze verfügten, zeigte sich die **Öffentlichkeit empört.** Besonders im Vorfeld von Präsidentschaftswahlen werden immer wieder ehemalige Mitglieder des Terrorregimes enttarnt, die bis heute hohe politische Ämter innehaben.

Die Gräueltaten der Vergangenheit werden längst nicht mehr geleugnet, aber immer noch unzureichend oder gar nicht bestraft. Die Hinterbliebenen und Opfer verleihen ihren Forderungen immer wieder Nachdruck, die Erinnerung an die Schrecken der Vergangenheit wach zu halten. Sie demonstrieren für eine angemessene Aufarbeitung und die Frauen der Opfer tanzen weiterhin die *Cueca Sola* (siehe den Exkurs „Tanzender und singender Protest" auf Seite 151). Die Aufarbeitung spaltet die Gesellschaft bis heute, denn solche Forderungen werden inzwischen auch damit abgetan, doch endlich nach vorn zu schauen und nicht an „Vergeltungsgedanken" festzuhalten. Einige staatliche Initiativen zur Vergangenheitsbewältigung sind entstanden wie das „Museum der Erinnerung und Menschenrechte" in Santiago. **Gedenkstätten** entstehen weiterhin, jedes Mal begleitet von einer lebhaften Diskussion, die zeigt, dass die Meinungen über den Putsch und die Erinnerung an das Militärregime bis heute auseinanderdriften.

⌃ Gedenkmauer für die Verhaftet-Verschwundenen auf dem Hauptfriedhof Santiagos

Das Geschäft mit der Angst

Während des Militärregimes wurde der Bevölkerung die Angst vor dem Chaos eingeimpft und fast 17 Jahre lang gefestigt. *Pinochet* führte das Land wie ein Regiment. Er legte Ausgangssperren fest und erhob militärische Offiziere auf Direktorenposten von Schulen und Hochschulen. Die Diktatur hatte Chile grundlegend verändert und die Folgen sind bis heute wahrnehmbar. Grund der Furcht war das „Gespenst des Kommunismus" und die Wiederherstellung der Ordnung durch das Militär. Das Regime arbeitete gezielt darauf hin, wichtige Teile der Gesellschaftsstruktur zu untergraben, Menschen in Angst zu versetzen und sie so handlungsunfähig zu machen. In der Folge veränderten sich wesentliche kollektive Verhaltensweisen. Die jahrzehntelange Repression durch staatliche Terrororgane, die jederzeit zuschlagen konnten, prägte eine **Kultur der Furcht und des Misstrauens** in der Bevölkerung.

Die unter *Pinochet* eingeführte neoliberale Wirtschaftsordnung schaffte für viele Menschen auch eine Unsicherheit wirtschaftlicher und sozialer Art, in der Arbeitsplätze nicht länger sicher waren, Gewerkschaften aufgelöst und soziale Sicherheitsnetze abgeschafft wurden. Diese Marktprinzipien förderten den Kampf „jeder gegen jeden" und das Konkurrenzdenken. Solidarität und Gemeinschaft waren im öffentlichen Raum nicht länger vorgesehen, stattdessen fürchtete jeder um Leib und Leben, der seine Meinung öffentlich kundtat. Folglich zogen sich die Chilenen in den Privatbereich zurück. Aus Selbstschutz werden noch heute im privaten wie im öffentlichen Raum bestimmte Diskussionen umschifft, gerade weil die Themen *Pinochet* und Diktatur als **gesellschaftsspaltend** empfunden werden.

Inzwischen werden die Fragen von einer neuen Generation gestellt, die die Diktatur nicht mehr bewusst miterlebt hat und im postautoritären demokratischen Chile aufgewachsen ist. Da nicht darüber gesprochen wurde und wird, herrscht oftmals Unwissenheit über die Hintergründe und Geschehnisse der Diktatur. In der Schule steht diese Zeit nur indirekt auf dem Lehrplan, denn der **Geschichtsunterricht** sieht für ein Schuljahr zwar die Geschichte des 20. Jh. vor, doch setzt jeder Lehrer hierbei seine eigenen Schwerpunkte. Beziehen diese sich auf das Thema Terrorregime, löst das meist **Konflikte mit den Eltern oder dem Schuldirektor** aus. Die meisten Lehrer wählen daher einen allgemein gehaltenen Mittelweg, indem Menschenrechtsverletzungen nicht besprochen werden.

Lehrerunabhängig werden dagegen in aller Ausführlichkeit die Befreiungskriege behandelt, als das Militär Chile zur Unabhängigkeit von Spanien verhalf. Die jüngere Vergangenheit liegt für junge Chilenen oft weiter

Colonia Dignidad

Kaffee und Kuchen, im Hintergrund Egerländer Blasmusik und deutsch-sprachige Bedienungen. Ein Stück Deutschland der 1950er-Jahre hat sich in der Villa Baviera erhalten. Den heutigen Namen, der „Bayrisches Dorf" bedeutet, gab der Gründer Paul Schäfer - als Hommage an seinen Freund Franz Josef Strauß - seiner vormaligen „Kolonie der Würde" (Colonia Dignidad) 1991. - Etwa 120 Menschen leben heute hier noch vom Back-geschäft und einem Tourismusbetrieb. Die Colonia Dignidad war in den 1980er-Jahren eines der größten Wirtschaftsunternehmen Chiles. Neben der Herstellung von Milchprodukten und Backwaren war sie u. a. Eignerin einer Steinbrechanlage und einer Fischfangflotte. Aufgebaut hatte dieses kleine Imperium Paul Schäfer, der 1961 wegen Verdachts auf sexuellen Kin-desmissbrauch vor den deutschen Behörden nach Chile floh. Etwa 200 Frei-kirchler aus Siegburg folgten ihm. Unter ihnen befanden sich viele Kinder von getrennt lebenden Eltern, die so nach Chile entführt wurden.

In der Nähe des Städtchens Parral baute Schäfer auf einem Grundstück so groß wie das Saarland ein Musterlandgut auf, das gleichzeitig auf sei-ne pädophilen Neigungen zugeschnitten war. Sklavenarbeit, Kindesmiss-brauch, Kindesentführungen und drakonische Strafen wie Folterungen mit Elektroschocks und Psychopharmaka waren an der Tagesordnung. Frauen, Männer und Kinder wurden in sämtlichen Lebensbereichen strikt vonein-ander getrennt. Wer den Versuch zu fliehen wagte, wurde verprügelt, für Wochen ins Krankenhaus eingesperrt und unter Zwang medizinisch und medikamentös behandelt. In der Umgebung waren die Kolonie-Bewohner wegen ihrer Tüchtigkeit und der hochwertigen Milch- und Konditorpro-

zurück als die ruhmreichen Schlachten vor 200 Jahren und Vierzehnjähri-ge kennen heute eher einen guten Pinochet-Witz als die genauen Ereignis-se um den 11. September 1973. Dennoch sind es vor allem **die Nachkom-men, Kinder und Jugendlichen,** die nachhaken und mehr wissen wollen.

Über **Pinochet** zu reden oder gar zu schimpfen, ist mittlerweile längst **kein Tabu mehr.** Ob die Diktaturzeit allerdings tatsächlich zum Ge-sprächsthema gemacht wird, hängt davon ab, ob das Gegenüber vom 11. September 1973 als *golpe* (Putsch) oder aber im Sinne des weich ge-spülten Begriffs *pronunciamiento* (Aufstand) spricht. Wenn der Ausdruck *dictadura* (Diktatur) vermieden und sich stattdessen auf das Militärregime als *gobierno* (Regierung) bezogen wird, tritt die Geisteshaltung diesbe-züglich klar hervor. Geschickt klopfen Chilenen so die Gesinnung ihrer Gesprächspartner ab.

dukte angesehen. Als karitative Gemeinde erhielt die Kolonie viele Spenden aus Deutschland und gewann weitere Anhänger, die ihr Eigentum überschrieben und nach Chile emigrierten. Fast vier Jahrzehnte blieb der Außenwelt das grausame Unternehmen verborgen, welches Schäfer hinter hohen Mauern führte. Zumindest wurde den wenigen, denen die Flucht gelang, kaum Gehör geschenkt. Schäfer schaffte es immer wieder, die Kolonie mit ihren vermeintlichen Wohltaten für die Armen - wie beispielsweise die kostenlose Behandlung von Bauern der Umgebung im kolonieeigenen Krankenhaus - ins positive Licht zu rücken. Mancher hier versorgte chilenische Junge wurde kurzerhand dabehalten und von der Kolonie offiziell für tot erklärt.

Nach dem Militärputsch vom 11. September 1973 erhielt Schäfer von höchster Seite Rückendeckung. Der chilenische Geheimdienst DINA nutzte das Sektengelände und die ausgefeilten Foltermethoden Schäfers und unterhielt dort ein geheimes Konzentrationslager für politisch Gefangene. 2006 fand man auf dem Gelände der Kolonie ein Massengrab. Die kriminellen Machenschaften von Schäfer und seinen Schergen blieben noch lange nach Ende der Diktatur im Verborgenen, zahlreiche Anzeigen wegen Misshandlung und Entführung Minderjähriger und auch wegen Steuerhinterziehung liefen ins Leere. Die Siedlung konnte noch immer auf ihre guten Freunde in Politik und Justiz bauen. 2004 wurde Schäfer wegen Kindesmissbrauchs schließlich schuldig gesprochen, 2005 lieferte Argentinien den Flüchtigen nach Chile aus, wo er wegen weiterer Missbrauchsfälle verurteilt wurde. Fünf Jahre später starb er 88-jährig im Gefängnis von Santiago de Chile.

„Funa" – öffentlich angeklagt

Mit Trommeln, Plakaten und Flugblättern ziehen sie das *funa*-Lied singend durch die Straßen und rufen *Si no hay justicia hay funa* („Gibt es keine Gerechtigkeit, gibt es *funa*"). Dann machen sie Halt vor einem bestimmten Haus, verteilen Flugblätter mit Abbildungen des „Angeklagten" an Passanten und verlesen eine Anklageschrift. Sie richtet sich an einen Täter, der während der Militärdiktatur an Menschenrechtsverbrechen beteiligt war und bis heute unbehelligt im Land lebt. Da sich von Seiten der chilenischen Rechtsprechung daran auch in Zukunft nicht viel ändern wird, nehmen engagierte Bürger die Anklage in Form von *funa* selbst in die Hand. *Funar* – das heißt **öffentlich anprangern oder outen,** wobei die Schuldigen in ihren Wohnhäusern oder an ihren Arbeitsplätzen aufgesucht werden. Es

geht darum, den Täter in seinem Umfeld zu entlarven und diesen andererseits daran zu hindern, sein Leben wie gewohnt in aller Stille fortzuführen.
Freilich wissen die Organisatoren, eine Kommission von Menschenrechts-
vereinigungen, auch um ihre Verantwortung, denn solch eine *funa* kommt
einem **gesellschaftlichen Exitus** gleich. Daher werden Anschuldigungen
jahrelang sorgfältig überprüft, um mit hundertprozentiger Sicherheit sagen zu können, dass es sich um einen **Täter** handelt.

Diese **Aktionsform** besteht seit der Verhaftung *Pinochets* 1998 in London, als eine Gruppe junger Leute in einer Fußgängerzone im Zentrum
Santiagos, unter ihnen Kinder von „Verhaftet-Verschwundenen", gegen
die Verbrecher der Militärdiktatur demonstrierte. Inzwischen beschränkt
sich die *funa* nicht allein auf Verbrechen aus der Militärdiktatur, sondern
tritt auch in anderen Fällen von Menschenrechtsverletzungen in Erscheinung, wenn die **Justiz untätig** bleibt. So geschehen im Falle eines pädophilen Priesters, der von drei Opfern angezeigt und dessen Tat von einem
Gericht als verjährt erklärt worden war.

Global Player Chile

Westliche Regierungen preisen Chile fast einhellig als Musterschüler Lateinamerikas und bescheinigen dem Land **glänzende Zukunftsaussichten.**
Die zuversichtliche Prognose stützt sich auf Chiles hohe wirtschaftliche
und politische Stabilität, seine beeindruckenden Wachstumsraten und
ein gesamtwirtschaftliches Gleichgewicht. Nach Ende der Militärdiktatur
hat sich das Wirtschaftswunderland Chile innerhalb weniger Jahre in das
Land mit dem höchsten **Pro-Kopf-Einkommen** und der wettbewerbsfä-
higsten Ökonomie Lateinamerikas entwickelt. Durch eine konsequente
Stabilitätspolitik konnte der Haushalt saniert, Schulden abgebaut und ein
Handelsbilanzüberschuss erzielt werden. Verantwortlich für diese positive
Bilanz waren unter anderem die vorteilhaften internationalen Rahmenbe-
dingungen vor der Finanzkrise 2008. Chile als Agrar- und Mineralienex-
porteur fand auf dem Weltmarkt gute Abnehmer seiner Erzeugnisse. Als
Exportnation stets auf eine hohe Nachfrage an Rohstoffen angewiesen
und den Schwankungen im internationalen Finanzsystem ausgesetzt, beug-
te Chile bereits während der **Boomjahre 2003–2008** vor und nutzte den
Aufschwung der vergangenen 25 Jahre zur Sanierung des Staatshaushalts.
Erste **Rückschläge** trafen das Land mit der Asienkrise 1999 und schließ-
lich mit der Finanzkrise 2008, die ein Abfallen der Wachstumsraten des
Bruttoinlandsprodukts von 3,7 % auf −1,5 % im Jahr 2009 zur Folge hatte.
Zwar zahlte sich nun aus, dass sich chilenische Banken nicht an den dubi-

osen US-Immobilienspekulationen beteiligt und stattdessen **in die eigene Volkswirtschaft investiert** hatten, dennoch traf die Krise das stark vom Export abhängige Land unerbittlich. Der Rückgang der Nachfrage sowie der Auslandsinvestitionen und der Preisverfall bei Rohstoffen bremsten die Wirtschaft und führten zu hohen Arbeitslosenzahlen. In weiser Voraussicht zahlte Chile Überschüsse aus der Kupferproduktion in einen **Fonds für schlechte Zeiten** ein, der half, die Finanzkrise abzufedern.

In den kommenden Jahren erwartet Chile einen Zuwachs des BIP von 6 %. Die stärksten Impulse kommen von Investitionen, jedoch nicht allein aus dem Inland. Chile verbucht die meisten **Auslandsinvestitionen** des Kontinents, wobei der Löwenanteil auf Konzerne entfällt, die die reichen Rohstoff- und Energievorkommen des Landes erschließen. Im Bergbau belaufen sich die ausländischen Investitionen auf einen Anteil von 80 %. Ausländische Unternehmer werden mit Förderprogrammen und nicht unerheblichen Startkapitalsummen ins Land gelockt. **Stabilität, eine offene Marktwirtschaft und wenig Korruption** machen Chile attraktiv.

⌃ Das Land mit der langen Küste und einem regen Exporthandel

Angesichts der Konzentration der heimischen Wirtschaft auf Rohstoff- und Agrarexporte ist Chile umso anfälliger für Preisschwankungen auf dem Weltmarkt und gleichzeitig auf den Import von Industrie- und Fertigwaren angewiesen. Um diese wirtschaftliche Abhängigkeit zu vermindern, verstärkt die chilenische Regierung ihre Anstrengungen, die lokale Wertschöpfung im Technologiebereich zu erweitern. Das Ziel ist der **Ausbau einer Wissensgesellschaft,** die langfristig die reine Rohstoffwirtschaft ergänzen soll.

Den Grundstock für das aktuelle Wirtschaftsmodell legte *Pinochet* Ende der 1970er-Jahre. Entgegen der Auffassung, die bisweilen zu hören ist, gehen Chiles wirtschaftliche Erfolge nicht auf die **Wirtschaftsreformen aus Diktaturzeiten** zurück. Tatsächlich hat das neoliberale System unter *Pinochet* nur zu einer starken Konzentration des Reichtums geführt und hauptsächlich den größten Unternehmen des Landes genutzt. Auch angesichts der exorbitanten Arbeitslosenraten, Schwächung der Gewerkschaften und Verarmung der Bauern kann man kaum von einem Erfolg sprechen. Zwar führte die Militärregierung unter der Ägide der *Chicago Boys* das neoliberale Modell ein, jedoch verzeichneten die Wachstumsraten Anstiege von lediglich bis zu 2 %, während nach Rückkehr zur Demokratie bis zu 7 % erreicht wurden. Nichtsdestotrotz geißeln Opposition und Unternehmerschaft die Regierung zuweilen, sollten die Wachstumsraten einmal geringer ausfallen. Das Regierungsbündnis der *Concertación,* das viermal in Folge die Regierung stellte und somit 20 Jahre die Entwicklung des neoliberalen Wirtschaftskurses in Chile bestimmte, stand dann unter immensem Druck von Seiten der Konservativen. Die Wirtschaftspolitik der *Concertación* konzentrierte sich auf eine verstärkte **Öffnung des Landes für den internationalen Markt,** die Modernisierung des Staatsapparates und erhöhte öffentliche Ausgaben im Sozialbereich.

Obwohl es Chile gelang, seit Ende der Diktatur die **Armutsrate** zu halbieren, ist das Maß an **Ungleichheit unverändert hoch** und gehört – gemessen an der Ungleichheit zwischen den Einkommen und dem Vermögen – zu den Schlusslichtern Lateinamerikas. Soziale Ungleichheit ist stets die Folge wirtschaftlicher Ungleichheit, die aus der **zunehmenden Konzentration bestimmter Wirtschaftsbereiche** herrührt. Wenige private Akteure beherrschen den Markt. So verfügen beispielsweise drei Unternehmensgruppen über den Einzelhandel und drei Banken kontrollieren 70 % aller Geldanlagen sowie die Zinssätze in Chile. Der Machtzuwachs über den Markt ergreift auch andere Branchen wie Flug- oder Telefongesellschaften. Der Staat hat aufgrund des liberalen Wirtschaftssystems kaum Eingriffsmöglichkeiten und ihm bleiben angesichts der zunehmenden Konzentration bestimmter Konzerne die Hände gebunden.

Kleines Land, große Partner

Das Wirtschaftswachstum lässt sich im Wesentlichen auf die **erfolgreiche Exportpolitik** Chiles und **gute Außenhandelsbeziehungen** zu den USA, der EU und vor allem zu Ländern im asiatisch-pazifischen Raum zurückführen. Unlängst trugen Chiles ausgezeichnete Wirtschaftsnoten dem Land die **Aufnahme in die Organisation für Wirtschaftliche Zusammenarbeit und Entwicklung (OECD)** ein. Als erstes südamerikanisches Land wurde Chile Mitglied im exklusiven Wirtschaftsclub der führenden Industrieländer. Schon früher fühlten sich die chilenischen Eliten eher westlichen Staaten verbunden und nahmen sich auf lateinamerikanischem Boden als isolierten Inselstaat wahr. *Pinochet* wandte sich seinerzeit von der lateinamerikanischen Region ab und strebte nach Anschluss an die Industrieländer. Die demokratischen Regierungen setzten diesen Kurs fort und schlossen **bilaterale Handelsabkommen** mit den USA, der EU, China und Japan.

Das Verhältnis zu seinen nächsten Nachbarn lässt sich dagegen als eher schwierig und konfliktgeladen beschreiben. Während Chile international ein gern gesehener Gast ist, steht es in der unmittelbaren Nachbarschaft oftmals vor verriegelten Türen. Grund dafür sind **Grenzstreitigkeiten mit den Nachbarländern Peru, Bolivien und Argentinien.** Konflikte mit Bolivien und Peru finden ihren Ursprung in den Folgen des Salpeterkriegs, der Bolivien zum Binnenstaat werden ließ und Peru seine südlichste Region kostete. Territorialansprüche halten beide, Bolivien wie auch Peru, selbst nach dem Friedensvertrag von 1904 aufrecht. **Boliviens verlorener Meerzugang** ist seither Streitpunkt zwischen beiden Ländern. Chile räumte Bolivien damals ein Sondernutzungsrecht für Transportwege ein. Im Jahr 1975 bot die chilenische Militärregierung Bolivien einen Küstenstreifen nördlich von Arica gegen eine Gebietskompensation an anderer Stelle an. Das Vorhaben wurde nie umgesetzt, da es laut „Vertrag von Lima" der Zustimmung Perus bedurfte. Da die Peruaner selbst Ansprüche auf dieses Küstengebiet erhoben, die wiederum von Chile abgelehnt wurden, scheiterten sämtliche Gespräche. Peru verfolgte seine Gebietsforderung um die Seegrenze im Pazifik bis zum Internationalen Gerichtshof (IGH) in Den Haag, der Anfang 2014 die Seegrenze zugunsten Perus festlegte. Nichtsdestotrotz bemühen sich Chile und Peru um ein gutes Verhältnis. **Bolivien** spielt in diesem Konflikt eine nicht unwichtige Rolle und nimmt eine **strategische Position** ein, die die Regierungen in Santiago und Lima dazu anspornt, sich um das Wohlwollen des Nachbarn zu bemühen. Unlängst verpachtete Peru einen fünf Kilometer breiten Küstenabschnitt an Bolivien zur Abwicklung seiner Importe und Exporte. Seit Jahren verhandelt Bolivien mit Chile, um eine maritime Souveränität auf chilenischem Gebiet zu erwirken. Die chilenische Regierung zeigt sich zwar dialogbereit, besteht aber auf ihrem Territorium. Im April 2013 verklagte Bolivien den Nachbarn vor dem IGH mit dem Ziel, Chile zu Verhandlungen über einen Meerzugang zu verpflichten. Außenpolitisch unterhält Chile zu Bolivien bis heute als einzigem Land in Lateinamerika lediglich wirtschaftliche und keine diplomatischen Beziehungen.

Die **längste Grenze teilt Chile mit Argentinien,** die im Übrigen die drittlängste der Erde ist. Die Anden bilden zwar eine natürliche Grenze zwischen beiden Ländern, doch boten die 5300 Kilometer seit den Unabhängigkeitstagen ausreichend Angriffsfläche für Gebietsansprüche. Der ständige **Kampf um Anrechte in der Antarktis** brachte Chile und Argentinien dazu, sich Ende des 19. Jh. per Vertrag zu verpflichten, Grenzdispute diplomatisch und gewaltfrei zu lösen und im Zweifelsfall eine Schlichtungsnation einzuschalten. 1978/79 vermittelte der Papst in der Auseinandersetzung um die im Beagle-Kanal gelegenen Inseln, wodurch eine militärische Eskalation abgewendet werden konnte. Der Vatikan bestätigte einen Schiedsrichterentscheid Großbritanniens und sprach die Inseln Chile zu. Der Freundschaftsvertrag von 1984 und ein bilateraler Vertrag zur Förderung der Integration und Kooperation besiegelten schließlich eine **wirtschaftliche Zusammenarbeit,** die längst über das rein ökonomische hinausgeht. Inzwischen versorgen argentinische Kernkraftmeiler das unter Energieknappheit leidende Chile und in Grenzgebieten werden gemeinsam Erze abgebaut. Heute gilt das Nachbarland **Argentinien als der wichtigste politische und wirtschaftliche Partner Chiles in der Region.** Insgesamt stieg das nachbarliche Umfeld zur wichtigen Zielregion chilenischer Außenpolitik auf, besonders der Cono Sur, der Südkegel des südamerikanischen Kontinents, dem neben Chile auch Argentinien, Paraguay, Uruguay und Teile Südbrasiliens angehören.

Äpfel und Lachs vom Ende der Welt

Chiles Trumpf ist nicht allein seine reiche Vielfalt an frischem Obst, sondern auch, dass dies tagelang genießbar ist, ohne von lästigen Fruchtfliegen umschwirrt zu werden. Dank strenger und permanenter Kontrollen aller Waren und Passagiere, die die chilenische Grenze passieren, blieb **Chile bisher fruchtfliegenfrei.** Der Fund einer einzigen Larve in einer Ladung kann das Importverbot der gesamten Fracht zur Folge haben. Tauchte die Fliege irgendwo auf, führte das bereits zu weitflächigen Sprühaktionen von Insektiziden und ganze Stadtteile wurden großräumig eingenebelt. Gegenüber anderen Fruchtexportländern ist dies ein großer Vorteil. Die Anreize für den Obst- und Holzexport schaffte einst *Pinochet*. Er ließ die Anbauflächen für einheimische Nahrungsmittel auf ein Minimum reduzieren und förderte die Schaffung von Großgrundbetrieben. Dabei veränderte sich die Landarbeiterstruktur weg von der Festarbeit und hin zur Saisonarbeit.

Den dominierenden Wirtschaftssektor nimmt jedoch der Bergbau ein. Chile verfügt über 40 % der weltweiten Kupferreserven und ist **Weltmarktführer in der Kupferproduktion.** Auch im **Gold-, Silber- und Lithiumabbau** zählt es zu den **Top-Exporteuren.** Insgesamt stiegen die Ausfuhren chilenischer Erze zwischen 1998 und 2008 von 15 auf 69 Mrd. US-Dollar an und machen damit allein 50 % aller Exporte Chiles aus. Der weltweit größte Kupferproduzent CODELCO, der zu 100 % dem Staat gehört, ist etwa für ein Drittel des chilenischen Kupferabbaus verantwortlich. Die verbleibenden zwei Drittel werden von privaten Unternehmen durchgeführt, die 17 % Steuern auf den Gewinn abführen sollen, jedoch allzu häufig Schlupflöcher ausnutzen, um sich den Abgaben zu entziehen. Noch bis Februar 2011 flossen 10 % der Kupfereinnahmen von CODELCO direkt auf das Konto des Verteidigungsministeriums. Die Zahlungen beruhten auf einem von *Pinochet* eingeführten Gesetz, das dem Militär 35 Jahre lang verfügungsfreie Summen in Milliardenhöhe einbrachte. Überschüssiges Geld aus den Kupfereinnahmen wird zudem in einem Wachstumsfonds angelegt und half bereits 2008, die Finanzkrise zu überwinden. Kritiker bemängeln, das Geld müsse für Entwicklungsprojekte des Landes wie etwa öffentliche Schulen investiert werden. Der staatliche Kupferfonds sowie die Steuerpolitik geraten dabei immer wieder ins **Kreuzfeuer der Kritik.**

Eine weitere Hauptsäule der chilenischen Wirtschaft ist die **Fischzucht.** Chile zählt zu den fünf fischreichsten Meeresgebieten der Erde. Obgleich die Fläche unter 1 % der Weltmeere beträgt, zieht sie 25 % der Fangschiffe an. Wärmere Gewässertemperaturen, laxe Umweltbestimmungen, Steuervergünstigungen und die geringsten Produktionskosten weltweit lockten Unternehmer aus allen Teilen der Welt nach Chile. Ausländische Investitionen und Förderung durch die chilenische Regierung machten Lachs zum neuen Exportschlager mit einem Zuwachs von 2200 % seit 1990 und Chile somit zum **zweitgrößten Exporteur für Zuchtlachse.** Hauptabnehmer sind die USA, die EU und Japan. Einen Rückschlag verzeichnete die Industrie als der überproportionale **Einsatz von Antibiotika** publik wurde, der in Chile 70 bis 300 mal höher liegt als beispielsweise in Norwegen erlaubt, oder die Entdeckung des ISA-Virus aufgrund überfüllter Käfige. Gründe für die geringen Kosten der Lachszucht liegen in den niedrigen Arbeitslöhnen für die harte und gefährliche Arbeit unter Wasser sowie schlechten Arbeitsbedingungen, wobei die ohnehin nicht strengen Arbeitsschutzgesetze und Hygienevorschriften regelmäßig missachtet werden. Die Einbu-

ßen infolge der **Negativnachrichten** und der jüngsten Finanzkrise animierten die Lachszüchter zu weiterer Kosteneinsparungen und maximaler Ausnutzung der Kapazitäten, um die Gewinnmargen so hoch wie möglich zu halten. Werden Gebiete durch die Zucht verschmutzt oder untauglich, verlagern die Firmen die Lachszucht in südlichere Gebiete. Es ist nicht verwunderlich, dass multinationalen Konzernen daher oftmals der Ruf anhaftet, in Chile das zu tun, was ihnen in ihren Heimatländern verboten ist.

Chile hat es verstanden, seinen **Reichtum an Boden- und Naturschätzen** wie auch seine unvergleichbar günstigen klimatischen Bedingungen wirtschaftlich optimal einzusetzen und den Primärsektor auszubauen. Mit Einführung des neoliberalen Modells unter der Militärjunta wurden die natürlichen Ressourcen Chiles auf ihren ökonomischen Nutzen reduziert und Anreize geschaffen, um ausländische Investoren anzulocken. **Massive Subventionierungen der Holzwirtschaft** und die Privatisierung der bis zur Machtübernahme *Pinochets* vom Staatsforst verwalteten Waldflächen trugen zur Ansiedlung transnationaler Konzerne bei, die auf Monokulturen für eine extensive Holzproduktion setzen. Aus dieser Zeit stammt auch das **Gesetz zur Steuerbefreiung** für den Abbau nicht erneuerbarer Bodenschätze. Von den demokratischen Regierungen übernommen und etwas modifiziert wurde Chile so zu einem **Monaco für internationale Minengesellschaften.** Dabei werden die bereits augenscheinlichen irreparablen Umweltschäden und die Gefährdung der Lebensgrundlage vieler landwirtschaftlicher wie auch indigener Gemeinschaften in Kauf genommen. Derweil zeichnen sich erste Erschöpfungen von Rohstoffvorkommen sowie immens hohe Umweltkosten ab.

Extrainfo 9 (s. S. 6): Phoenix-Dokumentation „Millionen für ein Naturparadies – Chiles Patagonien in Gefahr"

Wachstum mit Folgen

Es bleibt die Frage nach der Vereinbarkeit von neoliberalen Grundsätzen mit sozialer Gerechtigkeit und ökologischer Nachhaltigkeit im häufig hoch gepriesenen chilenischen Wirtschaftsmodell. Hebt man den Modellschleier etwas, enthüllt ein zweiter Blick die **Schattenseiten des Wirtschaftsbooms,** der mit hohen sozialen und ökologischen Kosten verbunden ist.

Der Stolleneinbruch der Mine San José bei Copiapó 2010 verschüttete 33 Bergarbeiter und führte **die miserablen Sicherheits- und Arbeitsbedingungen** der chilenischen Stollen nicht nur Chile, sondern der ganzen Welt vor Augen. Auch Schlagzeilen wie „Lachsvirus entlarvt Chiles Fischereimethoden" oder „Kanadisches Bergbauunternehmen will Gletscher versetzen" geben Anlass zur Sorge. Nachrichten wie diese lassen erahnen, wie hoch der Preis ist, den die Umwelt eines solchen Boomlandes zahlt.

Chiles Wachstum beruht auf einer **Überausbeutung der natürlichen Ressourcen,** die während der vergangenen Jahrzehnte extensiv betrieben worden ist und inzwischen alarmierende Ausmaße annimmt. Beispielsweise trug der Holzexport zum Verschwinden eines Großteils des chilenischen Waldes bei. Abgesehen von der Zerstörung eines jahrtausendealten Ökosystems sind zudem durch starke Bodenerosion und verseuchtes Grundwasser weite Landstriche unfruchtbar geworden. Verarbeitungswerke für Zellulose und Obst entsorgen ihre Abfälle in Flüsse und Seen. Der exorbitante Einsatz von Chemikalien und Pestiziden riesiger Lachszuchtbetriebe belastet Flora und Fauna der Gewässer. Im Norden werden zur Deckung des gewaltigen Wasserbedarfs durch die Kupfererzeugung immense Wassermengen aus den Flüssen und unterirdischen Reservoiren abgeschöpft. Schon jetzt zeichnen sich neben der Boden- und Wasserkontaminierung Austrocknungserscheinungen ab, denn Grundwasser ist im Norden Chiles keine erneuerbare Ressource.

Das **ökologische und soziale Sündenregister der Industrie** ist groß und die dramatischen Folgen für Mensch und Natur stellen das neoliberale Wachstumsmodell im Hinblick auf seine **Nachhaltigkeit** wie auch **Umweltverträglichkeit** in Frage. Die Regierung tut sich angesichts dieser Fragestellung schwer. Allzu oft weicht der Umweltschutz den wirtschaftlichen Interessen, wie das seit Jahren hoch umstrittene Projekt HidroAysén zum Bau eines massiven Wasserkraftwerks in Südpatagonien zeigt. Um fünf Staudämme zu bauen, sollen immense Landflächen überflutet und

◁ Eine hohe Umweltbelastung entsteht durch Lachsfarmen in den Fjorden Südchiles

für den Bau der Masten, die über eine 2000 km lange Strecke die Energie nach Zentralchile transportieren sollen, riesige Waldflächen abgeholzt werden. Die Konsequenzen für den natürlichen Lebensraum werden hintangestellt. Der Energiehunger Chiles hat Vorrang.

70 % des Energiebedarfs werden derzeit importiert. Dabei kam es in der Vergangenheit bereits zu **Versorgungsengpässen.** Stromschwankungen und Energieunsicherheiten sind schlecht für Betriebe, ob im Bergbau oder in der Fischindustrie. Angesichts der Wachstumszahlen erstaunt es wenig, dass 45 % der Primärenergie allein von der Industrie genutzt werden und der vorgesehene Ausbau des Kupferbergbaus zusätzliche Energie benötigen wird. Das geplante **Megastaudammprojekt HidroAysén** soll diesen steigenden Bedarf decken. Die Versorgung durch das Projekt entspräche der Leistung von drei Atomkraftwerken – für die 17-Millionen-Einwohnerschaft Chiles gar übertrieben. Zudem müssten die normalen Bürger Energie weiterhin teuer bezahlen, denn es gibt **keinen Wettbewerb auf dem Energiemarkt,** der von zwei Konzernen diktiert wird. In der Region zahlen die Chilenen den höchsten Preis für eine warme Stube, was sich die wenigsten leisten können. Auf dem Land wird daher meist mit Holz geheizt und in der Stadt zieht man sich auch drinnen warm an. Da ist es nicht verwunderlich, dass Chilenen ein Mitspracherecht in Entscheidungen der Energiepolitik fordern und gegen HidroAysén zu Hunderttausenden landesweit auf die Straße gehen.

Experten zufolge könnte das Land seine privilegierte Lage nutzen und den **gesamten Energiebedarf aus Windenergie** erzeugen, deren Leistung sogar den Eigenbedarf an Strom übertreffen würde. Die Weiten der Atacama-Wüste und Hochebenen im Norden sowie die Küstenstandorte im Zentrum und Süden des Landes bieten jede Menge Wind und Platz – ideale Bedingungen für Windparks. Auch der starke Vulkanismus in den Anden, der sich für Erdwärmekraftwerke eignet, wird bisher kaum genutzt.

Konzentration der Einkommen

Die Rubrik *Vida Social* (Sozialleben) der Tageszeitung El Mercurio gibt einen kleinen **Einblick in das gesellschaftliche Leben Chiles.** Das heißt, nur eines ausgewählten Teils, denn die Seite bildet ausschließlich Persönlichkeiten aus der High Society ab. Bekannte Unternehmer bei Empfängen in Banken oder ranghohe Offiziere in der Militärschule sind zu sehen. Die mächtige Wirtschaftselite des Landes stellt dabei lediglich einen kleinen Teil der Gesellschaft dar, die einer großen und zum Teil geschwächten Mittel- und Arbeiterschicht gegenübersteht. Im Grunde ist das nichts

Neues. Beim kolonialen Unterdrückungssystem angefangen zieht sich der **Kontrast zwischen kleiner Oberschicht und einer Fülle von Armen** durch sämtliche Darstellungen der chilenischen Geschichte. Zu Beginn des 20. Jh. standen Regierung und Eliten unter zunehmendem Druck der Arbeiterbewegungen und sahen sich gezwungen, Initiativen zum Abbau sozialer Ungerechtigkeit zu unternehmen. Öffentliche Investitionen in Bildung, Gesundheit und Sozialversicherungen sowie eine aktive Wirtschaftspolitik trugen zum **Entstehen und Anwachsen der Mittelschichten** bei. Die *Unidad Popular* unter *Allende* erklärte eine gerechtere Verteilung des Lohneinkommens zum Kern ihrer Politik und verzeichnete erste Errungenschaften. Die Eliten dagegen erlebten die **Verstaatlichungsmaßnahmen** und Einführung allgemeiner Sozialsicherungssysteme als Beraubung ihrer Privilegien und Reichtümer. Der Militärputsch konnte auf ihre Unterstützung zählen und es war offensichtlich, dass die Militärjunta die sozialen Veränderungen nicht aufrechterhalten würde. **Bildung oder der Zugang zur öffentlichen Gesundheitsversorgung** wurden den Bürgern nicht länger als soziale Rechte zugestanden. Der Zugang beschränkte sich auf diejenigen, die über hohe Einkommen verfügten und in der Lage waren, für ihre Altersvorsorge, Bildung und Gesundheitsversicherung zu zahlen. Indes blieben diese Möglichkeiten einem großen Teil der Bevölkerung verwehrt. Eine Gesellschaftsstruktur entstand, in der eine kleine Gruppe immer reicher und mit großen Freiheiten ausgestattet wurde und ein zunehmender Teil der Bevölkerung mit extremer Armut zu kämpfen hatte. Die Diktatur schuf eine **stark segmentierte Gesellschaft,** die bis heute mit extremen Einkommensunterschieden und daraus resultierender Chancenungleichheit zu kämpfen hat. Seit der Rückkehr zur Demokratie übernahm der Staat wieder eine soziale Rolle und investierte in soziale Programme, jedoch gelang es nicht, die Ungleichheit zu reduzieren und die Mehrheit der Bevölkerung am Erfolgsmodell teilhaben zu lassen.

Die Verteilung der Einkommen sowie die Entwicklung der Armut in den vergangenen Jahren zeigen, dass **kein Ausgleich** zwischen den Gewinnern und Verlierern der Gesellschaft stattfindet. Zwar sind Fortschritte mitunter durch ehrgeizige Regierungsprogramme in der Armutsbekämpfung erzielt worden. Doch sind die Angaben zu Armut und Einkommen besorgniserregend. Einerseits konnte die aus Diktaturzeiten geerbte Armut von 40 % auf weniger als die Hälfte und die extreme Armut von 13 % auf 4 % reduziert werden. Das heißt jedoch nicht, dass die übrigen Chilenen gut dastehen. Denn bei der **Armutsberechnung** bedient man sich einer sehr rudimentären Methode auf Grundlage eines Kalorienkorbes. Nach europäischen Kriterien, die Armut nach Prozentanteilen des Durchschnittseinkommens berechnen, würden die Armutszahlen rund 30 % höher liegen.

Die **extreme Ungleichheit** ist auf die ungleichen Löhne und Gehälter zurückzuführen. Je nachdem, ob man eine optimistische oder pessimistische Studie zur Einkommensverteilung zurate zieht, variieren die Angaben. Zu den optimistischeren Auswertungen zählen die Daten des nationalen Statistikamts INE, demzufolge 60 % der Haushalte über ein monatliches Einkommen von umgerechnet weniger als 500 Euro verfügen, davon 40 % sogar unter 400 Euro und weniger. Den oberen 20 % dagegen stehen über 2200 Euro zur Verfügung.

Die **Einkommensverteilung** zeigt, dass das oberste Fünftel der Chilenen drei Fünftel des Einkommens auf sich vereint, während das untere Fünftel nur 3 % beansprucht. Neben Brasilien ist Chile das Land mit der höchsten Rate an sozialer Ungleichheit auf dem Kontinent, noch schlechter stehen weltweit nur einige afrikanische Staaten da wie etwa Botswana oder Sierra Leone. Die eklatanten Ungleichheitsverhältnisse stehen in starkem **Widerspruch zur boomenden Wirtschaft,** die in den vergangenen 30 Jahren um ca. 5 % pro Jahr wuchs. Durch dieses Wachstum erreichten die unteren und mittleren Schichten Einkommensanstiege und Zugang zu Konsumgütern. Da im gleichen Zeitraum auch die Einkommen der oberen Schicht unverhältnismäßige Zuwächse erzielten, blieb das Gefälle zu den unteren Schichten erhalten und verschärfte die Ungleichheit noch weiter.

Globalisierung auf Pump

Objektiv gesehen haben sich die **materiellen Lebensbedingungen** in den vergangenen 20 Jahren für die meisten Chilenen verbessert. Zur Standardausstattung der Haushalte zählen Dusche, Farbfernseher und Kühlschrank. Die Zahl der Anmeldungen für Neuwagen hat zugenommen und auch die Einkaufszentren sind stets gut frequentiert. Angesichts eines Durchschnittsverdienstes von 500 Euro, der kaum für die alltäglichen Lebenshaltungskosten genügt, ist man nicht ausreichend liquide, um die Waren vollständig zu bezahlen. Doch trotz fehlender finanzieller Mittel wird eingekauft. Eine Hintertür öffnen hier die Kreditinstitute, sogenannte **„cuoteros"**, die sich praktischerweise direkt in den größeren Geschäften befinden und **Verbraucherdarlehen** vergeben. Sämtliche Artikel vom T-Shirt bis zum Laptop werden über *cuotas* (Raten) zu horrenden Zinsen abbezahlt. Ein gutes Geschäft für die *cuoteros,* verdienen sie dabei doch noch einmal ungefähr die Summe des eigentlichen Anschaffungspreises mit – und der Laptop kostet den Verbraucher dann fast das Doppelte des Ladenpreises. Es stellt sich die Frage, ob sich der Durchschnittsbürger das auf Dauer leisten kann, stehen die **Löhne** doch in einem unausgewogenen **Verhältnis zu den Lebenshaltungskosten.** Diese liegen in vielen Bereichen kaum unter denen der Bundesrepublik Deutschland. Folglich verschulden sich viele Chilenen und müssen damit leben, sich am Wochen- oder Monatsende in die langen Schlangen zur Abbezahlung ihrer *cuotas* einzureihen. Insbesondere Arbeiter und Geringverdiener haben **Schulden, die mitunter vier- bis fünfmal so hoch sind wie ihre Löhne.** In Chile wie in anderen lateinamerikanischen Staaten auch besteht für viele im *cuota*-System allerdings die einzige Möglichkeit, an der Globalisierung überhaupt teilzuhaben. Auf diese Weise täuscht die Verbesserung der Lebensstandards, die oftmals auf Pump beruht, über das Ungleichgewicht hinweg und es wird gern rühmlich bemerkt, dass die **Kaufkraft der unteren Einkommensklassen** im Steigen begriffen sei. Tatsächlich ist ein merklicher Teil des Wirtschaftswachstums auf die Binnennachfrage zurückzuführen, die allerdings wird in Raten abbezahlt.

◁ Kleinstunternehmer überschwemmen das Land: z. B. in der Fischverarbeitung

Land der Lohnarbeiter

Ein wesentliches Erbe der Militärdiktatur sind die Arbeitsstrukturen, die sich durch eine Flexibilisierung der Arbeit und eingeschränkte gewerkschaftliche Aktivitäten auszeichnen. Für das hauptsächlich auf dem Export von unverarbeiteten Rohstoffen basierende Wirtschaftswachstum waren und sind **„anpassungsfähige" Billiglohnkräfte** unerlässlich, um wettbewerbsfähig bleiben und kostengünstig Obst, Tafelwein, Wolle oder Lachs anbieten zu können. Im Agrarexportsektor etwa werden für den arbeitsintensiven Obstanbau unqualifizierte Saisonarbeitskräfte, mehrheitlich Frauen, angeheuert, die knapp über dem Mindestlohn verdienen. Dabei arbeiten die meisten von ihnen auf eigene Rechnung, was den Arbeitgeber von sämtlichen Zahlungen an Sozialkassen entbindet. Unsicherheit, gesundheitsschädigende Arbeitsbedingungen, fehlende Sozialversicherung und kein Einkommen außerhalb der Saison sind charakteristisch für Lohnarbeit in Chile. Die **Untervertragnahme von selbstständigen Arbeitern** hat sich inzwischen zur häufigsten Anstellungsform in vielen Wirtschaftsbereichen durchgesetzt, insbesondere bei den großen Unternehmen. So arbeiten 90 % der Beschäftigten im Sektor Elektrizität, Gas und Wasser auf eigene Rechnung, gefolgt vom Bergbau mit 75 % und dem Baugewerbe mit über 60 %. Ein weiteres Phänomen ist die **„Heimarbeit",** die von sogenannten Kleinstunternehmern (*microempresarios*) geleistet wird. Unternehmen lagern ihre Produktion in die Wohnzimmer der einkommensschwachen Familien aus, hauptsächlich in solche mit **alleinstehenden Frauen.** Denn es sind hauptsächlich Frauen, die am Küchentisch Kleider nähen oder Schuhe zusammenkleben, wobei sie häufig von der ganzen Familie, vor allem auch ihren Kindern, unterstützt werden müssen, um die Akkordvorgaben zu schaffen. Arbeitszeiten von mehr als 45 Stunden und erfolgsbezogene Honorare sind auch in den großen Einkaufszentren an der Tagesordnung. Viele Verkäuferinnen in den Multi-Stores Paris oder Falabella verdingen sich als Kleinstunternehmerinnen und verdienen nur, wenn eine Kundin, die sie berieten, das Kleidungsstück kauft. Die **Praxis der Kleinstunternehmerschaft** zieht sich durch sämtliche Branchen.

Arme in Chile sind nicht unter der Brücke zu suchen. Laut einer Studie stehen 70 % der als arm eingestuften in Lohn und Brot, verdienen jedoch nicht genug, um davon leben zu können. Die Hälfte dieser Haushalte wird von alleinerziehenden Frauen geführt. Offiziell erscheinen die Lohnarbeiter auf eigene Rechnung sowie die unzähligen Straßenhändler als Kleinstunternehmer in den Statistiken. Der gesetzlich festgelegte **Mindestlohn** beträgt etwa 280 Euro, was für chilenische Verhältnisse nicht ausreicht, um sich selbst oder gar eine Familie zu ernähren. Nach Angaben des

Rentenpensionsfonds *AFP* verfügen 50 % der Beitragszahler über weniger als 360 Euro monatlich.

Fünf Millionen Lohnarbeiter, etwa 64 % der Arbeitnehmer Chiles, verdienen sich **auf prekäre Weise** ihren Lebensunterhalt. Sie sind unsichtbar und ohne Sprachrohr, denn ein Recht auf kollektive Tarifverhandlungen haben sie nicht. Laut Umfragen der chilenischen Arbeitsbehörde führen nur 9 % aller Firmen überhaupt **Tarifverhandlungen** durch und 5 % haben aktive **Gewerkschaften.** Die Versprechen der Regierung, nach dem Ende der Diktatur das Arbeitsgesetz zu reformieren, dessen Grundgerüst aus drastischen Beschränkungen von

034ch-ks

Arbeitnehmerrechten und Gewerkschaften besteht, sind bis heute nicht umgesetzt. Stattdessen setzte sich die vormalige Regierung *Piñera* für den Ausbau der Heimarbeit ein, damit Frauen Arbeit und Familie optimal vereinbaren können.

Das Gesundheitswesen: auf dem Weg der Besserung

In Chile ist es nichts Ungewöhnliches, wenn in einer einzigen Straße bis zu fünf Apotheken zu finden und zudem auch gut besucht sind. Bei ersten Anzeichen des Unwohlfühlens wird der **Rat des Apothekers** eingeholt und zu **Tabletten** gegriffen, die im Fernsehen rund um die Uhr als Heilmittel angepriesen werden. Mit Medikamenten versucht man, Krankheiten so weit es geht vorzubeugen, denn kostspielige Arztbesuche können sich die wenigsten leisten und Arbeitsausfälle aufgrund der flexiblen Beschäftigungen schon gar nicht. Der chilenische Alltag ist durch den Druck des Geldverdienens bestimmt und viele Familien leben in einer wirtschaftlich angespannten Situation und sind verschuldet. **Kollektive Schlafstörungen, Depressionen und Rückenprobleme** sind die Folge – typische Leiden von Menschen, die Stress haben. Auch die veränderten Essgewohnheiten füh-

⌂ Ein selbstständiger Transportunternehmer – „el fletero"

ren zu mehr Diabetes und Bluthochdruck. **Zum Arzt** geht nur, wer sich nicht mehr zu helfen weiß und meist, wenn es schon fast zu spät ist. Um untersucht zu werden, muss man mindestens drei Stunden vor der Sprechzeit da sein, die um acht Uhr morgens beginnt. Auf die Ergebnisse wartet man lange und auf einen Termin für eine Operation oft bis zu einem Jahr, selbst wenn es sich um einen akuten Tumor handelt.

Wie das Wirtschaftssystem ist auch der gegenwärtige Gesundheitssektor ein Erbe *Pinochets,* der im Zuge der neoliberalen Reformen ein **zweiteiliges Gesundheitssystem** einführte, das in Klassen unterscheidet und bis heute besteht. Die meisten Chilenen sind über den staatlichen Gesundheitsfonds *Fondo Nacional de Salud (FONASA)* versichert, der die Mindestleistungen abdeckt. Neben dem relativ günstigen *FONASA* gibt es eine Reihe von Privatversicherungen, genannt *Instituciones de Salud Previsional (ISAPRE),* die teuer sind und die sich nur Besserverdienende leisten können. Ob staatlich oder privat ist der **Mindestbeitrag von 7 % des Bruttoeinkommens** allein von den Versicherten aufzubringen, der jedoch keineswegs die Behandlung abdeckt. Abgeschreckt von überfüllten Krankenhausfluren und jahrelangen Wartefristen für eine Operation versichern sich auch viele Chilenen der unteren Mittelklasse über die *ISAPRE,* die nicht nur zwischen Arm und Reich sondern auch zwischen Mann und Frau sowie Jung und Alt unterscheiden. Dabei können ISAPRE-Versicherte ihren Anspruch jederzeit verlieren, z. B. wenn sie nicht in der Lage sind, die hohen Zuzahlungen während oder nach erfolgter Behandlung zu leisten, die sie oftmals erst im Nachhinein im Kleingedruckten zur Kenntnis nehmen. Während Privatversicherte das Privileg haben, in eine gut ausgestattete Privatklinik gehen zu können, ist die Mehrheit der Chilenen auf die chronisch überlasteten öffentlichen Krankenhäuser angewiesen. Da Gesundheit **Sache der Kommunen** ist, die diese Versorgung einzig über Steuereinnahmen bestreiten, offenbart sich hier erneut die eklatante Ungleichheit des Landes. So verfügt ein reicher Stadtteil in Santiago über einen weitaus höheren Etat als das arme Viertel von nebenan, dessen **Krankenhäuser permanent unterfinanziert** sind und bleiben. Öffentliche Krankenhäuser sind von Privatkliniken so weit entfernt wie die Erde vom Mond. Während in Privatkliniken die Kranken von gut ausgebildetem Pflegepersonal und Spezialisten rund um die Uhr versorgt werden, warten in öffentlichen Kliniken Schwerverletzte oft stundenlang auf überfüllten Fluren. Doch das Gesundheitssystem ist auf dem Weg der Besserung. Den Anstoß gab die Regierung *Lagos* im Jahre 2002 mit einer breit angelegten **Gesundheitsreform,** die seither vieles verbesserte. Der **Gesundheitsplan AUGE,** abgekürzt für *Acceso Universal con Garantías Explícitas* („Umfassender Zugang mit ausdrücklichen Garantien"), formuliert eine Reihe von

Garantien wie die Wartezeiten für alle Behandlungen zu verringern, die Zuzahlungen für ISAPRE-Versicherte auf höchstens 20 % zu beschränken oder Vorsorgeuntersuchungen für Kinder bis zum 4. Lebensjahr zu gewährleisten. Dazu gehört eine **Liste mit häufig auftretenden Krankheiten** wie Diabetes, Bluthochdruck oder auch HIV, für die eine kostenfreie Behandlung garantiert wird. *Bachelet* erweiterte die Liste während ihrer ersten Amtszeit, sodass sie heute etwa 80 % der zu behandelnden Krankheiten umfasst. Ein wesentlicher Anteil der öffentlichen Gesundheitsausgaben geht an private Anbieter, die die Leistungen erbringen und den Bedarf decken. 2013 beliefen sich die Zahlungen auf fast 1,2 Milliarden US-Dollar. Dafür hätte man vier neue Krankenhäuser bauen können.

Wa(h)re Bildung

Sie sind überall zu sehen: Transparente wie „Bildung ist keine Ware" oder „Studieren und dann abzahlen bis zum Lebensende" zieren die Schul- und Universitätsgebäude sowie unzählige Häuserwände. Tausende Demonstranten im ganzen Land skandieren *Y va a caer, y va a caer, la educación de Pinochet!,* „Und es muss weg, und **es muss weg, das Bildungssystem Pinochets!"** Es ist der Schlachtruf der Schüler- und Studentenschaft Chiles, die gegen die Hinterlassenschaften der Diktatur und für eine gerechtere Bildung kämpfen. Dafür treten die Studenten Jahr um Jahr in den **Streik,** besetzen ihre Hochschulen und fordern ihr Recht auf gute und bezahlbare Bildung ein. Im Mai und Juni 2006 legten die *secundarios,* Schüler der fünften bis zwölften Klassen, den Schulbetrieb in nahezu allen Schulen des Landes lahm, sie besetzten ihre Schulgebäude und zogen zu Hunderttausenden durch die Straßen. Gute Bildung, so ihre Kritik, sei nur gegen gutes Geld zu haben. Die „Pinguine", wie sie wegen ihrer weiß-dunkelblauen Schuluniformen genannt werden, fühlten sich in ihren Rechten verletzt. Jugendliche aus den ärmeren Vierteln hätten zwar den Zugang, aber kein Recht auf eine gute Bildung. Die Qualität sei denen vorbehalten, die in der Lage sind, dafür zu zahlen. Sie forderten **Reformen und einen besseren Unterricht für alle Schüler,** egal ob sie auf dem Land, in einer *población* oder in einem Villenviertel leben. Aus eigener Erfahrung kennen die „Pinguine" die Nachteile der vollgepackten aber pädagogisch nicht effektiven Ganztagsschule *(jornada escolar completa)* und die Schwierigkeit, die Hochschulzulassung zu erreichen. Mit friedlichen Kundgebungen und bemerkenswerter Hartnäckigkeit rüttelten sie das Land wach und lösten eine **nationale Bildungsdebatte** aus, die sich bald auf den gesamten Hochschulbereich ausweitete. Die Regierung setzte eine **Reformkommis-**

Extrainfo 10 (s. S. 6): Studentenproteste für eine umfassende Bildungsreform in Santiago de Chile

sion ein, in der sowohl Schüler, Studenten als auch Lehrer und Minister an einem Tisch saßen, mit dem Ziel, den Bildungssektor sozial gerechter zu gestalten. Zwar wurde eine Summe in Milliardenhöhe aus Gewinnen der Kupferexporte für Stipendien zugunsten postgraduierter Studien und Promotionsvorhaben im Ausland bereitgestellt, doch flossen die Investitionen hierbei hauptsächlich an die akademische Elite. Am Bildungsgerüst selbst wurde nicht gerüttelt. Die Schüler und Studenten verließen den Bildungskommissionstisch und verliehen ihren Forderungen auf der Straße Nachdruck, um weiterhin auf die Missstände im Bildungssystem aufmerksam zu machen. Denn die Ungleichheit beginnt bereits in der Grundschule. **Chiles Schüler lernen nach einem Dreiklassensystem.** Die Mehrheit, Kinder aus ärmeren Verhältnissen, besucht die Ganztagsschulen des Staates und solche, die es sich leisten können, die öffentlich subventionierten Privatschulen. Nur wenige Eltern können ihren Kindern die privaten Eliteschulen ermöglichen, deren monatlicher Besuch dem chilenischen Mindestlohn von etwa 280 Euro entspricht und bis 500 Euro kosten kann. Damit können sich diese Schulen die besten Lehrer und eine gute Ausstattung leisten, um ihre Schützlinge optimal auf eine höhere Laufbahn vorzubereiten.

Einer Studie des chilenischen Finanzministeriums zufolge besuchen 50 % der Kinder staatliche Schulen, 42 % halbstaatliche, also private vom Staat subventionierte Einrichtungen, und lediglich 8 % gehen auf die kostspieligen Privatschulen. Wie der Gesundheitssektor liegt auch **Bildung in der Verantwortung der Gemeinden.** Je nach Steuereinnahmen berechnen sich die Ausgaben zur Finanzierung der Infrastruktur, Gehälter der Lehrer oder Beschaffung von Lehrmitteln. Ärmere Kommunen können kaum den Mindestlohn für ihre Lehrer, der oftmals unter dem Gehalt einer einfachen Sekretärin liegt, berappen. Diese sind somit auf weitere Einnahmen angewiesen, um ihrerseits über die Runden zu kommen. Meist gehen sie Nebenjobs nach oder wechseln in die besseren Viertel. Das hat Folgen für die Qualität der Lehre, wie die Resultate der obligatorischen **Aufnahmeprüfung für die Universitäten PSU** (*Prueba de Selección Universitaria*) zeigen. Über 90 % der Schüler, die Privatschulen besuchten, bestehen den Test, nur jeder zweite Schüler aus staatlichen Schulen erreicht die erforderliche Punktzahl mit erheblich schlechterem Durchschnitt. Die Erklärung ist simpel. Schüler der Privatschulen erhalten etwa 40 % mehr Unterrichtsstunden als ihre Altersgenossen an öffentlichen Schulen, wo zudem die Klassen selten weniger als 40 bis 50 Schüler zählen und damit randlos überfüllt sind. Entsprechend gering sind **Betreuung und Lernerfolg der Schüler.** Um die PSU dennoch zu schaffen, besteht die Möglichkeit, sich in privaten Lernstudios, den *preuniversitarios,* auf die Prüfung vorzubereiten. Allerdings sind die Gebühren hoch: Ein Jahr Vorbereitungskurs kostet zwischen 300 und 3000 Euro. Selbst wenn ein armes Kind die Zulassung schafft, heißt das noch lange nicht, dass es auch an die Uni gelangt, denn die Studiengebühren sind hoch und **Stipendien selten.** Man muss schon ein Supertalent sein, um ein Stipendium zu erhalten. Viele Studenten sind daher auf finanzielle Unterstützung angewiesen und beenden ihr Studium mit einem hohen Schuldenberg. In der universitären Ausbildung sind **die staatlichen Einrichtungen die renommiertesten des Landes** wie etwa die traditionsreiche Universidad de Chile oder die Pontificia Universidad Católica de Chile. So verwundert es nicht, dass meist nur Absolventen der Privatschulen die staatlichen Universitäten besuchen, die nur Studenten mit den besten PSU-Resultaten aufnehmen.

Ob in einer privaten oder staatlichen Universität, das Studium ist in Chile immer mit **erheblichen Gebühren** verbunden. Je nach Studiengang variieren sie zwischen 3500 (Pädagogik) oder 8000 Euro (Medizin) pro Studienjahr. Bis 1980 gab es in Chile nur acht Universitäten, von denen sechs zwar die Staat finanzierte, die sich aber in der Trägerschaft der katholischen Kirche befanden oder unabhängige Vereinigungen waren. Im gleichen Jahr ermöglichte ein neues Gesetz die Gründung privater gemeinnütziger Hochschulen. Heute gibt es landesweit 61 Universitäten, davon bilden die 16 staatlichen und 9 staatlich subventionierten die absolute Minderheit. Von den insgesamt 205 in Chile existierenden Einrichtungen der Hochschulbildung sind 180 privat. Sie finanzieren sich fast ausschließlich durch Studiengebühren, verfügen zudem über eine geringe Legitimität und stehen häufig vor dem Untergang. Die staatlichen Hochschulen dagegen nehmen durchschnittlich ein Drittel ihrer Einnahmen über Studiengebühren ein. Verglichen mit anderen OECD-Staaten liegen die Studiengebühren bezogen auf das Pro-Kopf-Einkommen in Chile mit am höchsten. Die Mehrheit der eingeschriebenen Studierenden besucht **private Universitäten,** Bildungseinrichtungen und Berufsschulzentren, die um die Schulabgänger buhlen. Vor Beginn eines akademischen Jahres findet die **Werbeschlacht der Bildungseinrichtungen statt,** die mit Leuchtschriftreklamen und Werbeauftritten im Fernsehen verkünden, die beste Ausbildungsstätte des Landes zu sein. Die etablierten Institute unter ihnen verfügen über große Werbebudgets und haben gigantische Werbeflächen, die nur von den großen Supermarktketten überboten werden. Die vielversprechenden Angebote klingen eher nach Dienstleistungen und haben oftmals nichts mit akademischer Arbeit zu tun. Irreführend ist auch die Bezeichnung der Universitäten als „gemeinnützige" Institutionen, denn ob privat, staatlich oder subventioniert, wirtschaften sie allesamt **gewinnorientiert.** Der Gewinn soll aber nicht an die Eigentümer ausgezahlt, sondern im Sinne des öffentlichen Interesses wieder investiert werden.

Die Ursprünge: „Freiheit zur Bildung"

Nach dem Militärputsch 1973 erklärte *Pinochet* Bildung zur Dienstleistung und legte die neoliberalen Spielregeln fest, die das System bis heute bestimmen und den Hintergrund für die ungerechte Verteilung der Bildungschancen bilden. Nicht das Recht auf, sondern die „Freiheit zur Bildung" wurden fortan großgeschrieben. Am 10. März 1990, dem letzten Tag der Militärdiktatur, warf das Regime mit dem Gesetz *LOCE (Ley Orgánica Constitucional de Enseñanza)* im Schnellverfahren einen letzten Anker, um **Bildung als Ware auf dem freien Markt** zu erhalten. Damit konnte praktisch jeder, der wollte, eine Schule eröffnen. Der Staat wurde von jeglicher Verantwortung freigesprochen. Daher liegen die öffentlichen Ausgaben für Bildung gemessen am BIP unter den geringsten weltweit. Die achtjährige Grundschulbildung und mittlere Reife von vier Jahren wurden in die Hände privater Anbieter und der Kommunen gelegt. Letztere, die mehrheitlich mittellos sind, trugen fortan die Verantwortung für die Grundbildung der Nachkommen in ihrem Einzugsbereich, wo hauptsächlich arme Familien leben. Mit dieser Aufgabe sind die meisten Gemeinden seither völlig überfordert und das Ergebnis dieser Bildungspo-

▱ Als Zeichen für besetzte Schulen werden Stühle an die Zäune und Außenmauern gehängt

litik offenbart sich nach 25 Jahren Demokratie in vollem Ausmaß. **Qualitativ gute Bildung ist ein Privileg,** Freiheit zur Bildung: ja, jedoch kein Recht auf gute Bildung für alle. Hier zeigen sich einmal mehr die Defizite in der Umverteilung.

Nach dem **Gesetz LOCE,** welches bis heute die **Bildungspolitik** bestimmt, sollen chilenischen Schülern Kenntnisse auf Mindestniveau vermittelt werden – einst erdacht vor dem Hintergrund, Arbeiter für das Fließband der Exportproduktionskette auszubilden. Das auf den Rohstoffexport ausgelegte Wirtschaftsmodell und das Billiglohnland Chile benötigen keine gut ausgebildeten Fachkräfte, sondern eher günstige Arbeiter, die keine Ansprüche stellen – oder anders ausgedrückt: in prekären Beschäftigungsverhältnissen arbeiten. Heute zeigt sich, dass dieses System **für den angestrebten Entwicklungssprung Chiles ungeeignet** ist, da nicht nur dringend Fachkräfte gebraucht werden, sondern Bürger auch nach höheren und insbesondere gerechteren Werten streben. Die gesetzlichen und politischen Strukturen aus der Militärdiktatur sind bis zum heutigen Tage nicht abgeschafft und geben weiterhin den grundlegenden Rahmen für das gegenwärtige Bildungssystem vor. In Chile spottet man gern, es sei einfacher, die Genehmigung für eine Schulgründung zu erhalten als eine Kneipe zu eröffnen.

Küssend und tanzend für freie Bildung

Mit Bildung wird in Chile die **Chance zum sozialen Aufstieg** und auf ein besseres Leben verbunden. In diesem stark von Ungleichheiten geprägten Land setzen die unteren Einkommensschichten alle Hoffnungen auf die Ausbildung ihrer Sprösslinge. Die Zahl der Schüler, die ein Hochschulstudium aufnehmen, wächst von Jahr zu Jahr. Ein Großteil von ihnen stellt die erste Generation von Universitätsstudenten in der Geschichte ihrer Familien dar. Etwa 60 % der Schulabgänger beginnen eine akademische Ausbildung und seit 1990 steigt die Zahl der Studierenden kontinuierlich an. Über eine Million Studierende sind 2013 in einer Hochschule eingeschrieben, 60 % mehr als noch 2005. Angemerkt werden muss hier, dass berufsbezogene Ausbildungen wie die des Pflegepersonals oder der Verwaltungsangestellten über die Hochschulbildung abgedeckt werden. Die Kosten für Bildung werden **hauptsächlich von den Familien getragen.** Immer mehr Studienabgänger aus den unteren und mittleren Einkommensschichten erwerben hoch verschuldet ihren Hochschulabschluss. Für die Banken ist das Heer der Kreditkonsumenten in Ausbildung ein reizvolles Geschäft, wobei gerade die Studenten mit den aussichtsreichen Studiengängen begehrt sind.

Akademische Abschlüsse an den renommierten Universitäten sind hoch angesehen. Demgegenüber überschwemmt eine Flut von „günstig" ausgebildeten **Sozial- und Wirtschaftswissenschaftlern** das Land. Die Studierenden müssen deshalb nicht weniger tief in die Tasche greifen, jedoch wird ihr Abschluss kaum honoriert. Sie schlagen sich mit **Gelegenheitsjobs und Praktika** durch, da sie keine Arbeit bekommen und sie anscheinend niemand braucht. Andererseits gibt es nicht genug qualifizierte Fachkräfte, die das Land so dringend benötigt, um sich von einer Rohstoffexportwirtschaft zu einer wissensbasierten Industriegesellschaft zu entwickeln.

Um auf die soziale Ausgrenzung in der Bildungspolitik aufmerksam zu machen, haben die **Bildungsproteste,** die es seit jeher vor Beginn jedes akademischen Jahres gibt, ein ungeahntes Ausmaß angenommen. Nicht nur haben die Schüler und Studenten das Schul- und Studienjahr 2011 zum Erliegen gebracht, sie haben mit ihren Demonstrationen Menschenmassen bewegt, wie es sie seit 40 Jahren auf chilenischen Straßen nicht mehr gegeben hat. Die Protestler erfreuen sich großer Zustimmung und der Solidarität der Mehrheit der Bevölkerung. Gleichwohl es von Seiten der Regierung zu keinem Einlenken auf die Forderungen der Schüler- und Studentenschaft kam, ist die Bewegung ein Erfolg. Denn erstmals waren

037ch-hs

es Chiles Schüler, die dem Land eine **demokratische Lektion** erteilten, indem sie für ihre Rechte auf die Straße gingen. Die einstigen „Pinguine" von 2006 sind die Studenten von heute, die erste Generation, die in Demokratiezeiten groß geworden ist und unermüdlich gegen die Altlasten der Diktaturzeiten ankämpft. Der Regierung gelang es bis dato nicht, die eingeforderten Reformen in der Sache aufzugreifen. Bisherige Maßnahmen betrafen die Reduzierung der Zinssätze für Studienkredite und die Erhöhung von Stipendien. Auf die seit 2011 anhaltenden landesweiten Streiks reagiert die Regierung mit harter Hand, lässt die **Polizei mit Tränengas gegen die Demonstranten** auffahren. Hunderte wurden verhaftet, verletzt und ein 16-jähriger Schüler kam durch eine Polizeikugel zu Tode.

Die Studentenbewegung entfachte einen Flächenbrand, der sich im ganzen Land und inzwischen auf andere Bereiche der Gesellschaft ausweitete. Mit Massenveranstaltungen, auf denen geküsst, getanzt, musiziert oder Theater gespielt wird, führt die junge Generation ihrem Land den **zentralen Widerspruch** des chilenischen Systems vor Augen: wirtschaftliches Wachstum jedoch ohne Beteiligung der Mehrheit.

Stadt gegen Provinz

Fast neun von zehn Chilenen leben in der Stadt, wobei sich die Hälfte der Stadtbevölkerung in Santiago konzentriert. Die **Hauptstadt** beherbergt 40 % der Gesamtbevölkerung, was also beinahe die Bevölkerung halb Chiles ausmacht. So wird auch fast die Hälfte des Bruttosozialprodukts in der Hauptstadt erwirtschaftet. Die Anden-Metropole boomt, denn immer mehr Menschen zieht es dorthin. Santiago ist wie ein *hipermercado* – ein **XL-Supermarkt, der alles im Angebot hat:** die meisten Arbeitsplätze, die besten Bildungsmöglichkeiten, gute Gesundheitsversorgung und freilich alles, was das Konsumentenherz begehrt. Nach Auffassung der Santiaguiner ist ihre Stadt der Nabel des Landes. Von dort aus wird das Land regiert und zentral verwaltet, Entscheidungen getroffen und die renommiertesten Bildungsstätten, Kliniken, Banken und Geschäfte haben dort ihren Sitz. Modetrends aus Santiago sind richtungweisend und verbreiten sich von dort aus in die Provinzen, die schüchtern und etwas verklemmt auf die Hauptstadt schauen. Hierin mag der Ursprung einer **Überheblichkeit** der

◁ Bildungsprotest: blaue Ballons für gerechte Bildung

Hauptstädter gegenüber den Provinzlern liegen. Hauptstadteinwohner geben sich gern überlegen, einerlei wie ungebildet sie sein mögen.

Seit jeher bildete **Santiago das politische und wirtschaftliche Zentrum des Landes** und avanciert zum „Dubai Südamerikas". Zahlreiche ausländische Konzerne siedeln in der Hauptstadt des globalisierungsfreundlichsten Landes des Kontinents ihre Lateinamerikazentralen an oder lagern ihre Callcenter dorthin aus. Ihre Manager arbeiten in gläsernen Bürotürmen und wohnen in hochmodernen Apartmentblocks. **„Sanhattan",** das Finanz- und Dienstleistungszentrum Santiagos, bekommt nun als Sahnehäubchen das sich teilweise noch im Bau befindende Costanera Center mit dem höchsten Gebäude Lateinamerikas. Doch das Wachstum hat seinen Preis, denn durchschnittlich brauchen die Bewohner anderthalb Stunden für die Hin- und Rückfahrt zum Arbeitsplatz. Schuld tragen nicht unbedingt die Entfernungen, sondern vielmehr **verstopfte Straßen und überfüllte Busse** in den Stoßzeiten. Während sich die Einwohnerzahl zwischen 1977 und 2001 verdoppelte, vervierfachten sich die Zahl der Autos und der Anteil des Privatverkehrs. Nicht nur die hohen Smogwerte, verursacht durch Abgase und Hangverbauung durch Bürotürme, sondern auch Zeitverluste im Verkehr und Mangel an städtischem Grün machen Santiago zu einer extrem ungesunden Stadt. Das **Arbeitsleben** ist hektisch, die Mittagspausen werden immer kürzer und die Geschwindigkeit des Alltags schneller. Santiago weist die höchsten Quoten an psychischen Leiden des Landes auf. Wer es sich leisten kann, flieht am Wochenende an die Strände.

Getrennte Welten

Oft hört man den Satz: „Santiago ist Chile". Kennt man Chile jedoch, liegt es auf der Hand, dass die Hauptstadt keinesfalls Repräsentant für das Land sein kann. Allerdings demonstriert Santiago auf kleinem Raum anschaulich das **Schichtenphänomen** der chilenischen Gesellschaft. Fein säuberlich voneinander getrennt sind die Viertel der Wohlhabenden (*barrios para la gente bien*), der Mittelschicht (*para la gente de medio pelo*), der Arbeiterschicht (*para obreros*) sowie die Armenviertel (*poblaciones*). Die **unterschiedlichen Stadtviertel** verteilen sich wie Inseln über die Stadt, wobei der Santiaguiner in Inseln unterteilt, die oberhalb und solche die unterhalb

> Männertreff zum Schach- und Damespiel

der imaginären **Trennlinie Plaza Italia** liegen, einer Verkehrsinsel mitten in der Stadt. Aufwärts Richtung Anden erstrecken sich die wohlhabenden Viertel von Providencia bis Barnechea, stadtabwärts die der „einfachen" Leute. Dabei ist nicht jede Insel allen Bürgern zugänglich, wie etwa die *condominios cerrados,* die geschlossenen Wohnanlagen der Ober- und oberen Mittelschichten, die sich durch hohe Mauern oder Zäune von ihrer Umgebung abschotten. Ständig überwacht von z. T. bewaffnetem Wachpersonal und Videokameras sollen sie ein Gefühl von Sicherheit und Ungestörtheit vermitteln. **Zugangsbeschränkte Wohnkomplexe** sind in einfacherer Form auch für die Mittelschichten erstrebenswert, selbst wenn der Wohnraum für die Familie sehr beengt ist. Immer mehr Mittelschichtshaushalte haben Zugang zu Darlehen, um sich eine eigene Wohnung und ein eigenes Auto zu finanzieren, die in Chile wichtige Statussymbole sind.

In den Vierteln entstehen für die jeweilige Schicht Freizeit- und Konsumangebote. Auch Schulen, ob privat oder staatlich subventioniert, siedeln sich hier an.

Die Szenerie verändert sich in den **„Armutsinseln",** die sich hauptsächlich in innerstädtischen Altbaugebieten und Randlagen befinden. Der ärmste und bevölkerungsreichste Bezirk in Santiago ist Puente Alto („hohe Brücke"), im Volksmund auch Puente Asalto („Überfallbrücke") genannt, bestimmen doch Gewalt, Drogen und soziale Benachteiligung den Alltag. Die ärmeren Stadtteile befinden sich nicht nur am Rande des Wirtschaftsbooms, sondern auch am Rande der Gesellschaft. Die Mehrheit der Bewohner lebt vom Mindestlohn oder unterhalb der Armutsgrenze. Die meisten verdingen sich als Straßenhändler, Müllsammler, Saisonarbeiter in der Landwirtschaft oder als Hauspersonal. Im Schnitt teilt sich eine Familie mit mehreren Kindern und den Großeltern 28 m², was dem vom Staat vergebenen Sozialwohnraum entspricht. Hier findet kaum der Kühlschrank Platz, geschweige denn eine Spielecke für die Kinder, deren zweites Zuhause die Straße wird.

Hinter den Häusern, die man vom Straßenrand aus sieht, befinden sich oft provisorisch zusammengezimmerte Unterkünfte – Wohnungen für die noch Ärmeren. Mitunter kommt es zu **Landnahmen** auf nicht besiedelten Gebieten, sogenannten *tomas,* um an Wohnraum zu gelangen und vor allem, um auf den Notstand aufmerksam zu machen. In der größten *toma* Chiles in **Peñalolen** lebten fast ein Jahrzehnt lang „inoffiziell" 1200 Familien in selbst zusammengezimmerten Bretterverschlägen. Erst 2008 erhielten die Toma-Bewohner einen offiziellen Status und Sozialwohnungen vom Staat, die wegen ihrer Form und bunten Farben „Kaubonbons", *casas chubis,* heißen. Leider halten sie dem Regen nicht stand und Überschwemmungen bringen katastrophale Folgen mit sich. Generell haben die ärmeren Viertel mit **infrastrukturellen Defiziten** bei der Kanalisation und der Trinkwasserversorgung zu kämpfen. Was auffällt sind die vielen geschmückten Kapellchen, die fast jeden Straßenblock zieren sowie die große Zahl der verschiedenen Pfingstkirchengemeinden, die sich hier angesiedelt haben.

Mit dem anderen Chile oberhalb des Plaza Italia kommt die Mehrheit der Bewohner nicht in Berührung, es sei denn, die Frau des Hauses arbeitet dort als Haus- oder Kindermädchen. Die **Lebenswelten der Bewohner** unterschiedlicher Viertel und Schichten treffen ansonsten kaum zusammen. Das Muster Santiagos ist auch auf andere Großstädte des Landes übertragbar, wobei die nächstgrößeren Städte nur jeweils 4 % der Einwohnerschaft Santiagos beherbergen. Allein der Stadtteil Puente Alto ist dreimal so groß wie Concepción, die zweitgrößte Stadt des Landes.

Provinzleben

Beziehen sich die Santiaguiner auf die Provinz, sprechen sie von den *regiones* (Regionen). Gemeint ist damit alles, was über die Hauptstadtgrenze hinausgeht. Diejenigen, die außerhalb Santiagos leben, unterscheiden da genauer. Für sie sind die nächstgrößeren Städte wichtige Bezugspunkte, da **nur in den größeren urbanen Zentren** Zugang zu Bildung und höherqualifizierter Arbeit möglich ist. Die Kinder von Familien aus Provinzorten zieht es dorthin und in den meisten Fällen kommen sie aus Ermangelung an Arbeitsmöglichkeiten nicht mehr aufs Land zurück. Sie halten jedoch engen Kontakt zu ihren Heimatdörfern oder -städten und verbringen dort meist ihren Jahresurlaub. Das Leben auf dem Land ist von einem harten Alltag geprägt, denn die Beschäftigung besteht meist aus landwirtschaftlicher Tätigkeit. Die neoliberale Umstrukturierung der Landwirtschaft hat die **Arbeitsbedingungen für die Landarbeiterschaft** drastisch zum Schlechteren verändert. Waren in den frühen 1970er-Jahren zwei Drittel der Lohnarbeiter in der Landwirtschaft fest angestellt und ein Drittel verdingte sich mit Gelegenheitsjobs, kehrte sich dieses Verhältnis Ende der 1980er-Jahre um. Noch heute dominiert die **Saisonarbeit** für die Exportproduktion auf dem Land, womit das Einkommen der Mehrheit der Landbevölkerung zu den geringsten zählt. Viele Kleinlandwirte mussten ihr Gut zugunsten von Anbauflächen für den Obst- und in geringerem Maße auch für den Gemüseexport aufgeben.

Die heute noch traditionell lebenden Landgemeinden zählen zu den **ärmsten Gruppen des Landes.** Ihre Nachkommen zieht es in die Städte, selbst wenn sich die Bedingungen auf dem Land in den vergangenen zehn Jahren wieder verbessert haben. Kaum noch gibt es Siedlungen ohne die Annehmlichkeiten der globalen Welt wie **Strom, Handyempfang oder Internet.** Nur in den entlegensten Bergdörfern steht ein Stromgenerator und die Erreichbarkeit ist einzig über Funk bei der örtlichen Polizeistelle gegeben. Eine Polizeieinheit bleibt stets stationiert – selbst in Siedlungen, die kaum noch Bewohner haben, weil diese in die Städte abwanderten.

Gleichwohl Chile heute ein Land der Städte ist, liegen seine Ursprünge in der Provinz. **Traditionen und Nationalsymbole** verdankt es seiner ländlichen Vergangenheit. Hier zeigt sich Chiles natürliches Gesicht. Die Uhren ticken anders, das Leben ist langsamer. Die Zeitmessung ist hier weniger wichtig, die Geschäfte schließen über Mittag und die Arbeitswege bleiben kurz. Am Nabel des Landes hängt der Provinzler dennoch, denn Chile ist stark zentralisiert. Zwar werden seit 1992 die Bürgermeister demokratisch gewählt, doch bleiben die Ministerien in Santiago nach wie vor die letzte Entscheidungsinstanz bei übergeordneten Beschlüssen.

Geschlechter und Familie

◁ Haushalt und Erziehung der Kinder sind hauptsächlich Frauensache
(071ch Foto: ks)

Das Land der starken Frauen:
Mamas, Machos und Karriere

Geld verdienen ist **Männersache,** Haushalt und Kindererziehung etwas für **Frauen.** Das klingt nach einer ziemlich traditionellen Rolleneinteilung und auch in Chile gilt diese Vorstellung inzwischen als antiquiert. Wie auch in anderen Teilen der Welt findet in Chile ein Wandel im Rollenverständnis von Mann und Frau statt und zieht sich durch alle Regionen und Gesellschaftsschichten des Landes. Frauen in hohen und höchsten politischen und gesellschaftlichen Ämtern sind keine Seltenheit mehr. In dem von **patriarchalischen Strukturen** durchdrungenen Chile ist das jedoch bei weitem keine Selbstverständlichkeit. Die 17 Jahre Militärdiktatur sind bis heute in den autoritären Strukturen gesellschaftlicher Institutionen zu spüren und haben weitverbreitete konservative Wertvorstellungen und veraltete Gesetze hinterlassen.

So wurde erst 2004 das **Scheidungsrecht** eingeführt und gab Frauen den lange verwehrten rechtlichen Schutz bei **Fürsorge- und Unterhaltsfragen.** Mit der ersten direkt vom Volk gewählten Staatspräsidentin Lateinamerikas gelang ein weiterer Durchbruch. Der Wahlsieg von *Michelle Bachelet* (Präsidentin von 2006–2010), einer Sozialistin, ehemaligen politischen Gefangenen unter *Pinochet,* zweifach geschiedenen und allein erziehenden Mutter, die sich selbst als Agnostikerin bezeichnet. Das wäre vor gut zehn Jahren noch undenkbar gewesen und steht für eine Wende im katholischen und erzkonservativen Chile. Dabei erleben die chilenischen Frauen je nach regionaler, sozialer und kultureller Herkunft den **Wandel der Geschlechterverhältnisse** auf unterschiedliche Weise. Frauen aus der Mittel- und Oberschicht haben durch ihre finanzielle Absicherung bessere Freiräume zur Selbstentfaltung und orientieren sich gern an der modernen Frau aus den Industrieländern. Gut ausgebildet sind sie meist voll berufstätig und machen in Bereichen wie im Erziehungs- oder Gesundheitswesen eher Karriere als Männer. Inzwischen sind die Hälfte aller chilenischen Zahnärzte sowie ein hoher Prozentsatz der übrigen Ärzte Frauen. Ansonsten ist die Zahl der Chileninnen in Führungspositionen in den letzten Jahren zwar beträchtlich gestiegen, doch stoßen sie immer wieder an die berühmte „gläserne Decke", *el techo cristal,* die unsichtbare Barriere, die Frauen am beruflichen Aufstieg hindert. Im Schnitt verfügt Sie über ein Bildungsjahr mehr als Er in identischer Position. Verlangt Sie jedoch den gleichen Lohn wie Er, muss Sie dagegen vier Bildungsjahre mehr vorweisen. Frauen werden zwar stärker als **gleichberechtigte Partner in der Arbeitswelt** anerkannt und die traditionellen Rollenmuster verändern sich, geblieben sind hingegen **geringere Löhne für Frauen,** die bei gleicher Arbeit ca. 22 % niedriger liegen als die der Männer.

Von ihren männlichen Kollegen werden Frauen in der Regel in ihrer fachlichen Kompetenz voll anerkannt, als Kolleginnen kameradschaftlich und mit Höflichkeit und Respekt behandelt. Dennoch verbringen auch **berufstätige Frauen** viel Zeit zu Hause mit ihren Kindern und erklären, dass nur die Familie in ihrem Leben wirklich zähle. Freilich muss dazu gesagt werden, dass in vielen Fällen die **„empleadas"** (Haushälterinnen und Putzfrauen) und **„nanas"** (Kindermädchen) den Hauptteil der Haushalts- und Fürsorgepflichten übernehmen. Wenn sich daheim das Dienstpersonal für ein minimales Entgelt um Haushalt und Kinder kümmert, lässt sich für Frauen der oberen Gesellschaftsschichten Familie und Beruf problemlos vereinbaren. Die Doppelbelastung wird so auf die Frauen der unteren sozialen Schichten abgewälzt, die ihrerseits größte Probleme haben, ihre eigenen Kinder zu versorgen. So gesehen ermöglichen Frauen, die sich aus Not als Dienstmädchen oder Kinderfrauen verdingen den besser gestellten Geschlechtsgenossinnen die **Emanzipation.** Das zeigt, dass einige Frauen mehr als andere von den höheren Bildungschancen und der stärkeren Einbeziehung der Frauen in den Arbeitsmarkt profitieren. Während eine neue Männergeneration mit einem modernen Frauenbild heranwächst und sich die **Ungleichheit** zwischen Mann und Frau mehr und mehr verkleinert, wird sie **unter den Frauen** hinsichtlich Verdienst, Arbeits- und Lebensbedingungen zunehmend größer. Insgesamt hat sich für viele von ihnen die Lebensqualität in Bezug auf Gesundheitsversorgung, höhere Chancen auf Bildung und auf dem Arbeitsmarkt verbessert. Berufstätige Frauen verfügen heute über **mehr finanzielle Unabhängigkeit** als früher sowie über eine wesentlich **höhere Bewegungsfreiheit in der Öffentlichkeit.** Demgegenüber steht jedoch die nach wie vor unzufriedenstellende Situation der indigenen Landbevölkerung, wo Frauen die meisten Kinder und die geringste Lebenserwartung haben und die unter sehr armen Bedingungen leben. Die Stellung der indigenen Frau und ihr Selbstverständnis lassen sich jedoch nur im Zusammenhang mit ihrem jeweiligen **Kulturkreis** betrachten, welcher die gesellschaftlichen Rangpositionen von Mann und Frau unterschiedlich auslegt.

Eine andere Realität liegt in dem kontinuierlichen **Anstieg der Haushalte alleinerziehender Frauen,** die inzwischen ein Viertel der chilenischen Hausstände ausmachen und in den meisten Fällen den unteren Einkommensschichten angehören. Alleinstehende Frauen mit Kindern sind im Vergleich zu Familien mit doppelten Haushaltsvorständen, deren Einkommen offiziellen Daten zufolge im Schnitt anderthalb mal so hoch ist wie das von Alleinstehenden, **stark benachteiligt.**

Die Alleinernährerin oder die Chefin des Hauses *(jefa del hogar)* ist eher von einer **prekären Arbeits- und Wohnsituation** betroffen. In vielen Fällen ist sie im informellen Sektor tätig. Sie geht putzen, verkauft Kuchen oder Süßes am Straßenrand. Manchmal war es diese Selbstständigkeit, die aus der Not heraus entstand und zum Streit mit dem Mann führte, sodass dieser, verletzt in seinem Stolz, Haus und Familie verließ. Durch ihre überwiegende Tätigkeit als **Geringverdienerinnen** sind diese Frauen nicht in der Lage, in die privaten Renten- und Krankenversicherungskassen des chilenischen Systems einzubezahlen. Auch Frauen, die sich zeitlebens um Haushalt und Kindererziehung kümmern, werden kaum in der Alters- und Gesundheitsversorgung berücksichtigt und verfügen meist nicht über eigene Einkünfte oder Ansparungen. Kindersegen zahlt sich für die Mütter in der Rente nicht aus. Wird die Mutter später nicht von ihren Kindern mitversorgt, lebt sie als Seniorin in Armut.

Die Macht der Frauen

Im Verlauf der jüngeren Geschichte Chiles kommt den Frauen eine **Schlüsselrolle** zu, wobei die chilenischen Frauen je nach sozialem Hintergrund nicht immer an einem Strang zogen. So konnten sich schon während der Allende-Regierung die konservativen Kräfte der späteren Militärregierung eines breiten Zuspruchs durch Frauen erfreuen. Bereits ab 1971 fanden vierzehntägige Massendemonstrationen mit *cacerolas vacías* (leeren Kochtöpfen) statt, mit denen die Frauen lautstark auf die **Lebensmittelknappheit sowie steigende Preise** aufmerksam machten und gegen die Politik der *Unidad Popular* protestierten. Dabei wurde die politische Protestbewegung *El Poder Feminino* („Die Macht der Frauen") vor allem von wohlhabenden Frauen aus den Mittel- und Oberschichten angeführt. Sie horteten systematisch Lebensmittel und Artikel des täglichen Bedarfs und verschärften somit noch die Situation der Versorgungsengpässe. Zehntausende Frauen zogen **mit klappernden Kochtöpfen** durch die Straßen von Santiago und präsentierten sich als besorgte Mütter, die ein Eingreifen des Militärs gegen die Allende-Regierung verlangten.

Nach dem Putsch 1973 waren es abermals Frauen, die ihren Groll öffentlich kundtaten. – Ehefrauen, Mütter, Töchter und Schwestern waren es, die die Polizeistationen, Gefängnisse und Leichenschauhäuser nach ihren verschwundenen Angehörigen durchsuchten. Sie waren die ersten, die mitten in Repressionszeiten auf die Straße gingen und das Wort erhoben. Mit den Fotos der Verschwundenen in der Hand forderten sie Aufklärung und zum großen Teil tun sie das noch bis heute. Dem **„Zusammenschluss der Hinterbliebenen von Verhaftet-Verschwundenen"**

Extrainfo 11 (s. S. 6): Tanz *Cueca Sola* am Patio 29, den anonymen Gräbern der unter der Militärdiktatur „Verschwundenen" auf dem Generalfriedhof Santiago

Tanzender und singender Protest

La Cueca Sola
Soy madre, soy esposa, soy hija, soy hermana... Yo me llamo Pisagua y
bailo cueca. Yo bailo para ti. Yo bailo la cueca y la bailo sola, bailo sola
para que tú me veas, contigo y sin ti bailo, acercándome y alejándome,
bailo la cueca sola. Yo brindo por la verdad, la justicia y la razón, porque
no exista opresión ni tanta inseguridad, con coraje y dignidad, de este mal
hay que salir, vamos a reconstruir, y con cimientos bien firmes, para que
jamás en Chile esto se vuelva a vivir.

Die Cueca Sola
Ich bin Mutter, bin Ehefrau, bin Tochter, bin Schwester... Ich heiße Pisa-
gua* und tanze Cueca. Ich tanze für dich. Ich tanze Cueca und tanze sie
allein, ich tanze allein für dich, damit du mich siehst, mit dir und ohne
dich tanze ich, nähere mich und entferne mich, ich tanze Cueca allein. Ich
preise die Wahrheit, die Gerechtigkeit und die Vernunft, denn es gibt weder
Unterdrückung noch eine so große Unsicherheit, mit Mut und Würde über-
winden wir dieses Unglück und bauen mit festem Fundament wieder auf,
damit so etwas in Chile nie wieder geschieht.

*(In Pisagua befand sich während der Militärdiktatur
ein Konzentrationslager.)

(*Agrupación de Familiares de Detenidos Desaparecidos*) gehören hauptsächlich Frauen an. Im Mai 1978 gingen 116 Frauen landesweit in einen
Hungerstreik und forderten vom Regime *Pinochet* eine Antwort auf den
Verbleib ihrer Angehörigen. Der damalige Kardinal und Menschenrechtler *Raúl Silva Henríquez* setzte sich für eine Klärung ein und versuchte,
einen Kompromiss mit der Regierung zu finden. Der Streik wurde schließlich abgebrochen, die Antwort blieb aus. Die Frauen stammten nunmehr
aus allen Schichten der Gesellschaft und waren zum großen Teil Hausfrau-
en, die erst durch das Verschwinden ihrer Angehörigen mobilisiert wurden. Inzwischen alt geworden, fordern die Frauen bis heute **Aufklärung
und Gerechtigkeit.** Sie demonstrieren auf großen Plätzen, tragen Plakate
mit Fotos und Namen der Verschwundenen, heften sich deren Bild an die
Kleidung und tanzen allein den Nationaltanz *Cueca*, die *Cueca Sola,* ein
weißes Tuch schwingend, begleitet vom Gesang der Frauen (siehe den
Exkurs „Tanzender und singender Protest", Seite 151).

Während der Militärdiktatur gab es einige, wenn auch nicht allzu effektive, Beschränkungen der Beteiligung von Frauen am öffentlichen Leben. Nach Ansicht *Pinochets* brauchten die Frauen sich nicht zu emanzipieren, sie hatten auch so ihren Platz in der Gesellschaft, bei Heim und Kindern. Als Hausfrauen, Mütter und Ehefrauen sollten sie zum Aufbau der neuen Gesellschaft beitragen und die christlichen Werte von Ehe und Familie weitergeben. Diese **patriarchalische Ideologie** wurde in der neuen Verfassung von 1980 festgeschrieben und über die zensierten Medien propagiert. Doch die Allende-Jahre waren an den Frauen nicht spurlos vorübergegangen, sie hatten gelernt, sich zu engagieren und zu organisieren. Bereits kurz nach dem Militärputsch formierte sich eine neue **Frauenbewegung im Untergrund,** die eine wichtige Rolle für die Wiederherstellung der Demokratie spielen und später der demokratischen Regierung mit Protestmärschen gegen die Militärregierung zum Wahlsieg verhelfen sollte. Mitunter trugen die Forderungen und Proteste der Frauen in großem Maße dazu bei, dass sich die Stimmung Mitte der 1980er-Jahre gegen die Militärregierung wandte.

Als unter *Pinochet* Anfang der 1980er-Jahre das neoliberale Modell in Chile eingeführt wurde und innerhalb von nur drei Jahren mehr als 1000 Industriebetriebe schließen mussten, stieg die Arbeitslosenrate der aktiven Bevölkerung auf fast 33 %. Wiederum waren es die Frauen, die eine Schlüsselrolle für das Überleben der ärmeren Bevölkerungsgruppen spielten. Sie entwickelten **Strategien zur Selbsthilfe** und griffen teilweise auf Erfahrungen aus der Allende-Zeit zurück. Sie gründeten Gemeinschaftsküchen, Einkaufskooperativen, Volksbäckereien, Obdachlosenkomitees und Werkstätten, um der alltäglichen Schwierigkeiten Herr zu werden.

Da viele Männer arbeitslos wurden, nahmen Frauen eine oftmals weniger attraktive Beschäftigung mit deutlicher Unterbezahlung an, was sich auch nach Wiederbelebung der Wirtschaft nicht sonderlich änderte. Doch Frauen trafen nun außerhalb des Hauses eigene Entscheidungen, lernten aus den Erfahrungen in ihren Nachbarschaftsgruppen und entwickelten eine **eigene Identität,** die in einer breiten Frauenbewegung ihren Ausdruck fand und nach *democracia en el país y en la casa* (**„Demokratie im Land und Zuhause"**) verlangte. Noch heute hat dieser Slogan der Frauenbewegung aus den 1980er-Jahren nicht an Bedeutung verloren und betont vorwiegend den zweiten Aspekt: Demokratie im eigenen Heim. Während Frauen ihre Rechte einfordern, verteidigen Männer ihre bisherigen Privilegien in gleicher Weise. Auf ihre Überlegenheit den Frauen gegenüber, die seit Jahrhunderten Bestand hatte, wollen einige von ihnen nicht von heute auf morgen verzichten. Einer Umfrage der Vereinten Nationen von 2010 zufolge beschreiben 25 % der Frauen ihre Männer als *machista,* unverantwortlich, faul sowie impulsiv und gewalttätig. Wenn die Frau zur Hauptversorgerin der Familie wird, eigene Freunde – darunter auch männliche – hat und über hohes Ansehen verfügt, fühlt sich mancher Mann in seiner traditionell starken Rolle geschwächt und in seiner Männlichkeit verletzt. Die Reaktionen reichen von Eifersuchtsszenen bis hin zu Rachefeldzügen. Die Unsicherheiten in den Zeiten des Rollenwandels und das Erbe patriarchaler Macht sind bisweilen Ursachen für **Gewaltbereitschaft gegenüber Frauen,** die bis zur Tötung (Femizid) führen kann. In Lateinamerika sind **Femizide traurige Realität.** Und auch in Chile gibt es sie, wo im Schnitt eine Frau pro Monat an den Folgen des Übergriffs durch einen ihr vertrauten Partner aufgrund von Eifersucht, Misstrauen oder Gehorsamsverweigerung stirbt. In den unteren Einkommensschichten, wo die traditionellen Rollenbilder noch präsenter sind, kommt es am häufigsten zur Anwendung von Gewalt gegen Frauen. Nach Erlass von Gesetzen, die Gewalt an Frauen unter Strafe stellen, haben **Anzeigen und Festnahmen** in den letzten Jahren erheblich zugenommen, wie auch Kampagnen, die die Position von Frauen stärken und auch diejenigen erreichen wollen, die Gewalt als normal empfinden und sich ihrer Rechte nicht bewusst sind. Mit Schlagwörtern wie ¡*Cuidado! ¡El machismo mata!* („Vorsicht! Machismus tötet!") wird Gewalt gegen Frauen sichtbar gemacht. Denn Gesetze reichen nicht aus, um die Gewalt zu bekämpfen, da Kultur nicht allein mit Paragrafen umgestaltet werden kann.

Die Bewegung der „arpilleristas"

Ihren Namen verdanken die „arpilleras" dem Sackleinen, auf das Stoffreste genäht oder gestickt werden und die sich dann kunstvoll zu einem Bild fügen. Die Szenen stellen dabei mehr als nur das Alltagsleben in den „poblaciones" (Armenviertel) dar, sie erzählen auch von Verlust und Schmerz, Gewalt und Hoffnung. Für die ersten „arpilleristas", Frauen die während der Militärdiktatur begannen, kleine Wandbehänge aus Stoffresten der Hosen, Hemden oder Jacken ihrer verschwundenen Angehörigen zu gestalten, war es eine Art, das Erlebte zu verarbeiten und gleichzeitig die politische Gewalt in Chile anzuprangern. Dabei waren die „arpilleras" das Ausdrucksmittel ihres Kampfes und trugen das Erlebte in die Welt. Unter dem Dach der Kirche, einem politisch unverdächtigen Terrain, nähten Frauen aller Schichten die Flickenbilder, wobei die einfache Gestaltungsart im krassen Gegensatz zu den realen, teilweise schockierenden Szenen wie etwa dem Abtransport der Toten auf einem Militärfahrzeug stand. Die „arpilleras" wurden über die kirchlichen Netzwerke im Ausland verkauft und standen zum einen als sichtbare Zeichen des Widerstandes gegen die Diktatur und zum anderen für Solidarität mit dem chilenischen Volk. Mit verschiedenen Methoden versuchte die Militärjunta, die Frauenbewegung zum Schweigen zu bringen - bis zuletzt jedoch ohne Erfolg.

Fortschritte und Rückschläge

Obwohl Modernisierungsprozesse für viele, jedoch bei weitem nicht für alle Frauen neue und bessere Chancen mit sich gebracht haben, stehen die radikalen Veränderungen im sozialen Umfeld und Arbeitsleben in starkem Kontrast zu dem nach wie vor weit verbreiteten **Männlichkeitskult.** Auch wenn der **„machismo"** chilenischer Männer weniger ausgeprägt ist als in anderen lateinamerikanischen Ländern, ist er dennoch vorhanden. *Machismo* steht für einen übersteigerten Männlichkeitskult, der sich in einem übertriebenen Ehrgefühl ausdrückt. Den **Ursprung dieses Phänomens** sehen viele Sozialwissenschaftler in der Kolonialzeit, als die Spanier eine überhöhte Vorstellung von männlicher Ehre und christlicher Überlegenheit mit in die Neue Welt brachten. Demzufolge war die Frau für die Hausarbeit zuständig und dem Manne oblag es, die Familie nach außen zu vertreten und autoritär zu führen. Dem stereotypischen Männlichkeitsbild vom Macho steht das weibliche Pendant der sich aufopfernden Mutter gegenüber, die die christliche Mutter Gottes zum Vorbild hat. Diese

Auffassung ist als **„marianismo"** bekannt und bezieht sich auf die Rolle der selbstlosen, zurückhaltenden, jedoch moralisch überlegenen Frau. Die Bereiche der Frau begrenzten sich somit auf Familie und Religion, was ihr eine geachtete Position in der Gesellschaft und eine starke Stellung innerhalb des Hauses verschaffte. Die strengen Moralvorstellungen ermächtigten die Mutter zur Erziehung der Kinder und gewährten ihr Zutritt in solche Berufsfelder, die mit Erziehung und Betreuung in Verbindung standen wie etwa der Bildungs- und Gesundheitsbereich. Bis heute sind *nana*, Dienstmädchen, Lehrerin, Ärztin oder Krankenschwester **klassische Frauenberufe in Chile.** Im öffentlichen Raum treten Frauen meist im Hintergrund als Sekretärinnen, Köchinnen oder Näherinnen in Erscheinung, während die Männer am Schalter stehen oder im Restaurant bedienen.

Diesen Rollenbildern von Stärke und Schwäche steht der **Homosexuelle** gegenüber, dessen Position in einer von „wahren Männern" dominierten Welt nicht einfach ist. Obgleich Großstädter relativ tolerant sind, ist die chilenische Gesellschaft stark homophob, besonders auf dem Land und in Regionen, wo das traditionelle Männerbild vorherrschend ist. Dennoch wurde bereits die erste **gleichgeschlechtliche Ehe** zwischen Chilenen geschlossen – allerdings im benachbarten Argentinien. Zur gesetzlichen Anerkennung gleichgeschlechtlicher Paare im eigenen Land ist es hingegen noch ein weiter Weg. Ihre größten Gegner sind die katholische Kirche und konservative Vorstellungen, auch in den Reihen der Regierung. Präsident *Piñera* etwa ließ verlauten: „Eine richtige Familie besteht nur aus Mann und Frau". Beifall erhält diese Ansicht von den Pfingstkirchen, die in den letzten Jahrzehnten auch Einzug in viele einkommensschwache Regionen und indigene Gemeinschaften gehalten haben. Einerseits sorgt dieser **religiöse Fundamentalismus** dafür, dass die Männer mehr Verantwortung übernehmen, beispielsweise sich verpflichten, keinen Alkohol zu trinken und die Familie finanziell zu versorgen. Gleichzeitig wird aber die traditionelle Familienform (mit dominantem Vater und ergebener Mutter) propagiert, welche Single-Haushalte, gleichgeschlechtliche Partnerschaften oder auch die Geburtenkontrolle ausschließt. In diesen Fragen scheiden sich die Meinungen.

Erst im Sommer 2013 versetzte der damalige Präsident *Piñera* die Welt in Staunen, als er die vom Stiefvater vergewaltigte elfjährige *Belén* dafür lobte, ihr Kind austragen zu wollen. Rechtlich hatte *Belén* keine andere Möglichkeit, denn bis heute ist **jede Form der Abtreibung in Chile strafbar,** auch in solchen Fällen, in denen das Leben oder die Gesundheit der werdenden Mutter in Gefahr sind. Das war nicht immer so. Noch bis vor etwa 25 Jahren bestand für Frauen eine legale, sichere und kostenfreie Möglichkeit der therapeutischen Abtreibung. Kurz vor dem Ende der Militärdiktatur 1989 wurde sie abgeschafft. Ihre Wiedereinführung wie auch die sexuelle Aufklärung in Schulen und die Kontroverse um die „Pille danach" sorgten bisher für viel Diskussionsstoff und wenige Erfolge. Die Vergabe der „Pille danach" wurde zunächst durch das Verfassungsgericht auf Antrag der Rechten verboten und am Ende dann doch legalisiert. Heute dürfen selbst Minderjährige im Notfall auf dieses Verhütungsmittel zurückgreifen. Bei einer Abtreibung hingegen werden Frauen und Ärzte, die sie vornehmen, auch wenn sie damit das Leben der Schwangeren retten, weiterhin strafrechtlich verfolgt. Dies hat zur Folge, dass **Schwangerschaftsabbrüche im Untergrund** „begangen" werden und damit auch ein sehr hohes Gesundheitsrisiko für die betroffenen Frauen bedeuten. Chile ist eines der Länder mit den höchsten Abtreibungsraten auf dem Kontinent. Jährlich entscheiden sich ca. 140.000 Frauen jeden Alters und aus allen sozialen Schichten für diese Art der Geburtenkontrolle, die eine **häufige Todesursache** bei Frauen zwischen 15 und 35 Jahren ist. Eine Legalisierung und effektivere Aufklärung könnte eine Änderung herbeiführen, doch stößt diese bei katholischen Frauen und Männern auf vehemente Ablehnung. Umfragen zufolge befürwortet der Großteil der Bevölkerung die Zulassung der Abtreibung, wenn das Leben von Mutter oder Kind in Gefahr ist. Diese Debatten zeigen, wie stark der katholisch-konservative Einfluss ist.

Zeitungen, Radio- und Fernsehsender, allen voran die Werbung, verbreiten permanent sexistische Frauenbilder und stereotype Geschlechterrollen. Frauen werden weiterhin mit einer untergeordneten gesellschaftlichen Stellung entweder als Mutter oder als Objekt der Begierde bedacht. Das Bild der seriösen Geschäftsfrau ist weniger zu sehen. **Nach wie vor sind es die Männer, die die Medienwelt beherrschen.** Sie fungieren stets als Experten, denn automatisch wird ihnen eine höhere Glaubwürdigkeit und Qualifikation zugeschrieben. Eine Ausnahme bilden die chilenischen **Seifenopern** *(teleseries)*, die das traditionelle Frauenbild aufbrechen und die starke chilenische *multimujer* (Multifrau) zeigen, die Arbeit, Haushalt und Kinderziehung wunderbar vereinbaren kann, indem sie stark ist und sich den als schwach und unentschlossen auftretenden Mann zur Brust nimmt. Themen, die lange in Chile tabu waren, flimmern nun über die Bildschirme: Gleichgeschlechtliche Paare in der Fernsehserie *Dónde está Elisa* auf TVN oder Frauen in der Hauptrolle in *Machos* auf Canal 13 und lassen die Nation toleranter gegenüber solchen Themen werden.

Sprachlich finden Frauen ebenfalls zunehmend öffentliche Berücksichtigung, obgleich sie meist „in Klammern" auftreten. So liest man Schilder wie *los (las) usuarios (as)* für „(die) Benutzer (innen)". Oder sie erscheinen in einer Geschlechterkombination aus weiblichem Artikel und männli-

chem Hauptwort wie in *la gobernante* statt *la gobernanta* (die Regierende) oder *la decano* anstelle von *la decana* (die Dekanin). Die Umstellung verläuft nicht reibungslos, waren diese Bereiche doch bisher ausschließlich Männerdomänen.

Einen starken Medienimpuls löste die *presidenta* **Michelle Bachelet** aus und rückte Frauen in den Fokus des Geschehens. Während ihrer ersten Amtszeit von 2006 bis 2009 war das Kabinett gleichrangig mit Frauen und Männern besetzt, insgesamt war der **Frauenanteil** auf sämtlichen Ebenen der Regierung hoch. *Bachelets* erste Regierungszeit zeichnete sich durch Aufklärungskampagnen und Schaffung von Frauenhäusern aus. Sie brach das Schweigen um den Femizid und setzte sich für die gesetzliche Anerkennung von Frauenrechten ein. *Bachelet* erzielte die bisher höchste Zustimmungsrate eines Staatsoberhauptes in Chile. Der Machismus verkraftete diesen Schlag nur schwer und bezeichnete *Bachelet* gern als die „Mutter der Nation" (*apapachadora* – „jemanden zum Knuddeln"). Hier ging der Machismus nach altem Denkmuster vor, wertete eine Frau nach dem Äußeren anstatt nach ihrer Qualifikation und zog das Mutterbild zurate. Es ist nicht so einfach mit *Bachelet,* einer starken, emanzipierten und erfolgreichen Frau fertig zu werden!

⌃ Erzkatholische Werte tief verankert: Demonstration gegen die Verabschiedung des „Anti-Diskriminierungsgesetzes"

Rollenverteilung: Kochen, Wienern, Bügeln, Waschen

Die Frage, wer in Chile den Tisch abräumt und das Geschirr spült, ist nicht einfach zu beantworten. Sind es die Frauen des Hauses, also Mütter und Töchter? Oder die Kinder, damit sich die Eltern vom Arbeitstag ausruhen können? Oder ist es der Vater, weil er sich ansonsten wenig an den Haushaltpflichten beteiligt? Vielleicht ist es gar ein Dienstmädchen? Noch vor fünfzig Jahren wäre die Antwort eindeutig auf die Hausfrau bzw. in den Haushalten der Oberschicht auf das Dienstmädchen gefallen. **Heutzutage verschwimmen die traditionellen Rollen,** in denen die Frau sich ausschließlich der Hausarbeit sowie der Kindererziehung widmet und der Mann fürs Geldverdienen verantwortlich ist. Etwa 42 % der Chileninnen gehen einer Erwerbstätigkeit nach. Angesichts der Tatsache, dass die große Mehrheit der Bevölkerung über einen Bildungsstand von 12 Ausbildungsjahren verfügt, ist der Anteil der arbeitenden Frauen im Vergleich zu den Männern (70 %) relativ niedrig. Die höchsten Beschäftigungszahlen erreichen die jüngeren Frauengenerationen zwischen 25 und 39 Jahren mit 60 % gegenüber 93 % der gleichaltrigen Männergemeinschaft. In vielerlei Hinsicht sind hier die traditionellen Familienwerte und das konservative Bild der Frau auch eine Generationenfrage. Während sich die Mehrheit der älteren Chileninnen mit ihrem Schicksal abgefunden hat und mitunter nichts Verwerfliches am traditionellen Rollenspiel findet, kämpfen die jungen Frauen für mehr Gleichberechtigung im Land und Tag für Tag im eigenen Haus. Denn selbst wenn der Wille zur Mithilfe besteht, steckt nach wie vor in den Köpfen, dass **Haushalt und Kindererziehung Frauensache sind.** Männer dagegen kümmern sich ums große Ganze, reparieren, was zu reparieren ist, und bezahlen die Rechnungen. Dass die Haushalts- und Betreuungspflichten tagtäglich anfallen, nimmt das „starke" Geschlecht dann stets verwundert zur Kenntnis, wenn sich wieder einmal der Geschirrberg türmt und keine Milch mehr für die Kleinen im Kühlschrank steht.

Die übliche Frage, warum ist hier denn nicht aufgeräumt, bringt jede zweite berufstätige Chilenin auf die Palme. Dann schimpft sie ihn Macho und schwört sich, ihre Söhne im Sinne der modernen Frau zu erziehen. Bei zunehmender Berufstätigkeit verrichtet die Frau der unteren und mittleren Einkommensschichten nach wie vor fast alle täglich anfallenden Arbeiten, wobei sie einen gleich langen Arbeitstag wie der Mann hat. In Chile sind das 45 Stunden pro Woche. Die Gesellschaft selbst lässt die Frau mit der **Doppelbelastung von Familie und Beruf** allein. Vergünstigte Arbeitsbedingungen wie etwa Teilzeit gibt es für Frauen nicht und lohnen auch die Erwägung nicht, da gerade bei Geringverdienerinnen oft schon die Fixkosten des täglichen Arbeitsweges bei halber Beschäftigung 25 % des Lohnes betragen, bei voller Beschäftigung dagegen nur 12,5 %. Die langen Arbeitszeiten, die einst fast nur Männer betrafen, sowie die zum Teil fehlende öffentliche und überteuerte Kinderbetreuung führen dazu, dass berufstätige Frauen tatsächlich weniger Zeit für ihre Kinder haben und sich deswegen häufig schuldig fühlen. Dieses Schuldgefühl verstärkt zudem die Gesellschaft, die das Modell der in Vollzeit arbeitenden Mutter nicht wertschätzt und kopfschüttelnd bemerkt, solche Frauen wären egoistisch und vernachlässigten ihre Familien. Ist eine Frau erfolgreich im Job, wird in Frage gestellt, ob sie sich gleichzeitig adäquat um Kinder und Haushalt kümmert. Hier trifft alt auf neu. Die starke Bedeutung der Familie und traditionelle Rolle der Frau sind kulturell tief verwurzelt und stehen neuen Entwicklungen gegenüber, die vom Mann verlangen, im Haushalt mitzuhelfen, und von der Frau, sich gleichfalls am Familieneinkommen zu beteiligen. Doch die Chileninnen von heute sind zunehmend selbstbewusst und fordern die Beteiligung ihrer Männer an den Haushaltspflichten ein. Sie kämpfen gegen den hartnäckigen Widerstand, der mitunter zu Beziehungsproblemen führt.

Ein anderer Punkt ist der Technikstand chilenischer Haushalte, die weniger automatisiert sind als die unseren und es den Frauen nicht leichter machen. Geschirrspüler sind Luxusartikel und man ist sich einig, dass Geld in einen Flachbildschirm besser investiert ist. Diejenigen, die sich einen automatischen Spüler leisten könnten, haben meist ein Dienstmädchen, das auch putzt, wäscht, kocht und auf die Kinder aufpasst. In den mittleren und unteren Einkommensschichten übernimmt diese Aufgaben die Mutter und erzieht in vielen Fällen ihre Kinder traditionell so, dass die Töchter im Haushalt helfen müssen, während ihre Brüder von jeglicher Arbeit befreit sind.

Die Mütter neigen dazu, ihre Söhne sehr zu verwöhnen und mit Koseworten wie mi reycito (mein kleiner König) oder mi solcito (meine kleine Sonne) zu umschmeicheln. In der Kindererziehung hat die Mama das Kommando, wobei die Töchter zu braven Mädchen und die Jungs zu starken Männern erzogen werden. An der Macho-Mentalität in Chile sind die Frauen also nicht ganz unschuldig.

Nach außen übernimmt eher der Mann die Rolle des Familienoberhauptes und tritt als Beschützer und Ernährer in Erscheinung. Im Haus selbst steht die Frau im Mittelpunkt, sie hält das Geld wie auch die Familie zusammen und hat großen Einfluss auf Entscheidungen. In Chile heißt es oft, „wenn ein Mann einen wichtigen Posten einnimmt, steht eine starke Frau hinter ihm, die ihn vorantreibt. Ist dagegen eine Frau erfolgreich, liegt es daran, dass sie keinen Mann hinter sich hat, der sie ausbremst."

Kleines Land, große Familie

Der Sonntag gehört in Chile den Familien. Sie picknicken in den Stadt-parks, veranstalten *asados* (Grillfeste) im Garten, an Flussufern oder Stränden. Vom Klappstuhl über Grill bis hin zu den mit Leckereien voll-gepackten Körben werden Kind und Kegel auf dem Pick-up verstaut und ins Grüne gefahren. Dabei trifft man sich im „kleinen Kreis", womit auf Chilenisch für gewöhnlich nicht nur die Eltern, Geschwister, Kinder und Großeltern gemeint sind, sondern auch sämtliche Onkel, Cousinen und Großtanten, die zur näheren Verwandtschaft gezählt werden. Um zusam-menzukommen, werden nicht nur die Sonntage genutzt, sondern auch sonst alle möglichen Gelegenheiten. In den **Sommerferien,** die zwischen vier und acht Wochen dauern können, schlägt man seine Zelte bei Ver-wandten auf dem Land oder an der Küste auf. Keine Frage, man bleibt so lange, wie es beliebt. Die **Familie ist schließlich immer willkommen.** Kommt etwa ein Großneffe zweiten Grades in die Stadt, versteht es sich von selbst, ihm die Wohnzimmercouch anzubieten und Unterschlupf zu gewähren, auch wenn man sich vorher noch nie gesehen hat und dieser plant, drei Wochen zu bleiben.

Hier zeigt sich der ausgeprägte Familiensinn der Chilenen. Wie im Le-ben so steht die Familie auch in der chilenischen Verfassung an erster Stel-le. Laut Artikel 1 ist die Familie der fundamentale **Kern der Gesellschaft:** *La familia es el núcleo fundamental de la sociedad.*

Nach römisch-katholischer Tradition gehört die **Gründung einer Familie zum Lebensziel.** Nicht zu heiraten und keine Kinder zu bekommen, gilt als ungewöhnlich und kann folglich nicht gewollt sein. Singles sind in chilenischen Augen bemitleidenswerte Wesen, die allein durchs Leben gehen müssen.

Ein wundersames Gebilde ist in den Augen vieler Chilenen auch die Gringo-Familie, also mitteleuropäische oder nordamerikanische Familien, deren Mitglieder bei Erreichen des 18. Lebensjahres so schnell wie möglich hinaus in die Welt entrinnen wollen. In Chile ist es üblich, dass die junge Generation bis zur Eheschließung oder bis zum Bezug eines regelmäßigen Einkommens im Elternhaus bleibt. In einigen Fällen ziehen die Kinder sogar mit dem Ehepartner ins elterliche Heim, wenn sie sich noch keine eigene Wohnung leisten können.

Generell sind chilenische Familien größer als die unseren, obgleich Mehrgenerationenhaushalte immer mehr im Rückzug begriffen sind und gerade in den Städten der Trend zur Kleinfamilie mit Eltern und Kindern geht. Doch auch hier bleibt der **Zusammenhalt innerhalb des Familienclans** groß und die Beziehungen eng. Man hilft sich gegenseitig und vertraut sich blind. Die starke familiäre Solidarität hat freilich auch politische und soziale Hintergründe. Während der Militärdiktatur fand man im engeren Familienkreis eine Rückzugsmöglichkeit, denn hier konnte man sich vertraulich und offen über das Regime äußern. Auch der Rückzug des Staates aus weiten Teilen des sozialen Netzes nach 1973 und die Ausdehnung des informellen Sektors schweißten die Familien zusammen. Bei einem Regierungswechsel kann man schnell seinen Job einbüßen, dann ist es nicht Vater Staat, sondern die Familie, die den plötzlich arbeitslos Gewordenen unterstützt. Besonders **in Zeiten sozialer Unsicherheit** wie Arbeitslosigkeit, Krankheit und im Alter findet man in der Familie Rückhalt. Sie trägt die Chilenen durchs Leben und fängt sie in Zeiten der Not wie ein Netz auf. Die **familiäre Verpflichtung,** *el compromiso familiar,* ersetzt die unzureichende Sozialabsicherung des Staates. Das Arbeitslosengeld, welches nur für wenige Monate in geringer Höhe gezahlt wird, würde nicht für den Lebensunterhalt der Familie reichen. Die Familie bemüht sich, über ihr Netzwerk und Vitamin B dem arbeitslosen Verwandten wieder Arbeit zu verschaffen. Auch im Krankheitsfall fehlt vielen Menschen die Lohnfortzahlung, insbesondere denen, die im informellen Sektor tätig sind, also z. B. als Kleinstunternehmer auf der Straße Popcorn verkaufen oder Schuhe putzen. Die Familie legt für die Operation zusammen, selbst weit entfernte Verwandte geben Geld, obgleich sie selbst wenig haben. Ältere Menschen wohnen meist im Haushalt ihrer Kinder und übernehmen die Betreuung der Kleinsten. Die meist geringe staatliche Rente reicht bei weitem nicht zum (Über)Leben. **Es ist selbstverständlich, die Eltern finanziell zu unterstützen,** da sie sonst Not leiden müssten. Sind diese pflegebedürftig, werden sie von ihren Verwandten versorgt. Abgesehen davon, dass sich wenige ein Alters- oder Pflegeheim leisten könnten, sind sie äußerst selten und auf dem Land gar nicht vorhanden. Ältere Menschen ohne Familie bleiben hingegen auf sich allein gestellt. Sollten sie nicht über entsprechendes wirtschaftliches Kapital verfügen, arbeiten sie bis ins hohe Alter. So verwundert es nicht, dass Senioren im Rentenalter am Straßenrand Pflaster und Taschentücher verkaufen.

Die Familie ist alles in einem: Sozialamt, **Arbeitslosenvermittlung, Krankenkasse, Altenpflege** und **Kinderhort.** In Zeiten der Globalisierung und Individualisierung nimmt auch in Chile die Geburtenrate ab, die Menschen werden aufgrund besserer medizinischer Versorgung und höherer Lebensqualität älter. Die Gesellschaft passt sich diesem Trend an. *Nanas,* die einst ihre Dienste ausschließlich zur Kinderversorgung bereitstellten, beginnen nun, ihr Angebot um die Betreuung pflegebedürftiger Älterer zu erweitern.

Künstlicher Familienzuwachs

Die Familie steht an erster Stelle. Der nächste Rang kommt dem compadre zu, dem guten Freund. Eine enge Freundschaft zu schließen, kann lang dauern, aber dafür auch lang währen. Oft ist es schwer, von außen in den starken Familienzusammenschluss „einzudringen" und meist begrenzen sich die Freundschaften auf die eigene soziale Schicht. Allein schon deshalb, weil sich die Lebensräume der unterschiedlichen Schichten nicht kreuzen.

Die engsten Freunde kennt man meist seit Kindheitstagen, denn schließlich hatte man viel Zeit, sich gut kennenzulernen und Vertrauen aufzubauen. Enge Freunde steigen schon fast zum Familienmitglied auf und übernehmen oftmals bei der Geburt eines Kindes eine Art Patenschaft, die nicht religiös begründet sein muss. Die comadre oder der compadre (Patin oder Pate) unterstützen das Kind zum Teil finanziell und kümmern sich um dessen Wohlergehen. Nicht umsonst heißt es in Chile: Un amigo vale más que dinero. – „Ein Freund ist mehr wert als Geld".

Kinder und Jugendliche

Kinder werden in Chile vergöttert. Schon beim Anblick eines *guagua* (Baby oder Kleinkind) huscht ein Lächeln über die Gesichter und den Eltern werden Komplimente zu ihrem Nachwuchs gemacht. Kinder gehören ganz selbstverständlich dazu und das in jeder Lebenslage. Das Wort „Kinderlärm" kennen die Chilenen nicht. An weinenden und schreienden Kindern stört sich niemand, selbst auf einer 20-stündigen Busfahrt nicht. Im Gegenteil: Man zeigt Verständnis und versucht beherzt, das Kind seinerseits zu beruhigen.

Kinder gehören zum Lebensglück. In Chile lautet die Frage nach Kindern nicht ob, sondern wann man welche bekommen wird. Denn zweifellos möchte man nicht zu den bedauernswerten kinderlosen Menschen gehören. Aus Sicht der Chilenen haben diese zwar Familie, sind selbst aber keine.

Liebe und Zuneigung erfahren die Kinder in großen und besonderen Maßen. Sie werden gern verhätschelt, im Übrigen die Jungen weit mehr als die Mädchen. Sie sind die *regalones* – die Lieblinge der Familie. Die oder der Jüngste erfährt besonderen Schutz und hört eigentlich nie auf, das *guagua* zu sein. Es ist auch nichts Ungewöhnliches, mit seinen Söhnen in aller Öffentlichkeit zu schmusen und sie zu liebkosen. Selbst 15-Jährige genieren sich dafür nicht.

⌃ Schulkinder in Chile: Die dunkelblau-weiße Uniform ist Pflicht

Die **Selbstständigkeit** der Kinder geht in Chile jedoch andere Wege. In der Regel verlassen sie spät den Schoß des Elternhauses. Hier werden sie behütet und zum Teil gar überbeschützt. Es dauert lange, bis Kinder allein ohne die Eltern schlafen und ein eigenes Zimmer beziehen, wenn dies überhaupt möglich ist. Viele Haushalte, gerade in den unteren Einkommensschichten, leben mit Großeltern, Geschwistern und Kindern eng zusammen unter einem Dach. Man ist sich **räumlich nahe und ständig zusammen.** Eine Mutter käme nicht auf die Idee, eigenen Freiraum oder „Zeit für sich" zu verlangen. Man sucht und genießt das Beisammensein. Freilich sind auch die Erziehungswerte andere. Sein Zimmer aufzuräumen und das Bett morgens zu machen, gehört nicht zu den Aufgaben der Kleinen. Schranken und Regeln gibt es kaum. Kinder dürfen fast alles, bleiben bis spät mit den Eltern auf und Fernsehen ist zu keiner Tageszeit tabu. Man ist der Meinung, es handele sich doch noch um einen „Zwerg", ein Kind, das es zu beschützen und noch nicht mit Zwängen und Verantwortung zu belasten gilt, die es später noch zur Genüge erfahren wird. Kinder sollen **spielen, Spaß haben und fröhlich sein.** Die harte Schule des Lebens lernen sie schließlich früh genug kennen.

Und die beginnt für viele chilenische Jugendliche durchaus frühzeitig. Die Mehrzahl von ihnen tritt **zwischen 16 und 18 Jahren** eine Arbeit an, hauptsächlich, um neben der Schule Geld hinzuzuverdienen. Ein gängiger Job unter Schülern ist der des Einpackers an der Kasse, wobei sich die Einnahmen über Trinkgelder berechnen und sie deshalb *propineros* („Trinkgeldverdiener") genannt werden. Andere arbeiten als Aushilfen oder sie helfen im familieneigenen Betrieb.

Eine feste Anstellung – noch dazu eine gut bezahlte – zu finden, wird auch später nicht einfacher, denn die **Arbeitslosenrate unter Jugendlichen** liegt doppelt so hoch wie die landesweite Quote. Dabei handelt es sich durchaus nicht nur um unqualifizierte Arbeitskräfte.

Diejenigen, die arbeiten, tun dies zum überwiegenden Teil auf eigene Rechnung und die Tätigkeit entspricht nicht unbedingt dem erlernten Beruf. Um die hohen **Bildungsschulden** abzubezahlen, die je nach Studienfach und Universität variieren, verdingen sich studierte Betriebswirtschaftler als Taxifahrer oder Grafikdesigner im Wirtshaus. Natürlich gibt es auch andere, die mehr Glück bei der Arbeitssuche hatten.

Eine große Resonanz findet zunehmend die **ehrenamtliche Arbeit,** für die sich mehr als 60 % der Jugendlichen verpflichten. Sie stammen meist aus den mittleren Einkommensschichten und engagieren sich nach der Schule oder während der Ferien in sozial schwachen Vierteln und Regionen. Staatliche, kirchliche oder private Organisationen vermitteln die jungen Leute, die dann in Kinderzentren, Senioren- oder Behindertenheimen aushelfen, Nachhilfe geben, Unterkünfte bauen oder Bäume pflanzen. Diese Arbeit gewährt ihnen einen Blick über den Tellerrand auf Lebensumstände in der eigenen Heimatstadt, die die Jugendlichen im alltäglichen Leben aufgrund der Schichtenzugehörigkeiten nicht kennenlernen würden.

Angesichts solch hohen sozialen Einsatzes verwundert die **geringe Wahlbeteiligung** der *jóvenes* bei politischen Wahlen, die nirgendwo sonst auf dem Kontinent niedriger ist. Als *joven,* also jung und jugendlich, gilt man in Chile zwischen 15 und 29 Jahren. Jeder vierte Chilene zählt zu dieser Gruppe. Umfragen zufolge machen lediglich 27 % der Jugendlichen zwischen 18 und 29 Jahren von ihrem Wahlrecht Gebrauch. Insgesamt betrifft das etwa 17 % der Gesamtwähler. Von der Politik wird dies als Gleichgültigkeit gegenüber der Öffentlichkeit und dem politischen Geschehen interpretiert. Die Bilder von Hunderttausenden Jugendlichen, die für eine gerechtere Bildung und demokratischere Verfassung demonstrieren, bestätigen dies nicht, sondern zeigen vielmehr, dass sie selbst die Regie für einen Wandel übernehmen. Die junge Generation verschafft sich Gehör über eigene Ausdrucksformen, mit denen sie ihre Unzufriedenheit angesichts der gegenwärtigen Situation und des politischen Geschehens bekundet. Dabei gehen sie entschlossen und kreativ vor. Mit Demonstrationen, die singend, tanzend und küssend veranstaltet werden, erobern sie die Herzen der Bevölkerung. Vormals galten Schülerproteste als rebellisch. Tatsächlich erringen die Jugendlichen mit einer gewissen Aufsässigkeit wie niemals zuvor Präsenz und Aufmerksamkeit. Alteingesessene Strukturen und **konservative Werte der Gesellschaft werden auf den Kopf gestellt.**

Skandalträchtig waren auch die *pokemones,* grell geschminkte Teenager in hautenger Aufmachung, die ungeniert in öffentlichen Parks knutschten und ihrer sexuellen Experimentierlust frönten, das Geschlecht spielte hierbei keine Rolle. Chile empörte sich und die Talkshows diskutierten eifrig die **Sex-Rebellion.** Der Pokemones-Trend hat sich inzwischen gelegt, ein ungezwungenerer Umgang mit Sexualität ist geblieben. Schülerinnen kürzen ihre Schuluniformröcke, Pärchen knutschen in den Parks und insgesamt schockiert viel Haut heute niemanden mehr. Die Offenheit reicht allerdings meist nur bis vor die Wohnzimmertür der Familie, denn die wenigsten Eltern besprechen Liebe und Partnerschaft mit ihren Kindern. Diese dürfen ihre Partner zwar mit nach Hause bringen, jedoch nur zu zweit im Zimmer sein, wenn die Tür offenbleibt und mindestens drei Beine zu sehen sind, die den Boden berühren. Aufgeklärt werden junge Chilenen durchs Internet oder Freunde, **ihre ersten sexuellen Erfahrungen** machen sie in Stundenhotels oder öffentlichen Parks. Vor etwa 15

Jahren noch sorgte ein Programm des Bildungsministeriums zur sexuellen Aufklärung Jugendlicher, bekannt als *JOCAS,* für Debatten und Ablehnung seitens der Kirche und konservativer Kräfte. Das Programm und die Verteilung von Kondomen mussten schließlich eingestellt werden. Traumatisiert von dieser Auseinandersetzung gab es seither lediglich zaghafte Initiativen, doch konnte keine allgemeingültige Sexualkunde in den Schulen durchgesetzt werden. **Sexualität und Aufklärung sind weiterhin Tabu-Themen** in Chile und werden darüber hinaus von der katholischen Kirche häufig als sündhaft betrachtet. Inzwischen gibt es eine **Neuauflage des Sexualkundeunterrichts** unter Regie des ehemaligen Bildungsministers *Lavín* während der Piñera-Regierung, welcher im Ruf steht, der katholischen Organisation Opus Dei nahe zu sein. Das Resultat des „Aufklärungsversuchs" ist ein Buch mit biologischen Erklärungen des Körpers und katholischem Hintergrundwissen, das Abstinenz vor der Ehe und die Entstehung neuen Lebens als schützenswert propagiert, in anderen Worten also Verhütungsmittel ausschließt. Für die jungen Leute Chiles, die das komplette Repertoire an Sex-Vokabeln aus dem Internet lernen und sich ihre Jungfräulichkeit in den meisten Fällen nicht bis zur Eheschließung bewahren möchten, ist dies sicher nicht zeitgemäß.

043ar-ks

⌃ Liebe und Sexualität sind nach wie vor Tabuthemen zu Hause

Jugendliche verbringen einen großen Teil ihres Alltags und ihres Sexuallebens auf der **Straße oder auf öffentlichen Plätzen.** Die Zahl von Schwangerschaften unter Jugendlichen nimmt in den Städten rapide zu. Die Anzahl schwangerer Mädchen unter 18 Jahren ist hoch. Über 20 % der Jugendlichen unter 18 werden bereits Mutter oder Vater. Alarmierend dabei ist, dass dies bei ca. 80 % ungewollt geschieht. Verhütungsmittel sind zwar bekannt und erhältlich, die Pille hat allerdings einen stattlichen Preis und was Kondome betrifft, verweigert der männliche Part die Benutzung. Das wäre wie Handschuhe beim Streicheln anzuziehen oder mit Strümpfen zu duschen. Die Folge sind **Geschlechtskrankheiten** und **minderjährige Mütter,** vorwiegend Kinder einkommensschwacher Eltern. Mitunter versuchen Mädchen, nach dem Geschlechtsverkehr selbst vorzubeugen, indem sie Pillen zur Heilung von Gebärmutterkrebs einnehmen, die zum Abort führen sollen.

Dabei war Chile **einst Pionier** auf dem Kontinent in der Einführung eines effektiven Sexualkundeunterrichts in den 1960er-Jahren. Während der Pinochet-Diktatur wurde sämtliches Unterrichtsmaterial verbrannt, die Aufklärungsarbeit aus der Schule verbannt und in die Verantwortung der Eltern gelegt. Seit der Rückkehr zur Demokratie gab es nicht nur das **JO-CAS-Programm,** sondern auch von Nichtregierungsorganisationen durchgeführte **Kampagnen,** die Jugendliche z. B. mit Verhütungsmitteln vertraut machen wollten. Sobald eine solche Kampagne publik wurde, formierte sich **Protest der Kirchen und konservativen Bereiche.** Die Wirklichkeit in Chile zeigt, dass die Geburtenrate unter erwachsenen Frauen sinkt, während sie gleichzeitig bei Minderjährigen steigt. Über 16 % der Neugeborenen Chiles wurden von minderjährigen Müttern zur Welt gebracht. Der chilenische Soziologe *Humberto Abarca* bezeichnet die junge Generation als „Entdecker in einer Gegenwart, in der das Alte noch nicht gestorben ist und das Neue noch geboren werden muss".

Chilenische Lebensentwürfe

Welche Richtung ein Lebensweg in Chile einschlägt, hängt vordergründig vom **Geldbeutel der Eltern** ab. Je schlanker er ist, desto schwerer und beschränkter erweisen sich die Möglichkeiten des Sprösslings. Die Zahlen belegen es: Der Anteil der Jugendlichen mit akademischer Bildung, die den oberen Einkommensschichten entspringen, ist zwischen sechs- bis siebenmal höher als der junger Akademiker aus ärmeren Milieus. Dabei sind sie nicht weniger klug und talentiert. Doch in Chile wird **bereits in der Schule getrennt,** nicht etwa entsprechend der Talente und Leistungen der Kinder, sondern nach ihrer sozialen Herkunft. Die Schulen mit gezielter Förderung, kleinen Klassen und hohem Lernniveau kosten Schulgeld zwischen umgerechnet 150 und 400 Euro monatlich und liegen in den besseren Vierteln. Nicht jede Familie kann ihren Kindern das bei einem Mindestlohn von 280 Euro und einem Durchschnittsverdienst von 500 Euro monatlich ermöglichen. Die besten Voraussetzungen für die Aufnahme an einer renommierten Universität jedoch haben eben gerade die Absolventen der Privatschulen, denn sie bestehen so gut wie alle die PSU *(Prueba de Selección Universitaria)*, die **Zulassungsprüfung für die Universität.** Nur die Hälfte der Schulabgänger öffentlicher Einrichtungen erreicht die notwendige Punktzahl. Mit einem niedrigeren PSU-Ergebnis werden auch sie studieren können, jedoch nicht an einer der angesehenen Universitäten, die meist staatlich oder staatlich subventioniert sind, sondern an einem der Bildungsinstitute, die sich nach chilenischem Recht ebenfalls Universität nennen dürfen und nicht weniger kosten als ihre altehrwürdigen Pendants. Die Wahl der Schule ist überaus wichtig, denn schon hier werden die Grundlagen für die Zukunft gelegt. Dies gilt umso mehr, als der Besuch bestimmter Schulen und Universitäten neben der Ausbildung auch für das **Knüpfen von Seilschaften** bedeutend ist, die unter Umständen spätere Karrieresprünge ermöglichen.

Freilich unterscheiden sich auch der **Schulalltag und die Freizeit** der Kinder je nach Gesellschaftsklasse beträchtlich. Angenommen *Juan* wächst in einem der Randgebiete Santiagos auf. Er wird mit dem Bus zur öffentlichen Schule fahren, sitzt mit 39 anderen in einem Klassenraum, spielt nachmittags auf der Straße und wird von der Großmutter oder älteren Geschwistern betreut, da die alleinerziehende Mutter bis spät abends arbeitet. Auch wenn er sich in der Schule anstrengt, stehen seine Chancen schlecht, denn er wohnt im falschen Viertel. Gibt er seinen Wohnort in der Bewerbung an, wird sie gleich aussortiert. Gibt er, sagen wir, einen falschen Wohnort an, etwa den von Verwandten oder Bekannten, wird er im Vorstellungsgespräch auf Beruf und Herkunft der Eltern angesprochen, die ebenfalls ins Raster passen müssen. Natürlich spielt auch das soziale Umfeld eine Rolle, denn Kids wie *Juan* wachsen in einer Umgebung auf, wo **Gewalt, Drogen und Armut an der Tagesordnung** sind. Ihr Lebensalltag beschränkt sich auf das *barrio* (Viertel) und die meisten von *Juans* Freunden haben das Meer noch nie gesehen, obwohl es gerade einmal 120 km von Santiago entfernt ist.

Dagegen fehlt es *Rodrigo* aus dem *barrio alto,* den oberen und wohlhabenden Stadtteilen Santiagos, an nichts. Er fährt an Wochenenden und in den Ferien regelmäßig an den Strand. Unter der Woche wird er zur Schule gebracht, ganztags betreut und spielt im eingezäunten Garten. Strengt er sich in der Schule an, wird er einen guten PSU-Durchschnitt erreichen, an einer der angesehen Universitäten des Landes studieren und durch seinen Abschluss wie auch **über Beziehungen des Vaters** einen gut bezahlten Job erhalten.

Paola aus Maipú, einem Vorort Santiagos, Tochter eines Buchhalters und einer Verkäuferin, besuchte eine staatlich subventionierte Mädchenschule im Zentrum und studiert jetzt Pädagogik, wofür sie einen **Bildungskredit** aufgenommen hat. Abends und an den Wochenenden befüllt sie Regale im Líder, dem großen Supermarkt an der Ecke, um sich den Lebensunterhalt zu finanzieren. Die Eltern, die sie weiterhin unterstützen, bekommen sie selten zu Gesicht. Auch nach dem Studium wird sie wohl noch eine Weile bei ihnen wohnen bleiben und im Líder dazuverdienen müssen, da die Anstellung als Lehrerin an einer öffentlichen Schule zur Abbezahlung des Bildungskredites nicht ausreichen wird.

Paola gehört wie über 50 % der Jugendlichen Chiles zur Mittelschicht, *Juan* zu den 40 % aus unteren Einkommensverhältnissen und *Rodrigo* zur Oberschicht, die etwa 7 % ausmacht. Alle drei, ob *Juan*, *Rodrigo* oder *Paola*, streben nach materiellem Wohlstand und träumen von einer eigenen Familie. Wie 90 % der Chilenen unter 30 leben sie im städtischen Raum. Sie sind **offen und modern wie keine Generation vor ihnen** und stoßen ständig an die Grenzen der konservativen Wertevorstellungen und des klassengeprägten Denkens. Sie werden später Kinder bekommen als ihre Eltern und leben mit dem Partner zusammen, bevor sie heiraten. Sie träumen von ihren eigenen vier Wänden, einem sicheren Arbeitsplatz und einer guten Ausbildung für ihre Kinder. Damit diese nicht den gleichen Existenzkampf ausstehen müssen, beteiligen sich alle drei, unabhängig von ihrer sozialen Schicht, an den Streiks für freie Bildung. Denn sie wissen, dass Eltern in Chile ihren sozioökonomischen Status an die Kinder weitervererben und nur eine gerechtere Bildungspolitik den Weg für gleiche Chancen ebnen kann.

Der Alltag
A–Z

◁ Ständiger Begleiter in Südchile: Wasser – von oben und unten
(006ch Foto: ks)

Arbeitsleben

Arbeit wird in Chile sehr ambivalent wahrgenommen. Zwar beklagen die meisten Chilenen die fehlende Arbeitsmoral ihrer Landsleute, gleichzeitig wird durchaus viel und lange gearbeitet. Ein Arbeitstag kann bis zu zwölf Stunden dauern und kaum ein Angestellter würde verlangen, sich die Überstunden bezahlen zu lassen. Man ist genüg- und arbeitsam. Per Gesetz wurde die Arbeitswoche vor einigen Jahren von 48 auf 45 Stunden gekürzt und mindestens 15 Urlaubstage im Jahr festgeschrieben, die meist in den Sommermonaten Januar oder Februar für ausgiebige Familienbesuche und Strandtage genutzt werden. Nach Ansicht der Chilenen soll Arbeit nicht vollständig das eigene Leben ausfüllen und schon gar nicht bestimmen, sondern dient als Mittel zum Zweck, nämlich dem Geldverdienen. **Familiäre Belange haben stets Vorrang vor beruflichen** – in Chile geht die Familie vor.

Das Vorurteil der **schlechten Arbeitseinstellung** wird in dem langgestreckten Land auch gern durch einen Zusammenhang von dem in den einzelnen Regionen herrschenden Klima und dem Arbeitsengagement begründet. So schimpfen die Chilenen südlich der Atacama auf die Nordchilenen und deren angeblich fehlende Motivation und Nachlässigkeit bei der Arbeit. Die Zentral- und Südchilenen bezeichnen sich selbst gern als fleißig, wobei nicht allein das günstigere Klima, sondern auch der Einfluss der „emsigen" deutschsprachigen Einwanderer in Südchile als Erklärung dienen.

Ein Fürsprecher für die **Tüchtigkeit** der Chilenen ist *Oreste Plath,* der berühmte chilenische Volkskundler, nach dessen Auffassung Fleiß *(el esfuerzo)* ein Wesensmerkmal der Chilenen ist. Er stand vor allem für die schwer arbeitenden Minenarbeiter des Nordens ein, die lediglich Arbeit und kein Privatleben kannten. Nicht ohne Grund sollen sie den Minen *(las minas)* Frauennamen gegeben haben und vielleicht führt dorthin die Spur der Bezeichnung *mina* für eine hübsche Frau.

Doch auch anderenorts wird hart gearbeitet, beispielsweise in der Handwerksbranche, die in Deutschland goldenen Boden hat und wo Handwerksprodukte „made in Germany" fast schon ein Nationalstolz umgibt. Das Gegenteil ist in Chile der Fall. Zwar arbeiten die chilenischen Handwerksmeister ebenfalls qualitativ hochwertig und weisen durch ihre weniger gute Ausrüstung einen hohen Grad an Improvisationskunst auf, doch kommt die Entlohnung der eines ungelernten Arbeiters gleich. Das geht auf die **Tradition des Handwerks** in Chile zurück, die bis in die Kolonialzeit zurückreicht, als Handarbeit ausschließlich von der Unterschicht – seinerzeit Sklaven und Landarbeiter – verrichtet wurde. Bis heute gelten

Handwerkstätigkeiten daher als niedere Arbeit. Schuster, Tischler oder Uhrmacher wollen junge Chilenen deshalb kaum werden. Die begehrten Berufe liegen im Dienstleistungsbereich und die lernt man heutzutage auf der Universität.

Sind die Werkstätten der jeweiligen Handwerkszunft gewöhnlich in einem Straßenzug zu finden, wobei sie einander nicht als Konkurrenten, sondern als Kollegen betrachten, fallen in den Städten überall die unzähligen **Straßenverkäufer** auf. Als im Volksmund „ambulante Händler" *(vendedores ambulantes)*, offiziell Kleinunternehmer *(microempresarios)* und von Kritikern „verdeckte Arbeitslose" genannt, verkaufen sie von Brillen, Büchern, CDs über Popcorn, Plüschtiere bis hin zu Trauringen praktisch alles auf der Straße. Und nicht nur dort, auch im *micro* (Stadtbus) bieten Händler Saugglocken gegen Toilettenverstopfung, Rückenkratzer oder Mittel gegen Juckreiz von Floh- und Mückenstichen feil; günstiger noch bei Abnahme von drei zum Preis von zwei und sowieso billiger als im Laden. An der Kreuzung verkaufen Frauen heißen Nescafé und selbstgebackene *empanadas*, vor der Apotheke der körperbehinderte Junge Taschentücher und Nagelknipser, an der Haltestelle die alte Dame Pflaster und Kämme. Anhand der Straßenverkäufer lässt sich ablesen, dass man in Chile von klein auf bis ins hohe Alter arbeitet, wenn man nicht der privilegierten Schicht angehört oder einfach nur Pech im Leben hatte. Die **Kleinst- und Kleinunternehmen,** zu denen auch die ambulanten Händler zählen, machen heute fast 60 % der Privatwirtschaft Chiles aus und man könnte meinen, dass sie angesichts dieser Zahl wirtschaftlich eine bedeutende Rolle spielen. Tatsächlich erarbeiten sie lediglich 10 % des BIP und die Mehrzahl von ihnen schafft und lebt am Existenzminimum. Neben den Kleinunternehmern, die auf eigene Rechnung arbeiten, verdienen sich auch viele Angestellte ein **Zubrot mit Nebentätigkeiten,** u. a. im Verkauf. Die oftmals hohe private Verschuldung und ein zunehmender Konsumbedarf machen zusätzliche Einnahmen erforderlich. Für den einen sichert die Nebentätigkeit, die zusätzlich zur Anstellung ausgeübt und manchmal auch zur Haupteinnahme wird, das Überleben und für andere sorgt sie für Wohlstand. In dieser Hinsicht entwickeln Chilenen einen unglaublichen Ehrgeiz und Tatendrang, der in diesem Ausmaß nicht unbedingt bei der angestellten Beschäftigung eingesetzt wird. Das ist sicher auch auf den allgemein eher geringen Verdienst und unzureichende Anerkennung durch den Arbeitgeber zurückzuführen. Bis heute prägen **hierarchische Züge** das **Verhältnis zwischen Angestelltem und Chef,** die in das neokapitalistische Marktmodell übernommen wurden. Misstrauen gegenüber den Arbeitnehmern und die strenge Autorität seitens des Vorgesetzten bestimmen das Arbeitsklima. Die Angestellten ergreifen kaum Eigeniniti-

ative, sondern erwarten Anweisungen von ihrem Chef, da sie aufgrund ihrer untergebenen Stellung keine Verantwortung übernehmen wollen und dürfen. Sich hochzuarbeiten, ist in Chile nur unter schwierigen Voraussetzungen möglich, da der **Aufstieg von vielen Faktoren abhängt,** wobei Verdienste und Leistungsbereitschaft nicht maßgebend sind. Denn Führungspositionen werden nach gesellschaftlichen Kriterien vergeben. So müssen Familienname, Herkunft, Wohnort bzw. -viertel, die Eliteuniversität und einiges mehr zum vorgestrickten Bild des chilenischen Managers passen.

Bürokratie und Paragrafendschungel

Die Bürokratie Chiles ist geprägt von der Sehnsucht der Chilenen nach Ordnung und deren großer Furcht vor Chaos. Allein das Wort löst schon Angstschweiß aus, den auch *Pinochet* für seine Machtzwecke zu instrumentalisieren wusste, als er das Land 1973 vor dem „Chaos des Kommunismus" zu retten und wieder „Ordnung" einzuführen versprach. Mit Akribie regeln **Gesetze und Vorschriften** sämtliche Lebensbereiche der Bürger. Einst unter der spanischen Krone zur Kontrolle über die Kolonie und von *Diego Portales* Anfang des 19. Jh. zur Vermeidung von Machtkonzentration eingeführt, ist die chilenische Bürokratie bis heute ein **Labyrinth aus Vorschriften und Dekreten.**

In einer Steuerkanzlei könnte sich etwa folgende Szene abspielen:

„Don Victor, ist die Neuauflage des Gesetzes Nr. 20.547, welches das Gesetz Nr. 20.378 aufheben soll, schon erschienen? – Ja, Don, hier ist es, aber ich befürchte, es wird Ihnen nichts nützen. – Warum denn nicht? – Es gibt bereits vier neue. – Dann gib mir die aktuellste Auflage. – Um ehrlich zu sein, ist diese noch im Druck, wird aber morgen spätestens erscheinen und dann alle vorhergehenden ersetzen."

Neben der Verfassung von 1981 sind **über 20.000 Gesetze zum Wohle des Volkes** in Kraft. Zusätzlich stehen den etwa 350.000 Staatsbediensteten Tausende von Erlassen, Vorschriften und Verfügungen bereit. Gesetze werden in atemberaubender Geschwindigkeit geändert und praktisch überall verkauft. Ein großer Absatzmarkt ist die Straße und die **Top Drei der Paragrafenbestseller** führen die Neuauflagen der Straßenverkehrsordnung, das Arbeitsgesetz und das Einkommensteuergesetz an. Die Bürger geben sich gesetzestreu und lesen das Recht wie die Zeitung. Man möchte sein gutes Recht kennen und um Himmels willen nicht dagegen verstoßen, so die offizielle Auffassung. In der Realität hält man sich jedoch an den weit verbreiteten Grundsatz: *La ley se respeta pero no se cumple.* Man kennt und respektiert das Gesetz, hält sich jedoch nicht daran und sucht ständig Wege, es zu umgehen.

Der langen Militärdiktatur geschuldet ist der Bürger **obrigkeitshörig** und von Staats wegen wird ihm grundsätzlich misstraut. Ob Autoverkauf, Mietvertrag oder Arbeitsvertrag – jedes Rechtsgeschäft ist ohne mehrfache Ausfertigung und Siegel des Notars neben dem Daumenabdruck und der Unterschrift der Unterzeichner nichts wert. Große Stempel, bunte Schnüre und Wasserzeichen zieren die Schriftstücke und werden erst dann als rechtsgültig anerkannt. Einem Händedruck und einer einfachen Unterschrift allein traut man nicht. In jeder chilenischen Kleinstadt gibt es ein **Notarviertel,** in dem man von der Bürokratieobsession – *el papeleo* – der Chilenen profitiert. Generell heißt es, geduldig sein, denn bürokratische Angelegenheiten können sich in Chile als sehr langwierig erweisen. Trotz oder gerade wegen des großen Beamtenapparates ist selbst bei gängigen Anträgen mit langen Wartezeiten zu rechnen. Die erste Hürde stellt sich am Schalter. Aufgrund seines unteren Ranges ist der Schalterbeamte kaum entscheidungsbefugt und muss sich ständig nach oben rückversichern. Zuerst hört man ein *me espere un momentito* („Warten Sie einen Augenblick") und der Beamte verschwindet (lange), um sich bei seinem Chef Anweisungen zu holen. Dann wird man weitergeschickt zum nächsten Beamten mit Vorgesetzten, der bittet *vuelva mañana* (kommen Sie morgen wieder). Am nächsten Tag heißt es *vuelva dentro de quince días*, also in zwei Wochen wieder zu erscheinen. Bis man auf einen Beamten

⌂ Popcornverkauf als Zweit- oder gar Drittjob

trifft, der tatsächlich eine Entscheidung trifft und Verantwortung übernehmen will, ist der Antrag entweder im Bürokratiesumpf untergegangen
oder überraschenderweise genehmigt worden. Trotz Tausender Gesetze
sieht man sich oft der **Willkür** oder dem **Gutdünken** des Beamten ausgeliefert. Zuletzt hilft nur noch der *pituto*, ein guter Freund bzw. Vitamin B.

Auch **bei alltäglichen Geschäften** begegnet man dem Bürokratiewahn.
Selbst der Kauf eines Stücks Butter im Laden an der Ecke ist durchstruk-
turiert, wobei jede Transaktion von einer unterschiedlichen Person übernommen wird. Für die Bestellung der Butter erhält man ein *comprobante*,
damit zahlt man an der Kasse und erhält einen *recibo,* der zur Entgegen-
nahme der Ware berechtigt. Den *recibo* reicht man ein und bekommt
schließlich die Ware mit einer *boleta*, mit der man sich das Gekaufte beim
empaque verpacken lassen kann. Für die drei Varianten *comprobante*, recibo und *boleta* gibt es auf Deutsch ein Wort: Kassenzettel.

Zur Mittagszeit zwischen 12 und 14 Uhr erledigen viele Chilenen ihre
trámites (Behördengänge), für die man generell **viel Zeit einplanen** muss.
Lange Schlangen winden sich in Banken, den Rechnungszahlungsstellen
von Servipag oder Notariaten. Gehälter oder Honorare werden meist per
Scheck oder *vale vista*, eine bei der Bank hinterlegte Geldsumme, ausgezahlt und am Monatsende persönlich bei der Bank abgeholt. Geduldig
reiht man sich in die meterlange Schlange ein oder zieht eine Nummer,
um die **Rechnungen** für Telefon, Gas, Strom, Schulgeld, Wasser oder Miete zu **begleichen.** Besonders am Monatsbeginn sind die Banken und Servi-
pags des Landes randlos überfüllt.

Wie die Provinzen des Landes (Regionen I bis XV) sind auch die **Bürger
durchnummeriert.** Jeder neugeborene Chilene und in Chile lebende Ausländer erhält bei Ankunft auf chilenischem Boden eine persönliche Nummer, die **RUT**, *rol único tributario*. Die RUT dient der steuerrechtlichen
Erfassung und ist auf der *cédula de identidad,* oft kurz *carnet* genannt,
aufgedruckt. Als Identitätsbeweis enthält sie Foto, Namen, Geburtsda-
tum, Daumenabdruck und Unterschrift. Die **„cédula"** führt jeder Chilene
ständig bei sich, oft auch die seiner Mutter und Kinder, deren neunstellige
RUT man ebenso wie die eigene auswendig weiß. Ohne *RUT* existiert man
in Chile praktisch nicht, denn ohne Nummer ist es nicht möglich, ein Buch
auszuleihen oder eine Wohnung anzumieten. Zudem erfasst die *cédula*
außerdem das Schuldenregister, Vorstrafen und natürlich die Einkaufsge-
wohnheiten eines jeden Bürgers. Bis 1973 erhielt man den Ausweis mit 18
Jahren, um ins Wahlregister eingetragen und zum Militärdienst eingezo-

▷ Die Asche des Vulkans Chaitén macht diesen Ort unbewohnbar

gen werden zu können. *Pinochet* nummerierte das Volk durch und führte die *RUT* für jeden neugeborenen Chilenen ein. Sobald die Kleinen das Köpfchen halten können, wird das Foto nachträglich geschossen. Bürokratie von der Wiege bis ins Grab und darüber hinaus.

Erdbeben und Vulkanausbrüche

Während die Inuit 20 verschiedene Wörter für Schnee kennen sollen, unterscheiden die Chilenen sprachlich die mitunter wöchentlich vorkommenden Beben je nach Stärke. Wer in Chile lebt, muss sich daran gewöhnen, dass die Erde hin und wieder wankt. Schwache Beben bis zum Magnitudenwert 4 gelten als normal und werden lediglich als Wackeln der Erde, *temblores*, wahrgenommen. Fünfhundert solcher *temblores* soll es pro Jahr in Chile geben, während Beben zwischen 6,5 und 7, sogenannte *sismos,* bis zu siebenmal im Jahr vorkommen. Zwischen 1947 und 1971 zeichneten die Seismologen mehr als 90 solcher *sismos* auf, die Vorboten und Nachwehen des bisher weltweit schwersten Erdbebens im Jahre 1960 in Valdivia mit einer Magnitude von 9,5. Ein *cataclismo* oder *terremoto* dieser Schwere tritt etwa alle drei Jahrzehnte auf und löst in vielen Fällen einen Tsunami aus. Im Fall von Valdivia maß die Flutwelle über zehn Meter und richtete verheerende Verwüstungen großer Gebiete im Kleinen Süden Chiles und Stunden später an den Küsten von Hawaii und Japan an.

Das schmale Land zwischen Anden und Pazifik liegt direkt auf dem pazifischen Feuergürtel, in dem sich eine **starke tektonische Spannung und rege Vulkantätigkeit** konzentrieren. Die Energie bahnt sich ihren Weg in vielerlei Formen und entlädt sich in brodelnden Geysiren, heißen Bächen oder Thermen in Vulkannähe sowie rauchenden, bisweilen ausbrechenden Vulkanen. In einigen Gebieten ist das **Trinkwasser sehr schwefelhaltig** und auch die reichen Bodenschätze sind Produkte aktiver Vulkantätigkeit. Mehr als 2000 Vulkane verteilen sich gleichmäßig über das Land, davon gelten 500 als geologisch aktiv, während 60 Schlünde in den letzten 450 Jahren Feuer spien. Erdgeschichtlich eruptierte erst vor wenigen Sekunden der Vulkan Llaima (Januar 2008) und gerade eben der Puyehue in Südchile (Juni 2011). Die größten Schäden richten dabei **Lava und Asche** an, die Schlammlawinen und Ascheregen verursachen. Nach einem heftigen Vulkanausbruch, der die Bewohner zur Flucht zwingt, oder auch nach schweren Erdbeben zeigt sich die **Solidarität der Chilenen,** die sich in hohem Maße engagieren, um den Menschen in der Krisenregion zu helfen. Beim großen Erdbeben im Februar 2010 wurden über Wochen Santiagos Supermärkte leer gekauft, da lebenswichtige Produkte in die Erdbebenregion an Verwandte, Bekannte oder Hilfsorganisationen geschickt wurden. Für Chilenen ist die Gefahr einer Naturkatastrophe wie ein Vulkanausbruch oder Erdbeben ständig präsent. Sie haben gelernt, damit zu leben und sich danach wieder aufzurappeln. Die unermüdliche Kraft und Energie der Chilenen, nach einer Katastrophe immer wieder aufzustehen und von vorn zu beginnen, ist beeindruckend und zeugt vielleicht vom Kampfcharakter ihrer Vorfahren. Ein typischer Ausspruch der Chilenen über ihr Land ist: *El nuestro no es un territorio fácil ni la vida una copa de miel.* – „Es ist keine einfache Region und das Leben wahrlich kein Honigschlecken".

Es gibt kaum einen Chilenen über 20, der nicht ein Erdbeben oder eine Überschwemmung erlebt hätte. Auch in der Literatur und in Filmen bilden Naturkatastrophen einen festen Bestandteil. Bereits als die ersten Eroberer kamen, hörten sie von den Einheimischen schaurige Geschichten über *terremotos* und Vulkanausbrüche. Es gibt wohl keine chilenische Stadt, die nicht komplett oder teilweise von zumindest einem Wiederaufbau in ihrer Geschichte zu berichten weiß. Valparaíso etwa wurde sechsmal zerstört und wieder aufgebaut.

Während man bei einem Volk, das sein **Land auf bewegter Erde gebaut** hat, eine gewisse Routine im Umgang mit Erdbeben annehmen mag, ist **panikartiges Verhalten** die typische Reaktion der Chilenen in einer akuten Bedrohungssituation. Beim ersten Anzeichen eines Bebens stürzen sie nach draußen, ungeachtet der Gefahr herunterfallender Kabel oder Gegenstände. Bei starken und länger anhaltenden Beben werden Mat-

Extrainfo 12 (s. S. 6): Zusammenstellung von Aufnahmen des schweren Erdbebens vom Februar 2010

ratzen, Tische und Stühle ins Freie getragen, um dort zu kampieren, bis die Gefahr vorüber ist. Nun könnte man vermuten, dass der jahrhundertelange Lernprozess zu einem gewissen Know-how geführt hat, wie stabile Gebäude und andere Bauten zu errichten sind, sodass sie mittleren bis schweren Beben standhalten. Die Erfahrung der jüngsten Beben zeigt jedoch, dass dem nicht so ist. Nicht nur die *poblaciones* (Siedlungen der Ärmeren) traf das **Beben im Februar 2010 in Concepción** mit voller Wucht, der die einfach gebauten Hütten nicht widerstanden, sondern auch billig hochgezogene Wohntürme.

Seit dem letzten schweren Beben werden die chilenischen **Baufirmen** allerdings stärker in die Pflicht genommen, erdbebensicher zu bauen und sich an die Vorgaben der Baubehörde zu halten. Angesichts der allgegenwärtigen Gefahr werden so mancherlei Vorkehrungen getroffen. Ein gepackter Rucksack mit dem Wichtigsten steht bereit. Entlang der Küstenstraßen weisen Tsunami-Warnschilder den Fluchtweg und in öffentlichen Gebäuden hängen Notfallpläne für den Fall eines Erdbebens aus. In einigen Schulen, leider meist nur in den privaten, wird das richtige Verhalten bei Erdbebenalarm geübt, sodass die Kleinen sich selbst zu schützen wissen. Ab einer bestimmten Bebenstärke schaltet sich die Stromzufuhr automatisch aus, Telefonleitungen werden unterbrochen und auch Radios funktionieren nicht mehr.

Vorsichtsmaßnahmen bei Erdbeben

- *Ruhe bewahren und daran denken:*
  Erdbeben können länger als eine Minute dauern.
- *In Gebäuden: Schutz unter Türrahmen oder stabilen Möbeln (wie Tisch) suchen und die Nähe von Fenstern und Glastüren meiden.*
- *Keine Aufzüge benutzen.*
- *Im Freien: Nicht auf die Straße laufen, da Gefahr herabfallender Gegenstände oder Teile (wie Glasscheiben, Elektroleitungen o. Ä.) besteht. Nicht in der Nähe von Gebäuden, Bäumen und elektrischen Leitungen aufhalten.*
- *Auf der Straße: Brücken meiden. Mit dem Auto an einem sicheren Ort anhalten.*
- *Unmittelbar nach dem Beben schnellstmöglich Strom- bzw. Gasinstallationen abschalten, um Funkenbildung zu vermeiden.*

Essen und Trinken

Die chilenische Küche ist charakteristisch für ein Land, in das viele Einwanderer sehr verschiedener Herkunft ihre Ess- und Trinkgewohnheiten mitbrachten. Es entstand eine Art **Mischküche** mit indianischen, europäischen und asiatischen Wurzeln, aus der sich eine typisch chilenische Hausmannskost entwickelte, die sich quer durch alle Regionen des Landes großer Beliebtheit erfreut. So brachten die Spanier Weizen, Schweine, Hühner und Rinder mit und übernahmen von der autochthonen Bevölkerung Mais (in Chile *choclo*), Kartoffeln und Bohnen (*poroto*), die heute die Hauptzutaten der chilenischen Volksküche bilden. Die **„cazuela",** ein Potpourri aus indianischen und spanischen Einflüssen, ist wohl das traditionellste Gericht Chiles. Neben Kürbis, Kartoffeln und Mais kann der Eintopf sowohl aus Puten- als auch Hühner- oder Schweinefleisch bestehen und geht auf die **Zubereitungsart der Ureinwohner** zurück. In der Sommerzeit stehen der Maisauflauf *pastel del choclo* und die mit Maisbrei gefüllten Maisblätter *humitas,* eines der wenigen ursprünglich vegetarischen Gerichte, auf dem Speiseplan. Im Norden wird stets eine Portion Reis gereicht, ein **Erbe der chinesischen Einwanderer,** die einst als Minenarbeiter und für den Guano-Abbau nach Peru kamen. Hauptbestandteil jedes Essens sind jedoch Kartoffeln, die u. a. auch aus Chile bereits vor Jahrhunderten ihren Weg auf die europäischen Teller gefunden haben. Daher verwundert die große Zahl an Kartoffelsorten nicht.

Den deutschen Einwanderern verdankt Chile wiederum das Sauerkraut (*chucrut*) und den Kuchen, der seinen deutschen Namen behielt und stets mit Obst gefüllt ist. Besonders in Zentral- und Südchile gibt es mit Brombeeren gefüllte *kuchenes*, die ebenfalls die Deutschen einführten und die sich in ganz Chile durchsetzten. Auch *strudel* und *berlinos* (Pfannkuchen oder Berliner) haben Einzug in die chilenische Confiserie gehalten. Und vielleicht ist die Liebe der Chilenen zum Brot auch ein Erbe der Deutschen. Chile steht nach Deutschland auf **Platz zwei der größten Brotkonsumenten** weltweit. Zum Mittagessen wird als einladende Geste stets warmes Brot, Butter und *pebre* gereicht, das den ersten Hunger stillen soll. „**Pebre**" ist eine scharfe Soße aus Zwiebeln, Knoblauch, Öl, Koriander, grünem Chili und manchmal Tomaten, die von Haus zu Haus variiert, da jeder Koch seine eigene Note hinzufügt. Brot wird immer nachgereicht, denn daran soll es nie fehlen. Sei es zum Frühstück, Mittag, *once* (Teestunde) oder Abendbrot, Brot steht stets auf dem Tisch. Besonders für ärmere Familien ist es das wichtigste Nahrungsmittel und für einige neben Tee, Butter und Marmelade das einzige am Tag. Die **Bedeutung des Brotes** ist bei Chilenen tief verwurzelt. Schon *Pablo Neruda* schrieb eine Ode an das Brot. Wird in Chile ein Kind geboren, heißt es, es käme mit einem *marraqueta* unter dem Arm zur Welt: *nació con la marraqueta bajo el brazo*. Das bedeutet, mit dem Essentiellen ausgestattet zu sein und Glück in die Familie zu bringen. Diese Verbindung zwischen Brot und Glück zeigt einmal mehr, wie wichtig Brot in Chile ist. Das *marraqueta*, dem französischen Baguette ähnlich, ist die beliebteste Brotsorte und daher immer als Erstes ausverkauft. *Marraquete* hießen die zwei französischen Bäckerbrüder, die es erstmals um 1900 in Valparaíso buken. Heute macht es etwa 70 % aller Brotverkäufe in Chile aus. Wie ein zu groß geratener Keks sieht das *hallulla* aus, dessen rechteckige Variante *coliza* heißt. Das geknetete Brot *pan amasado* ist eine Art Hausfrauenbrot, meist selbst gebacken und vor allem in Zentral- und Südchile üblich. Ein typisch chilenischer Duft ist der des gerösteten Brotes am Sonntagmorgen, da dies der einzige Wochentag ist, an dem die Chilenen so richtig ausschlafen und kein frisches Brot im Haus ist, sodass sie es toasten.

Traditionell wird **weißes Brot** gegessen, zubereitet aus Weizenmehl, Wasser, Fett und Hefe. Alles andere gilt als dunkles Brot wie etwa Vollkorntoastbrot und auch abgepacktes Schwarzbrot der Firma Fuchs, welches nur in den großen Supermärkten erhältlich ist. An Regentagen in

◁ Das Auge wählt aus – dieser Brauch hat sich aus früheren Zeiten bewahrt, als ein Großteil der Bevölkerung des Lesens nicht mächtig war

Südchile und als typisches „Brötchen auf die Faust" isst man *sopaipillas,* eine flache runde Teigspezialität aus Mehl, Kürbis, Wasser und Fett. Da Chile seit jeher landwirtschaftlich geprägt ist, eigneten sich die **tragbaren Brote,** um sie mit aufs Feld zu nehmen. Gleiches gilt für die **„empanadas"** (Teigtaschen), deren Ursprung bei den Ackerbau betreibenden Nomadenvölkern Südamerikas zu finden ist. In Chile bis heute als Snack für zwischendurch oder als Mahlzeit beliebt sind die mit Fleisch, Zwiebeln und Oliven gefüllten *empanadas de pino,* von denen es auch mit Käse oder gekochten Meeresfrüchten gefüllte Varianten gibt, *empanada de queso* oder *empanada de mariscos.* Das beliebteste Essen für unterwegs ist jedoch der **„completo",** Chiles Version des Hot Dog. Der *completo* kann je nach Gusto mit pürierter Avocado, gewürfelter Tomate, Zwiebeln, Sauerkraut, Mayonnaise oder Senf kombiniert werden. In Chile gibt es eine spezielle **Kultur des Schnellimbisses,** der sich auch die amerikanischen Fast-Food-Ketten anpassen mussten, um ihre Burger und Hot Dogs zu verkaufen. Neben Mayo und Ketchup gehört eine Chilisauce und Avocado, die hier *palta* heißt, auf den Burger. Und diese Burger können sich sehen lassen. Von üppigem Format (meist tellergroß) tragen sie Namen von Präsidenten wie der „Barros Luco" oder von Nationen wie der „Italiano". Kleine als *fuentes de soda* bezeichnete Lokale sind auf das schnelle Essen *(comida rápida)* spezialisiert und bieten Menüs aus Tee und Sandwich an. Zur Mittagszeit essen die Chilenen meist in Restaurants, derer es eine große Menge mit Tagesmenü-Angeboten gibt. Längere Gespräche mit dem Ober über die Angebotspalette und Empfehlungen sind üblich und mitunter ratsam. Nicht nur die Kellner, sondern auch die wartende Kundschaft lässt sich geduldig darauf ein.

Fisch oder Fleisch?

Eines ist gewiss: für Chilenen liegt die Kraft des guten Essens im Fleisch. **Hauptsache Fleisch** gilt für jedes Essen, dabei wird es gut bürgerlich zubereitet und möglichst auf Extravaganzen verzichtet. Im Brot als *choripán,* getrocknet als *charqui,* paniert als *chuleta* (Kotelett) oder mit reichlich angebratenen Zwiebeln, Eiern und Pommes als „Steak für arme Leute", *bistec a lo pobre.* Dieser Name wird der reichhaltigen Mahlzeit wahrlich nicht gerecht und womöglich handelt es sich um ein sprachliches Missge-

> Für Gäste und bei einem besonderen Anlass, wird auch schon mal ein Lamm geschlachtet

schick, denn das von französischen Einwanderern mitgebrachte *boeuf au poivre* (Pfeffersteak) wurde kurzerhand zu *a lo pobre* („für Arme"), was dann auch jeder Chilene verstehen konnte. Unter *carne* (Fleisch) versteht man in erster Linie rotes Fleisch von Rind und Schwein. Huhn und Pute gelten als gesund und können Vegetariern schon mal als Fleischersatz angeboten werden, da es ja kein *carne* ist.

Bleibt die Frage, warum die Bewohner eines Landes mit einer über 4300 km langen Küste und einem überaus reichen Angebot an Fisch und Meeresfrüchten Huhn und Rind den Vorzug geben. Lange Zeit galt **Fisch als das Essen armer Leute,** die darauf angewiesen waren, was Meer und Garten hergaben. Fleisch konnten sich nur die Wohlhabenden leisten. Heute ist es umgekehrt. Fisch ist teuer geworden und stieg damit zum Essen der Reichen auf. Einige Arten sind aufgrund des Exports, wie im Falle des Schwertfisches, kaum noch auf dem einheimischen Markt erhältlich. Dennoch sind **Fischgerichte fester Bestandteil der Speisekarte,** wie die *paila marina* (gegarte Meeresfrüchte) oder *mariscal* (eine Suppe aus frischen Meeresfrüchten) belegen. Die Liste der beliebtesten Spei-

047-h-ks

sefische führen der Seehecht *(merluza)* und die Renette *(reineta)* an, die es zubereitet al *pil-pil* (in Knoblauchsoße), *a la plancha* (gegrillt), *al horno* (gebacken) oder *a la mantequilla* (in Buttersoße) gibt. Begünstigt durch den kalten Humboldtstrom sind **chilenische Fische und Meeresfrüchte** von erstklassiger Qualität. Die Muschelvielfalt ist gigantisch und reicht von Kamm-, Pfahl- und Venusmuscheln bis hin zu Miesmuscheln, von denen es allein drei Arten gibt, die *choro, cholga* und *choro zapato.* Letztere hat die Größe eines Kinderschuhs und ist vom Aussterben bedroht. Den Kostbarkeiten aus den Tiefen des Pazifiks werden **aphrodisische Kräfte** nachgesagt. Daher verwundert es nicht, dass Fischrestaurants mitunter Zimmer stundenweise vermieten oder in der Nähe von Motels, Chiles Stundenhotels, liegen. Besonders wundersame Kräfte soll der Seeigel *(erizo)* haben, der am liebsten roh verspeist wird. Ein Highlight ist *ceviche,* ein Salat aus rohem, in Limettensaft mariniertem Fisch. Der Umgang mit rohen oder frischen Produkten ist in Chile tief verwurzelt. Durch die verschiedenen Klimazonen verfügt das Land zu jeder Jahreszeit über **ein reiches Angebot an Frischgemüse** sowie frischen Trauben, Pfirsichen, Melonen, aber auch hierzulande unbekannten **Früchten** wie die *chirimoya* (Zuckerfrucht), *lúcuma* (Eifrucht) oder *tuna* (Kaktusfeige). Über die Vielfalt in der Zubereitung von Salaten oder Gemüsebeilagen lässt sich allerdings streiten. Wenn es um die Veredelung geht, ist die landestypische Küche recht eintönig. Soßen oder Dressings sucht man vergebens. **Salate** bestehen aus auf dem Teller aneinandergereihten Gemüsearten. Zunehmend halten aber Balsamico- und Olivenölflaschen Einzug in die Restaurants der Großstädte.Der typisch chilenische Salat ist dem Namen nach der *ensalada chilena,* ein Tomatensalat mit jeder Menge Zwiebeln und Koriander.

Englische Teezeit und russische Trinkgewohnheiten

Unter Essen *(comida)* verstehen Chilenen eine warme Mahlzeit gegen Mittag, zwischen 13 und 15 Uhr *(almuerzo)* sowie zur Nacht gegen 22 Uhr *(cena).* Um die lange Zeit bis zum Nachtessen zu überbrücken, wird am frühen Abend zwischen 18 und 20 Uhr Tee und Brot mit Käse oder Gebäck gereicht. Die chilenische Teatime – **„once"** – hat tatsächlich ihren Ursprung im englischen Fünf-Uhr-Tee, wird aber entsprechend dem Vormittagstee *elevenses* auch „Elf", also *once,* genannt. Als katholisches Land zählte das Chile der Kolonialzeit die Stunden nach der liturgischen Tageseinteilung und die elfte Stunde entsprach der klassischen Teezeit der Engländer. Diese Erklärung für ihr geliebtes *once* ist Chilenen allerdings zu nüchtern, vielmehr gefällt ihnen die Version, in der das *once* auf die elf Buchstaben des spanischen Wortes für Schnaps, nämlich *aguardiente,*

Extrainfo 13 (s. S. 6): Typisches Essen auf dem Fischmarkt in Coquimbo: *Empanadas de Marisco* zurückgehen soll. Zu Kolonialzeiten herrschte zeitweise Alkoholverbot, das die Chilenen umgingen, indem sie *once* bestellten und in einer Tasse Hochprozentigen serviert bekamen. Die Chilenen lieben ihren Tee. Ob reich oder arm, im Durchschnitt trinkt jeder Chilene **fünf Tassen Tee pro Tag** und rangiert damit international auf Spitzenplätzen, was den Teeverbrauch betrifft. Auch *Pablo Neruda* wurde einst als chilenischer Konsul in Ceylon (heute Sri Lanka) beschäftigt, um den Teenachschub für die Heimat sicherzustellen. Die gemeinsame Liebe zum Tee bewog zweifelsohne einen britischen Gesandten in Chile dazu, in seinem Schreiben an die Krone die dortigen Einheimischen als die „Engländer Südamerikas" zu bezeichnen – ein Titel, der bis heute in Chile in aller Munde ist.

Im Gegensatz zu den Briten zelebrieren Chilenen ihr *once* nicht. **Tee** wird ohne Milch, dafür aber mit jeder Menge Zucker getrunken. Bestellt man dennoch *té con leche* (Schwarztee mit Milch), erhält man eine Tasse Milch, in der ein Teebeutel schwimmt. Ähnliches geschieht bei der Kaffeebestellung, bei der man heißes Wasser und ein *sobre* Nescafé, ein Tütchen mit Instantkaffee erhält. Verlangt es einem nach „richtigem" Kaffee, sind die berühmt berüchtigten **„Cafés mit Beinen"** *(cafés con piernas)* in der Hauptstadt empfehlenswert, in denen gut gebaute Frauen in Miniröcken und engen Oberteilen Espresso und Milchkaffee servieren. Einst ausschließlich Geschäftsmännern vorbehalten, frequentieren immer häufiger auch Frauen diese Cafés und drängen bis heute darauf, auch endlich Damentoiletten dort einzurichten.

Familienessen dagegen folgen einer Art feierlichem Ablauf. Gewöhnlich kommt die Familie am Sonntag zum Mittagessen zusammen, zu dem jeder etwas beiträgt. Dann übernehmen die Männer den Grill und die Frauen die Küche, wo sie zunächst *pisco sour* zubereiten, **Chiles hochprozentiges Nationalgetränk.** Denn begonnen wird stets mit einem Aperitif und fast schon obligatorisch ist dies ein *pisco sour.* Jede Hausfrau hat dabei ihr eigenes Rezept, wie sie die Ingredienzen Traubenschnaps, Zitronensaft, Zucker, Eischnee und Eiswürfel zu einem wohlschmeckenden und durchaus nicht ungefährlichen Cocktail vermischt. Angeheitert durchs Verkosten der Mixtur gesellen sich die Frauen zu den Männern. Jugendliche bevorzugen eher *piscola* (Pisco mit Cola), eine Art Cuba Libre, oder auch *jote*, ein Mix aus Cola und Wein. Eine ungewöhnliche, aber nicht unübliche Mischung ist auch Schwarzbier mit einem Ei. Dabei gibt es durchaus eine **alte Brauereitradition** in Chile, die besonders im Süden sehr verbreitet ist. Nicht wenige Biere werden hier nach dem deutschen Reinheitsgebot gebraut, welches die deutschen Einwanderer ebenso einführten wie das *shop*, was sich aus Schoppen ableitete und bis heute für gezapftes Bier steht.

Trotz der guten Biere ist und bleibt Chile das **Weinland Südamerikas.** Als Produzent von Spitzenweinen mit jahrhundertealter Tradition und großen Mengen an Tafelweinen ist Chile heute **drittgrößter Weinexporteur der Welt.** Der Erfolg beruht auf den günstigen klimatischen Bedingungen und Vulkanböden. In kaum einem anderen Anbauland herrschen ähnlich gute Voraussetzungen für den Weinanbau. Da es fast keine giftigen und gefährlichen Tiere sowie Schädlinge über die Anden und den Pazifik schafften, blieb Chile auch als einziges Land weltweit von der Reblaus und dem falschen Mehltau verschont. Die Trauben wachsen hier auf nicht veredelten Rebstöcken, was in Europa schon lange nicht mehr möglich ist. Die alte **Bordeaux-Rebsorte Carménère** galt lange als ausgestorben und ist durch einen Zufall erst 1994 in Chile wiederentdeckt worden. Die chi-

⌃ Die Kultur des Schnellimbisses: „completos" und „empanadas" auf die Hand

lenischen Winzer erkannten ihre Chance und bestockten große Anbau-flächen mit Carménère, der seither exklusiv nach Europa verschifft wird. Bereits zu Kolonialzeiten brachte man es als Besitzer eines großen Wein-guts zu Respekt und Ansehen. Der Besitz kam einem Adelstitel gleich und hieraus leiten sich auch die *apellidos vinosos* ab, die **Nachnamen der Weinbauern,** die bis heute für Rang und Namen stehen. Die Cabernets, Merlots und Pinots werden hauptsächlich nach Europa, in die USA, aber auch auf die Philippinen und in den Vatikan exportiert.

Hauptabnehmer bleiben indes die Chilenen selbst. Am günstigsten ist der Liter Wein im Tetrapack erhältlich, wobei die wohl bekannteste Sor-te der „Gato" (Kater) ist. Bedruckt mit einem schwarzen Schnurrer und der Aufschrift *típico chileno* (typisch chilenisch) setzte sich der Name der Weintüte bereits als geflügeltes Wort für alles charakteristisch Chileni-sche durch. Als gato, also „typisch chilenisch", gilt auch der **extrem hohe Konsum von Alkohol,** der – wie sie selbst behaupten – auf einer Party schneller läuft als *Érika Olivera*, Chiles berühmte Marathonläuferin, und das Andenvolk eher zu den „Russen" als den „Engländern Südamerikas" werden lässt.

Geld, Kreditkarten und Banken

In Chile wird man schnell zum Millionär. Die Währung macht's möglich. Man zahlt in Tausendern, feilscht um Hunderter und so mancher verdient eine Million im Monat. Umgangssprachlich sind tausend Peso ein *luca* und eine Million ein *palo* oder *guatón* („Dickerchen"). Mit „Gib mir einen *Ga-briela*" wird ein Fünftausend-Peso-Schein verlangt, da diesen die Dichterin *Gabriela Mistral* ziert. Gleiches gilt für einen Arturo, den **Zehntausender-Schein,** auf dem der Kriegsheld *Arturo Prat* abgebildet ist.

Oft hört man *ando de pato*, was für „pleite sein" oder „keine Patte ha-ben" steht, wortwörtlich „wie eine Ente herumlaufen". Diesen Chilenis-mus hat die Staatsbank BancoEstado für ihr Logo übernommen und die Ente zum Maskottchen gekürt. Während vor zehn Jahren die meisten Chilenen der unteren und zum Teil mittleren Einkommensschichten noch nicht über ein Bankkonto verfügten, hat sich das inzwischen geändert. Die BancoEstado vergibt sogenannte *CuentaRUTs*, Konten, die auf die Steuer-nummer des Kontoführers laufen. Selbst mit geringem Einkommen erhält man nun ein Konto. Und damit kein Chilene mehr geldlos durchs Leben gehen muss, stehen an jeder Ecke Redbanc-Geldautomaten, denen 21 Banken angehören und die den Konsumenten rund um die Uhr mit Geld versorgen. Bargeld des täglichen Bedarfs wird meist **in geringen Summen** abgehoben, wovon auch die Banken profitieren, die sich das Abheben ab dem fünften Mal pro Monat ordentlich bezahlen lassen. Nach wie vor zählt das Geld in der Hand. **Man zahlt in bar,** *en efectivo* oder *al contado.* Das Misstrauen den Banken gegenüber ist groß und deshalb ist es auch üblich, mit einem Mal einen Großteil vom Monatslohn abzuheben, um dann persönlich seine Rechnungen bezahlen zu gehen. Die hohen Gebühren für Überweisungen begünstigen das natürlich. Barzahlung in den großen Ladenketten wie Paris oder Falabella ist weniger angesagt. Sie vergeben ihre ladeneigenen Kreditkarten, die ohne viel Aufwand erworben werden können. Rund um die Uhr werben die Kreditinstitute der großen Läden im Fernsehen und nähren die Vorstellung, jederzeit nach Belieben Geld ausgeben zu können. Einkaufen leicht gemacht! So stapeln sich allerhand Kreditkarten in den Geldbörsen und sind der stolze Nachweis dafür, dass der Durchschnittschilene bis über beide Ohren verschuldet ist. Besonders in den größeren Städten hält die **Kreditkarte** immer mehr Einzug und selbst in Restaurants werden kleinere Summen z. B. für einen Mittagstisch mit Karte bezahlt.

Als Sparfuchs ist der Chilene wahrlich nicht bekannt. Es wird konsumiert, was das Zeug hält. Ob Eigentumswohnung, Auto, Möbel oder T-Shirt, alles wird auf Pump gekauft und in Raten abbezahlt. Hinzu kommen die Schulgebühren der Kinder. In vielen Haushalten reicht das Familieneinkommen daher kaum bis zum Monatsende. Die Angebote der Kredittitute sind verlockend, selbst wenn ihre Schulden über die Zinszahlungen noch ansteigen. Zum einen mag die **alltägliche Verschuldung** mit der oft beschworenen Latino-Mentalität zusammenhängen, im Hier und Heute zu leben und nicht an morgen zu denken. Doch besteht häufig kaum eine andere Möglichkeit, am überall angepriesenen Wohlstand teilzuhaben. Während die unteren Schichten versuchen zu überleben, sind sogar viele Mittelstandsfamilien, die über ein gutes Einkommen verfügen, hoch verschuldet. Einfach deshalb, weil sie über ihre Verhältnisse leben und vorzugeben versuchen, reich zu sein. Die chilenische Oberschicht hingegen wird abschätzig mit einer *mano de guagua* verglichen, einer Kinderhand, die geschlossen bleibt und sich nicht öffnet. Reiche Chilenen gelten als geizig, da sie traditionell nichts spenden oder sich kaum bei gemeinnützigen Initiativen engagieren.

Wie steht es um die **Zahlungsmoral** der Chilenen? Verleiht man Geld an chilenische Freunde, sollte man es als eine Investition betrachten und zunächst nicht von einer Rückzahlung ausgehen. Gläubiger ausstehender Stromrechnungen oder Autoraten geben sich damit natürlich nicht zufrieden. Sie reagieren sofort. Wird die Telefon- oder Stromrechnung nicht innerhalb einer Woche nach Fristende bezahlt, wird kurzerhand abgeschaltet. Schuldner werden in der Regel nicht über den Rechtsweg verfolgt, da dieser langwierig und kostspielig ist. Stattdessen werden *cobradores*, **Geldeintreiber,** beauftragt, die persönlich nachhaken und Druck aufbauen. Im seltensten Fall werden die Schuldner tatsächlich angetroffen und die Nachbarn geben sich unwissend, wahrscheinlich sei der Nachbar verzogen. *Cobradores* mögen auch ein Grund dafür sein, dass in Chile nirgendwo Klingelschilder oder Briefkästen mit Namen zu finden sind.

Hausmädchen

Nimmt man in Santiago am Ende eines Arbeitstages den Bus oder die Metro von den höher gelegenen Kommunen Providencia oder Las Condes zu den sich weiter unten befindlichen Vierteln Penalolén oder Puente Alto, liegt ein Geruch von Chlor in der Luft. Der Geruch stammt von den Händen der Frauen, die sich **als Dienstmädchen in den wohlhabenderen Haushalten** verdingen. Die „von unten" putzen, kochen und erziehen die Kinder derer „von weiter oben". Das **Sozialgefälle** tritt besonders in der Hauptstadt zu Tage, wo die, die es sich leisten können, immer weiter Richtung Berge ziehen. Das Dienstpersonal kommt meist vom anderen Ende der Stadt weiter unten und hat einen Arbeitsweg von gut einer Stunde zurückzulegen. Das Busticket wird selbst gezahlt und vom wenigen Lohn abgeknapst. Dienstmädchen, die in Chile allesamt **„nanas"** genannt werden, zählen zu den Geringverdienern und oftmals auch prekär Beschäftigten, da, obwohl per Gesetz vorgeschrieben, in den meisten Fällen kein Arbeitsvertrag geschlossen wird und Sozialleistungen somit nicht entrichtet werden. In der Regel verdienen sie den Mindestlohn und arbeiten an sechs Tagen die Woche zwischen 9 und 12 Stunden täglich. Der Verdienst hängt zudem von der Anstellung ab, ob **„puertas adentro" oder „puertas afuera".** Schließt die *nana* die „Tür von innen", *puertas adentro,* wohnt sie in einem kleinen Zimmer, meist in Küchennähe, mit im Haus bzw. auf dem Grundstück des Arbeitergebers und ist rund um die Uhr für die Familie da. Fährt das Hausmädchen nach getaner Arbeit heim, ist sie *puertas afuera,* „Tür nach außen", angestellt. In chilenischen Familien der Ober- und Mittelklassen ist es üblich, eine *nana* zu beschäftigen, das **gehört fast schon zum guten Ton.**

Besserverdienende leisten sich zusätzlich eine Köchin und einen Gärtner. Verpflegung ist inklusive, doch wird sie nicht mit am Tisch der Hausherren eingenommen, auch wenn gern angemerkt wird, dass das Personal doch Teil der Familie wäre. Sie essen separat, oftmals allein, in der Küche. Hausangestellte werden grundsätzlich geduzt, selbst wenn sie um einiges älter sind, und die Hausherren gesiezt, auch wenn sie um einiges jünger sind. Das sind Tatsachen, die als gegeben hingenommen werden – von beiden Seiten. Hier zwischen Küche und Kinderzimmer der chilenischen Ober- und Mittelklassefamilien tritt die Ungleichheit der Gesellschaft zutage, die **zwischen Modernität und alteingesessenen feudalen Strukturen** taumelt. Von Nana-Arbeitgebern hört man oft das Argument, damit doch Gutes zu tun, da man den Frauen eine Chance auf Arbeit und Lohn gibt. Die Person hinter der Schürze und ihre Bedürfnisse, beispielsweise ein Recht auf eigene Familie, auf Bildung und Anerkennung werden dabei ausgeblendet.

Es gibt heute laut Statistik über 370.000 *nanas* in Chile, aufgrund illegaler Beschäftigung geht man von gut einer halben Million aus. Obwohl offiziell 12 % der Arbeitnehmerinnen dieser Tätigkeit nachgehen, bilden die nanas **stets die Schlusslichter,** wenn es um die Einführung gesetzlicher Vorgaben für Sozialabgaben und Mindeststandards geht. Bis März 2011 waren *nanas* vom Gesetzgeber nicht als vollwertige Arbeitskräfte anerkannt, für sie mussten weder Sozialleistungen entrichtet werden, noch gab es Mutterschutz oder gesetzlich festgelegte Ruhetage. Jetzt haben die Frauen ein Recht darauf. Dieses **Recht wird in vielen Fällen zu umgehen versucht,** indem „nanas" aus Peru, Bolivien oder der Dominikanischen Republik „eingestellt" werden, die in immer größerer Zahl auf der Suche nach Arbeit ins Land strömen. Einige von ihnen verfügen sogar über einen Universitätsabschluss und sind damit häufig besser ausgebildet als ihre Herrschaften.

Ein **Wandel zugunsten der „nanas"** scheint sich jedoch nicht nur in der Arbeitsgesetzgebung abzuzeichnen, sondern auch in den Köpfen so mancher Mittelstandsfamilie, die sich einen Geschirrspüler anschafft, dessen Preis zwar den Monatslohn einer *nana* übersteigt, aber sich auf lange Sicht rentiert. Die Kinder werden zur Mithilfe im Haushalt angehalten und die Eltern versorgen in partnerschaftlicher Absprache den Nachwuchs nach der Schule. Bis heute sind die *nanas* schließlich diejenigen, die ihren berufstätigen Geschlechtsgenossinnen die Vereinbarung von Kind und Beruf ermöglichen. Mehr Emanzipation und weniger Machismo kommt auch der *nana* zugute.

⊡ Gitarrenklänge und Gesang gehören zur musikalischen Tradition

Musik: Gitarre, Mischpult und Panflöte

In Chile bestimmt **eher das Lied als der Tanz** die musikalische Tradition des Landes. Den feurigen *latin dancer* sucht man hier vergebens, stattdessen trifft man auf mitreißende Straßenmusiker und Gesangstalente. Gitarre scheint jeder Dritte spielen zu können, in privater Runde und auf öffentlichen Kundgebungen wandert sie dann von Hand zu Hand. Auf Volksfesten, Schulfeiern und zu offiziellen Anlässen wird die **Nationalhymne** angestimmt, die jedem Chilenen, kaum dass er sprechen kann, beigebracht wird. Nicht nur die Hymne, sondern auch populäre Songs haben Chilenen auswendig parat und summen allerorten mit, ob im Bus, an der Kasse im Supermarkt oder hinter dem Postschalter. Will man erfahren, welcher Hit gerade die Charts regiert, lausche man den Klängen, die aus den Fenstern der *colectivos* (Sammeltaxen) dröhnen. Der volksnahe Sound ist eine Art mestizierte Musik, in der Folklore mit Pop- und Rockmusik verschmilzt. **Reggaeton** und **Cumbia** geben auf der Straße und in den Diskotheken den Ton an. Alben vom Verschnitt „Greatest Hits" (also *grandes éxitos*), werden am heimischen Mischpult zusammengestellt und auf der Straße unter die Leute gebracht. Musik ist **Teil des chilenischen Lebensgefühls** und gehört zum Alltag, wobei sie für europäische Ohren oftmals eine Spur zu laut scheint. Traditionelle Folklore, die in Chile einen melancholischen und nostalgischen Touch hat, wird landauf und landab

gehört, wobei sie nicht mit deutscher Volksmusik und Heimatliedern vergleichbar ist. Folklore wird von sämtlichen Altersgruppen akzeptiert und steht in dem Ruf, eine Art **Nationalgut** zu sein. Die Texte handeln meist von Liebe, Sehnsucht und Freundschaft, wobei die Liebe überaus schnulzig besungen wird.

Der Musikgeschmack variiert von Region zu Region, im Norden dominieren Panflöte und *Charango* (Andengitarre). „Wind of Change" dudelt hier als Panflötenvariante aus den Transmittern, während es das Stück in anderen Teilen Chiles eher als spanische Version „Vientos de Cambio" von den *Scorpions* zum Mitsingen gibt. Zwar ist es üblich, *Phil Collins* oder *U2* ins Spanische zu übertragen, doch beherrschen ungeschlagen englischsprachige Songs und globale Hits die Medien. Zur Förderung nationalen Liedguts nimmt ein Gesetz alle etwa 1200 chilenischen Radiostationen in die Pflicht, mindestens 20 % chilenisches Liedgut pro Tag zu spielen.

Musik als **Sprachrohr für politische Botschaften und des Protests** hat in Chile Tradition. Die Kampagne zum Nein beim Plebiszit gegen die Pinochet-Diktatur war nicht zuletzt durch ihre mitreißenden Lieder so erfolgreich. Heute nutzt die für eine bessere Bildung revoltierende Jugend Lieder und Musikauftritte, um bildungspolitische Missstände anzuprangern. Die großen Vorbilder sind die Liedermacher *Violeta Parra* und *Víctor Jara*, die gesellschaftliche Umbrüche musikalisch interpretierten und bis heute die Chilenen emotional berühren. In den 1960er-Jahren wurde *Víctor Jara* zur wichtigsten Stimme der **„Nueva Canción Chilena",** einer für Lateinamerika neuen politischen Liedbewegung, die in Chile ihren Anfang nahm und ihren Höhepunkt in den Jahren der sozialistischen Regierung unter *Allende* (1970–1973) erreichte. Inhaltlich wie musikalisch waren die Stücke ein Novum. Mit politischen Texten entstand eine Mischung aus andiner Folklore und Rockmusik eigener Identität. Wichtige Vertreter waren die Bands *Illapu, Inti Illimani, Quilapayún, Los Jaivas* sowie die berühmten *Parras*, eine Künstlerfamilie, die Chile mehrere begnadete Sänger und Dichter schenkte. Sie alle machten chilenische Volksklänge und Instrumente wie die *Quena* (eine Bambusflöte) und die *Zampoña* (Panflöte) in der ganzen Welt bekannt. Am Morgen des Militärputsches vom 11. September 1973 fand die Bewegung ein abruptes Ende und eine **kulturelle Verdunkelung** sollte das Land fast 17 Jahre lang überschatten. Bücher und Schallplatten wurden öffentlich verbrannt, Kinos und Theater geschlossen, das gesamte kulturelle Leben kam durch die Verhängung der Ausgangssperre zum Stillstand. Die Künstler der *Nueva Canción*, deren Musik man unter dem Label „Folklore" verbat, wurden erbittert verfolgt. *Víctor Jara* ist wie Tausend andere Regimegegner ins Nationalstadion verschleppt worden, wo er, um den Inhaftierten Mut zu machen, Lieder anstimmte. Dafür brachen ihm

Extrainfo 14 (s. S. 6): Dokumentation über das Leben und Werk von Víctor Jara, Spanisch mit englischem Untertitel

seine Folterer beide Hände, schnitten ihm die Zunge heraus und durchlöcherten seinen Körper mit 44 Einschüssen. Um diesem Schicksal zu entgehen, gingen **viele Musiker ins Exil.** Diejenigen, die blieben, hatten es schwer, denn es war praktisch unmöglich, Konzertsäle und Plattenfirmen zu finden. Die Musik fand dennoch Wege. Einerseits lebte sie in den 1980er-Jahren durch die Exilbands und andererseits als Punkrock getarnt in Chile weiter. Die Musik der *Los Miserables* („Die Elendigen") und *Los Prisioneros* („Die Gefangenen") war das **Druckventil für die Unzufriedenheit der Gesellschaft** und prangerte in ironischen Texten das neoliberale Wirtschaftssystem an.

Heute wird die Musik der *Nueva Canción* in den Plattenläden wieder unter dem Label *folclor* verkauft und die der 1980er-Jahre unter der Rubrik *rock chileno*. Die Bands *Los Jaivas* und *Illapu* füllen noch immer riesige Konzerthallen.

Die Songtexte vieler Interpreten werden von **Alltagsthemen** bestimmt und **brechen gesellschaftliche Tabus,** wie etwa *Illapu*, die in ihren Texten für Safer Sex werben. Oder der Liedkomponist *Patricio Manns*, der mit seinem Song „Pascua-Lama" die Debatte um das umstrittene gleichnamige Bergbauprojekt verschärfte. Heftige Reaktionen seitens des Bergbaukonzerns waren die Folge, als das Lied als Beitrag für das Festival Viña del Mar eingereicht wurde, dem lateinamerikanischen Pendant zum Eurovision Song Contest, und gewann. Keinesfalls gleichen die Lieder dabei radikalen Protestsongs, sondern bedienen sich zum Teil einer sanften Musik und der Poesie. So greift der Musiker *Joe Vasconcellos* die Problematik der Mapuche in seinen Liedern auf und vertont einige ihrer Gedichte.

Naturverschmutzung und Umweltbewusstsein

Wer nun mehr Müll produziert, die Deutschen oder die Chilenen, ist schwer zu sagen. Beim **Tütenverbrauch im Supermarkt** liegt der Chilene klar vorn. An der Kasse packen die *propineros* („Trinkgeldverdiener") den Einkauf in unzählige Tüten. Flaschen werden sogar doppeltütig verpackt nach dem Motto je mehr Tüten, desto mehr Trinkgeld. Denn die *propina* (Trinkgeld) ist der Verdienst der Einpacker, von dem sie ihr Dienst-Outfit, eine Art Standgebühr von ca. 600 Pesos (knapp ein Euro) pro Arbeitseinsatz und in den meisten Fällen einen Teil ihrer Ausbildung finanzieren müssen. Da nimmt man erst einmal die Tüte in Kauf. Durchschnittlich 3000 Millionen Plastiktüten werden in Chile pro Jahr verbraucht, ca. 200 pro Person. In jedem chilenischen Haushalt gibt es eine **obligatorische Schublade mit einer Tütensammlung,** die wiederum für den Müll verwen-

det wird, allerdings für den unsortierten. Denn Mülltrennung und Mülltonnen gibt es in der Regel nicht. Papierrecycling erfolgt durch informelle Müllsammler, die den Hausabfall der Wohlhabenden nach Altpapier durchforsten. Die *cartoneros* (Pappesammler) arbeiten auf eigene Rechnung und das weniger aus ökologischen Beweggründen, sondern um sich damit ihren Lebensunterhalt zu verdienen. Der in Plastiktüten gestopfte **Müll** wird dann an Tagen, bevor die Müllabfuhr kommt, in eigens dafür vor dem Haus installierte Metallkörbe gelegt oder in ärmeren Vierteln an Bäume gehängt, damit ausgehungerte Straßenhunde sie nicht durchstöbern. Abgeladen wird der Müll dann meist in stillgelegten Kiesgruben, **Deponien gibt es kaum.** Anhand des auf der Straße liegenden Mülls lässt sich ausmachen, in welchem Stadtteil man sich gerade befindet. In den ärmeren Gegenden ist er überall sichtbar, in den wohlhabenden sind die Bürgersteige geschrubbt und Straßenfeger sorgen für Ordnung.

△ Pappesammler unterwegs in der Stadt

Mit erhöhtem Lebensstandard hat nicht nur der Müll zugenommen, sondern auch die Anzahl der Fahrzeuge, im Santiago der letzten Jahre fast um 50 %. Angesichts der Kessellage der Hauptstadt hat das für die Wintermonate fatale Folgen: eine **alarmierend hohe Luftverschmutzung.** Ab dem Verschmutzungsgrad 200 ppb (parts per billion) wird Smogalarm ausgerufen. Meist bewegt er sich um die 300 ppb, wobei es nach deutschen Maßstäben während der Hälfte des Jahres Smogwarnungen gäbe. In Santiago herrscht dann **Verkehrsverbot** für alle Pkws ohne Katalysator samt **eingeschränktem Fahrverbot** für bestimmte Nummernschilder, deren letzte Ziffern wie die Lottozahlen morgens im Radio und Fernsehen durchgegeben werden. Daher vielleicht auch die Tendenz der Upper Class zum Zweitwagen, um bei etwaiger Zahlenkombination zu Smogzeiten mobil zu sein. Bei Höchststufen werden 20 % des 1,3 Millionen zählenden Fuhrparks Santiagos und ca. 500 Fabriken vorübergehend stillgelegt. Auch der Sportunterricht an den Schulen fällt dann aus.

Santiago weist die stärkste Konzentration an verarbeitenden Industriebetrieben des Landes auf. Besonders **Abfälle der chemischen Industrie** führen zu hohen Schadstoffbelastungen von Boden, Wasser und Luft. Aber auch in der Provinz werden die ökologischen Kosten der Boombranchen in Form von vergiftetem Grundwasser in den Bergbausiedlungen, überfischten Küsten oder durch Monokulturen verseuchte Böden immer deutlicher spürbar. Damit erfährt die Mehrheit der Chilenen die Folgen der **Umweltverschmutzung am eigenen Leib.**

In Chile, wo sich persönlicher Erfolg durch ständige Konsumerhöhung auszeichnet und die ökonomischen Interessen des Staates vor den ökologischen stehen, hat es eine „grüne Bewegung" alles andere als einfach. Die vielfältige und einzigartige Natur Chiles ist zum einen gefährdet aufgrund der lückenhaften Gesetzgebung, die dem Staat wenige Steuerungs- und Kontrollmöglichkeiten bei privaten Investitionsvorhaben in die Hand gibt, aber auch wegen des mangelnden Umweltbewusstseins. Zwar stehen hier und da Mülltrennungseimer, es werden Einkaufstaschen aus Stoff verkauft und auf die Straßen sind Fahrradwege gemalt, jedoch wird das als eine aus Europa kommende Modeerscheinung abgetan. Angesagt ist auch, sich mit einem **grünen Label** zu schmücken, wobei jedoch bei weitem nicht überall grün drin ist, wo grün drauf steht.

Umweltorganisationen, die neuerdings viel Zulauf bekommen, machen indes auf frevelhafte Großprojekte aufmerksam. So informierten landesweit Protestplakate mit der Aufschrift *Patagonia SIN Represas* („Ein Patagonien OHNE Staudämme") und dem Bild verkabelter Torres del Paine, eine der beeindruckendsten Bergketten Chiles, auf das Staudammvorhaben HidroAysén. Megaprojekte und hohe Energiepreise scheinen in der Bevölkerung ein Umdenken in Gang gesetzt zu haben. Das **Um-weltbewusstsein wächst.** Landesweit gingen Zehntausende Demonstranten auf die Straße. Nie zuvor konnte der Umweltschutz in Chile so viele Menschen aus allen sozialen Schichten bewegen. Den Auslöser gab die Genehmigung des Megaprojektes HidroAysén, dessen schwere Folgen für die Natur im Umweltverträglichkeitsgutachten als unbedenklich befunden wurden. Die von der Regierung eingesetzte Umweltkommission muss sich dem Vorwurf stellen, Umweltauswirkungen beschönigt und im Interesse der beteiligten Unternehmen entschieden zu haben. Stellte sich doch heraus, dass zehn von zwölf Kommissionsmitgliedern in enger Verbindung mit diesen stehen. Es herrscht ein allgemeines Misstrauen gegenüber Großprojekten, die als umweltverträglich verkauft werden. Denn die Erfahrung hat die Menschen gelehrt, dass es sich dabei lediglich um kurzfristige leere Versprechen handelt. Die **Proteste** gaben den Auslöser, Umweltschutz auf die öffentliche Agenda zu setzen. Chilenen diskutieren eifrig erneuerbare Energien und deren Möglichkeiten, Sachverhalte, die vor der Bewilligung von HidroAysén kaum jemand kannte. Ob der Umweltschutz gegenüber den wirtschaftlichen Interessen in Zukunft eine Chance hat, wird sich zeigen. Am ehesten scheint beides dort vereinbar, wo die ursprüngliche Natur in Bares umgewandelt werden kann, nämlich in der Tourismusbranche. Der **boomende Ökotourismus** des Landes hat den Ökologie-Trend aus Europa für sich entdeckt, wobei in Chile zuerst das Modewort da war und das Bewusstsein dafür erst noch folgen muss.

Poesie und Bücher

Mittellose Dichter, die in öffentlichen Bussen aus ihrer Poesie vorlesen, private Literaturtreffs, Verse und Reime an Häuserwänden und nicht wenige Menschen, junge und alte, Studenten und Arbeiter, die in ihrer Freizeit Gedichte schreiben. Neue Ausdrucksformen von Lyrik verarbeiten junge Musiker in Rap und Gesang. Wie in den Werken der großen chilenischen Dichter stehen auch bei ihnen meist die Gegensätze des Landes im Vordergrund. Sie alle halten ein **kulturelles Erbe** am Leben, das im heutigen Chile, in dem sich alles um Konsum und oberflächliche Unterhaltung dreht, immer mehr auf dem Spiel steht. Gedichte würden sich nicht gut verkaufen, heißt es da, und dennoch schreiben Chiles Dichter unbeirrt weiter. Sie knüpfen an eine **lange lyrische Tradition** an, die zwei Literaturnobelpreisträger und zahlreiche talentierte Dichter und Schriftsteller hervorgebracht hat. Zwei der vier Nobelpreise für Literatur an Südamerika gingen an Chile: *Gabriela Mistral* (1945) und *Pablo Neruda* (1971). Lyriker wie *Vicente Huidobro, Pablo de Rockha* oder *Jorge Teiller* sowie ihre zeitgenössischen Kollegen *Gonzalo Rojas, Raúl Zurita* oder *Nicanor Parra* bürgen für den Ruf Chiles, ein **Land der Intellektuellen** zu sein. Bereits mehrfach wurde *Nicanor Parra* als Kandidat für den Literaturnobelpreis gehandelt. In Lateinamerika gilt der große Bruder der berühmten Liedermacherin *Violeta Parra* als einer der wichtigsten Poeten bzw. Antipoeten, dessen bekanntester Band *Poemas y antipoemas* einen Meilenstein in der lateinamerikanischen Lyrik darstellt. Umso peinlicher war es für das chilenische Volk, als der vormalige Präsident *Piñera* in seiner Eröffnungsrede zur Buchmesse in Santiago Chiles größtem zeitgenössischen Poeten wie in einem Nachruf gedachte, als wäre dieser bereits verstorben.

Denn **Chile ist stolz auf seine Dichter,** die seit jeher im politischen wie auch sozialen Leben einen bevorzugten Platz einnehmen. Eine enorme Popularität erreichte **Pablo Neruda,** der auf politischen Versammlungen statt Reden Gedichte vortrug und Partei ergriff für, wie er selbst sagte, „die Leute ohne Schule und Schuhe". Das Volk wählte ihn zum Senator der Nordregion und schlug ihn später als Präsidentschaftskandidaten vor.

Die **Dichter des Volkes als Botschafter** in die Welt zu schicken, hat ebenfalls eine lange Tradition in Chile. Dabei sind die Gesandten gleichzeitig auch Botschafter chilenischer Literatur. Bereits als 23-Jähriger vertrat *Pablo Neruda* chilenische Interessen in Birma und später in Spanien oder Argentinien. Da er sich in Spanien vehement gegen *General Franco* und

◁ Ausdauer beim Suchen, denn Bücher sind in Chile Mangelware

die Faschisten äußerte und sich seiner Diplomatenpflicht zur politischen Neutralität widersetzte, wurde er nach Lissabon zwangsversetzt und von seiner Kollegin **Gabriela Mistral** in Madrid abgelöst. **Antonio Skármeta,** der seine Exiljahre in Westberlin verbrachte und dessen bekanntestes Buch „Mit brennender Geduld" seinem berühmten Landsmann *Neruda* ein literarisches Andenken setzte, war von 2000 bis 2003 Botschafter in Berlin. Auch der Autor **Jorge Edwards** ist Teil dieses illustren Diplomatenkreises. Einst nach Spanien ins Exil gegangen und für seine Werke „Der Ursprung der Welt" sowie „Persona non grata" weltbekannt, vertritt er heute Chiles Interessen in Frankreich.

Viele zeitgenössische Autoren teilen die Erfahrung von **Diktatur und Exil,** die sie in ihren Werken verarbeiten. Weltweite Berühmtheit erlangten die Romane „Das Landhaus" von **José Donoso** und „Das Geisterhaus" von **Isabel Allende.** Die Diktaturerfahrung wird auch in zahlreichen Kriminalromanen verarbeitet. Chiles wohl bekanntester Kriminalautor *Ramón Díaz Eterovic* lässt dabei seine Protagonisten den dichtenden **Detektiv Heredía und Kater Simenon** nicht nur Verbrecher, sondern auch die sozialen Ungerechtigkeiten des chilenischen Alltags aufspüren.

Den Höhepunkt erreichte die Literatur- und Kunstszene während der Allende-Regierung, die diese Bereiche in besonderem Maße förderte. In jener Zeit erhöhten die Verlage ihre Auflagen, druckten sogenannte *minilibros,* kleine günstige Paperbacks, verkauften Bücher an Kiosken, um alle Bevölkerungsschichten zu erreichen und Verlage organisierten Bücherverkäufe wie auch Lesungen in den Fabriken.

Der Militärputsch 1973 setzte der aufblühenden Literaturszene ein jähes Ende. Die Militärs verhängten eine strenge Zensur, ließen Bücher verbrennen und Künstler verfolgen. Auch das in der Folgezeit eingeführte neoliberale Wirtschaftsmodell wirkte sich negativ auf die Literaturszene und das **Leseverhalten der Bevölkerung** aus. Zwar erreichten die Neuerscheinungen chilenischer Autoren nach Diktaturende immense Auflagenhöhen und führten die heimischen Bestsellerlisten an, doch ist insgesamt die Zahl der Veröffentlichungen wie auch die der Leser niedrig geblieben. Umfragen der *Cámara Chilena del Libro* (Börsenverein des Chilenischen Buchhandels) haben ergeben, dass es in 25 % der Haushalte keine Bücher gibt, etwa 30 % der Bürger nur ein Buch pro Jahr lesen (zum Vergleich: in Argentinien sind es 72 %) und lediglich 12 % überhaupt neue Bücher kaufen.

▷ Die Medienkonzerne vertreiben ihre bunten Blätter

Bücher sind teuer in Chile, da die Auflagen gering sind und der Mehrwertsteuersatz auf Bücher dem eines Luxusgutes entspricht. Zudem ist das Leseverhalten eng mit den beschränkten Zugangsmöglichkeiten zu Bildung verbunden. Lesen, das Freizeit und Geld voraussetzt, beschränkt sich vor allem auf ein kleines und wohlhabendes Milieu. Schul- und Stadtbibliotheken armer Kommunen verfügen dagegen nur über einen kleinen verstaubten Bücherbestand. In den generell besucherarmen Buchhandlungen, die ohnehin rar gesät sind, liegen Bücher meist eingeschweißt und exponiert auf den Verkaufstischen. Die Mehrheit der **Buchläden** fristet ein einsames Dasein in der Hauptstadt und je weiter man sich von ihr entfernt, umso geringer ist die Chance, gebundene Seiten zu erstehen. Mitunter kommen Städte wie Arica, das etwa so groß wie Erfurt ist, ohne einen einzigen Buchladen aus. Man lasse sich auch nicht von der Bezeichnung *librería* (Buchhandlung) irreführen, denn diese sind Schreibwarenläden, deren Bücherfundus Malbücher und Bibeltexte nicht übersteigt. Bücherwürmer kaufen ihren Lesestoff in den nächstgelegenen Städten der Nachbarländer wie Tacna in Peru oder Mendoza in Argentinien. Danach geht jedes gekaufte Buch durch viele Hände. Für Hauptstädter gibt es noch den **Bücherbasar** in der Nähe der Universidad de Chile. Hier gibt es chilenische Belletristik und Poesie aus zweiter Hand oder kostengünstige Ausgaben im Taschenbuchformat. Eine Schlüsselposition kommt den **kleinen alternativen Verlagen** zu, die sich nach Diktaturende gründeten und ihren Auftrag darin sehen, Bücher allen Bevölkerungsschichten zugänglich zu machen. So kosten Bücher der Verlage LOM, Cuatro Vientos oder Pehuén y Ril weniger als die Hälfte im Vergleich zu denen großer Häuser. Inzwischen publizieren viele erfolgreiche Autoren wie *Pedro Lemebel*, der als bekennender Homosexueller im katholischen Chile zu den eindrucksvollsten Figuren der Literaturszene gehört, zunehmend auch in alternativen Verlagshäusern.

052ch-ks

Lemebel ist einer der wenigen Gegenwartsautoren, der an die bisherigen internationalen Erfolge seiner chilenischen Kollegen anknüpfen konnte. Ein Grund dafür mag darin liegen, dass derzeit nur wenig chilenische Literatur übersetzt wird.

Presse, Radio, Fernsehen

Die Vielzahl an Zeitungen, die jeden Tag sorgfältig an chilenischen Kiosken ausgelegt werden, lassen eine ebenso bunt gemischte Pressewelt vermuten. Tatsächlich dominieren lediglich zwei Medienkonzerne konservativer Ausrichtung den Markt: das multinationale Pressunternehmen **El Mercurio** und das chilenische Medienkonsortium **COPESA,** welches Eignerin der meist gelesenen Tageszeitung Chiles, La Tercera, ist. Die führende Zeitungskette ist und bleibt jedoch El Mercurio und das schon seit fast zwei Jahrhunderten.

1827 gründete die Bankerfamilie *Edwards* das Presseunternehmen und machte Chile damit zum Vorreiter in der Einführung einer Zeitung auf dem Kontinent, die bis heute den Titel des ältesten auf Spanisch erscheinenden Blattes führt. Die Mehrzahl aller Tageszeitungen Santiagos und in den bedeutenden Städten des Landes gehören El Mercurio, das **stark von politischen und wirtschaftlichen Interessen beeinflusst** ist. Es spielt keine Rolle, ob man La Tercera oder El Mercurio liest, die Meldungen sind ähnlich verpackt und informieren kaum über regionale Geschehnisse hinaus. In Bezug auf das Weltgeschehen betritt man in Chile eine Art Informationshohlraum. Es mag damit zusammenhängen, dass sich die Chilenen als Inselvolk verstehen und mit der gefühlten Abgeschiedenheit vielleicht auch der Zugang zum Weltgeschehen begrenzt erscheint.

Während zu Diktaturzeiten oppositionell schreibende Journalisten verfolgt wurden, sorgen heute die **Marktkonzentration der Medienmonopole** und die Ausrichtung der Berichterstattung auf die Bedürfnisse von Politik und Wirtschaft dafür, dass die nötige Kritik und ein gewisser journalistischer Biss abhanden gekommen sind. Nur **wenige progressive Zeitungsverlage** setzen sich zur Wehr, wie etwa El Ciudadano oder Punto Final, von denen einige eine Art Randexistenz fristen und sich von Ausgabe zu Ausgabe hangeln. Dies geschieht einerseits aus finanziellen Nöten, andererseits weil es Journalisten immer noch passieren kann, für kritische Beiträge vor Gericht und im Gefängnis zu landen.

Das Gesetz für Staatssicherheit gewährt nämlich allen Amtsinhabern, kritische Äußerungen zu ihrer Person – unabhängig von deren Wahrheitsgehalt – als Verleumdung einzuklagen. Hiervon wurde beispielsweise

Gebrauch gemacht, als über Täterschaften aus der Militärdiktatur Chiles berichtet wurde.

Nach Herzenslust kritisiert allerdings das Satireblatt **The Clinic,** in dem jeder sein Fett abbekommt, ob Minister, katholischer Würdenträger oder Popstar. Mit The Clinic anlegen möchte sich niemand, denn das würde dem Blatt noch mehr Publicity als ohnehin schon bescheren. Jede Ausgabe wird mit Spannung vom Volk erwartet und die polemisierenden Titelblätter, die zum Teil unter die Gürtellinie gehen, werden heiß diskutiert. Auslöser für die Erstausgabe war die Verhaftung *Pinochets* 1998 in einer Londoner Klinik, die dem Diktator zum Verhängnis wurde und der das Blatt seinen Namen verdankt. Als Antwort auf die damalige Presse, in der die „Entführung des Senators" beklagt wurde, setzten die Clinic-Schreiber einen Gegenstandpunkt. Mit Humor und Sarkasmus wagt sich The Clinic an eine Vielzahl gesellschaftlicher Tabus und opponiert mit kritischen Diskussionen, die anderweitig fehlen, gegen die Meinungssteuerung. Inzwischen zum Kultstatus erhoben, verfügt The Clinic über einen Souvenirshop und ein Café in Santiago, in dem die Wände mit den spritzigsten Titelbildern tapeziert sind.

Bürgernähe, soziales und politisches Engagement zeichnen zudem viele **gemeinnützige Radiosender** aus. Diese nichtkommerziellen und lokalen Radiostationen sind eine der wenigen alternativen Medien, die Chile geblieben sind. Sie spielten besonders während der Übergangszeit zur Demokratie eine wichtige Rolle, jedoch bewegen sich viele von ihnen am Rand der Legalität, da sie den zum Teil unerfüllbaren Auflagen nicht entsprechen können. Bis vor kurzem überstieg ihre Reichweite kaum den eigenen Straßenblock, aber mit über 300 registrierten Stationen zeigen sie durchaus Präsenz. In abgelegenen ländlichen Regionen, wo kaum Zeitungen hingelangen, sind sie besonders wichtig. **Lokale, politische und auch familiäre Belange werden thematisiert** und diejenigen, die sonst nicht zu Wort kommen, finden hier Gehör. In indigenen Regionen wird in der lokalen Sprache oder zweisprachig gesendet. Fast die Hälfte dieser Community Radios wird heute von Freikirchen betrieben, für die es ein wichtiges Medium zur Verbreitung ihrer Lehren ist.

Während bis vor kurzem die „kleinen" Radiosender nur für ein Watt zugelassen waren und sich nicht über Werbung finanzieren durften, erlaubt ihnen ein neues Mediengesetz nun 25 Watt und Werbung von Unternehmen, die im Sendegebiet vertreten sind. Für viele ländliche und indigene Radiosender bedeutet dies das Aus, da die lokal ansässigen Firmen in der Regel nicht über ein ausreichendes Werbebudget verfügen. Von den **„großen" Sendern** gibt es eine beachtliche Fülle in Chile, über 1000 Radiostationen, die meisten von ihnen in privater Hand.

Die wichtigsten Stationen sind das staatlich geführte **Radio Nacional de Chile** sowie die zwei sehr informativen Sender **Radio Cooperativa** der Christdemokraten und **Radio Bío Bío.** In der Hauptstadt gibt es unzählige UKW-Sender für jeden Musikgeschmack und jede Altersgruppe, was wohl auch der Tatsache geschuldet ist, dass Santiago über seine eigene natürliche Antenne namens San Cristóbal verfügt.

Als Unterhaltungsmedium hat das Radio gegen den großen Bruder Fernsehen praktisch kein Gewicht. Selbst als Geräuschkulisse läuft ihm der TV-Apparat den Rang ab. **Fernsehen ist omnipräsent** und nimmt einen zentralen Platz am Familientisch ein. Bereits morgens liegt die Fernbedienung neben Kaffeetasse und Brötchen. Kinder werden zum Frühstück vor der Flimmerkiste geparkt und zappen sich schon vor Schulbeginn durch die morgendlichen Kindersendungen. Schon als Knirpse sind sie der Werbung ausgeliefert, die darauf abzielt, sie zu Konsumenten und passiven Zuschauern zu schulen. Schließlich ist man dem Passivglotzen in allen Lebensbereichen – wie auf der Post, im Bus, im Supermarkt und selbst beim Zahnarzt – ausgesetzt.

⌃ Multimedialer Unterricht an Schulen fernab

Fernsehen ist **das wichtigste Informationsmedium des Landes,** wobei es eigentlich gar nicht richtig informiert. Programmtechnisch ist Fernsehen in Chile typisch amerikanisch, durchsetzt von Reklame, die das Ganze immerhin finanziert. Ähnlich wie bei seinen lateinamerikanischen Nachbarn ist der Fernsehmarkt Chiles traditionell sehr **konzentriert, konservativ und gewinnorientiert.** Es gibt etwa fünf landesweite Kanäle, von denen **nur Televisión Nacional de Chile staatlich** ist. Dieser finanziert sich jedoch nicht über Gebühren, sondern durch Werbeeinnahmen und wird von der Regierung, dem Kongress und privaten Werbeträgern kontrolliert. Canal 13 gehört zu 66 % einem Wirtschaftsriesen und Chilevisión befand sich bis vor kurzem im Eigentum des ehemaligen Staatspräsidenten *Piñera*, was ihm den Beinamen „Berlusconi Chiles" eintrug. Den Sender verkaufte er nach Regierungsantritt an Time Warner CNN. Entsprechend **wenig Objektivität und Kritik** enthalten die Nachrichtensendungen, die vor allem auf kommerzielle Neuheiten, Skandale der Promis und lokale Sensationsmeldungen ausgelegt sind. Zwar wird über Demonstrationen, beispielsweise der Studenten, berichtet, jedoch werden meist die negativen Seiten und gewalttätige Szenen gezeigt. Man zappt sich dann durch die Sender, um sich ein ungefähres, objektives Bild vom Geschehen zu machen. Über die Hungerstreiks der Mapuche und Umweltsünden in der industriellen Landwirtschaft oder im Bergbau wird man im Ungewissen gelassen. Fundamentale Themen, die von der öffentlichen Meinung hinterfragt werden könnten, werden ausgespart. Stattdessen **nutzt die Regierung Fernsehen** auch schon mal für eigene Zwecke. Beispielsweise wurde der Bericht zur Rettungsaktion der 33 verschütteten Bergleute auf die Hauptsendezeit verlegt, damit der Präsident live vor der Mehrheit der Chilenen die um die Welt gehende Nachricht „wir 33 sind wohlauf im Schutzraum" verlesen konnte. Gleiches geschah am Tag der Rettung, als mit der Befreiung der 33 Minenarbeiter bis zu den Abendnachrichten, Chiles Hauptsendezeit, gewartet wurde. Wie erwartet, schnellte der Popularitätswert des Präsidenten in die Höhe.

Medienforschern zufolge verbringen täglich 70 % der Chilenen vor der, wie sie es selbst nennen, **„Idiotenkiste"** *(cajita idiota)*. Unabhängig vom Einkommen besitzt fast jeder Chilene mindestens einen Apparat, meist jedoch mehrere. Selbst in den bescheidensten Behausungen, wo es vielleicht nicht einmal ein WC mit Spülung gibt, berieselt der Fernseher stundenlang die Familie mit **„farándula",** den Stars und Sternchen, die durch sämtliche Talkshows und Jurys von Talentshows geistern. Demgegenüber sind die chilenischen **TV-Soaps** *(teleseries)* in Bezug auf die schauspielerische Leistung von hohem Niveau, da viele Schauspieler darauf angewiesen sind, sich ihren Lebensunterhalt mit Fernsehserien zu verdienen. Das geht auf die Diktaturzeit zurück, in der es praktisch kein kulturelles Leben gab und die Schauspieler ohne Lohn und Brot waren. Da auch heute noch bis auf das Nationaltheater und Nationalballett die Theaterensembles nicht subventioniert werden, bleibt das **Fernsehen die Bühne der chilenischen Schauspieler.**

Während bis vor ein paar Jahren die Telenovelas vor allem nachmittags zwischen zwei und vier Uhr zur „Nana-Zeit" liefen, als die Hausherrin außer Haus und die Kinder noch nicht von der Schule zurück waren, erhalten die chilenischen *teleseries* heute ihren Auftritt zur Hauptsendezeit, das heißt zwischen zehn und ein Uhr nachts. Während in den Serien der nanas arme Mädchen und böse Stiefmütter die Hauptrollen spielten (wie in *La Madrastra,* „Die Stiefmutter") reflektieren die *teleseries nocturnas* (Abendserien) von heute den aktuellen **Gesellschaftswandel** und brechen mit Tabus. Mit Titeln wie *Aquí mando yo* („Hier habe ich das Sagen") werden selbstbewusste Frauen, geschiedene Ehen und Patchwork-Familien, aber auch viel Haut und Körper ins Bild gebracht. Selbst gleichgeschlechtliche Paare ziehen in die Serien ein und sorgen für mehr öffentliche Akzeptanz. Tatsache ist jedoch auch, dass die Welt des Reichtums und Konsums aus den *teleseries,* die in die Wohnstuben der Chilenen flimmert, für die meisten eine unerreichbare bleiben wird.

Sport und Freizeit

In Chile könnte man das Wort „Sport" auch durch „Fußball" ersetzen. **König Fußball** setzt sich über alle Klassengrenzen hinweg und eint die Nation an Tagen der Weltmeisterschaften und Lateinamerika-Cups. Um bei wichtigen internationalen Meisterschaften das Spiel sehen oder hören zu können, gibt es arbeitsfrei und ausnahmslos alle Chilenen fiebern mit der roja, der chilenischen Nationalelf, die wegen des roten Trikots so genannt wird. Ein gewonnenes Spiel ist der Stolz der Nation und wird auch als **internationale Anerkennung** gewertet. Siege gleichen Volksfesten und man ist stolz auf seine Helden. In ganz Lateinamerika ist der Ausspruch in aller Munde, es „nach chilenischer Art zu machen", *hacer el chileno.* Gemeint ist der Fallrückzieher von *David Arellano* 1927, der internationale Berühmtheit erlangte und bis heute verehrt wird. Selbst das Stadion seines Vereins „Colo Colo" wurde nach ihm benannt. **Berühmte Fußballer sind Vorbilder** wie etwa das „Wunderkind" *Alexis Sánchez,* denn sie stehen für

> Beliebtes Familienausflugsziel: heiße Thermen

die Möglichkeit des sozialen Aufstiegs, der nicht durch Geburt, sondern aufgrund von Talent erreicht werden kann.

Sport spielt sich in Chile allerdings weniger auf dem Fußballplatz als **vor dem Fernseher** ab. Fußball ist dabei ungeschlagener Spitzenreiter, gefolgt von der jeweiligen Sportart, in der ein Chilene gerade auf dem internationalen Parkett glänzt. Nehmen wir beispielsweise *Tomás Gonzalez*, der erste chilenische Turner mit internationalen Erfolgen. Geht es um einen Landsmann mit Medaillenchance, sind die Chilenen auf der Stelle für den Turnsport begeisterungsfähig und fiebern bei Wettkämpfen leidenschaftlich mit. In der Vergangenheit errangen einige chilenische Tennisspieler, unter ihnen *Nicolás Massú*, auch *Vampir* oder *Goldnico* genannt, internationale Siege. Doch zählen Tennis wie auch Golf oder Skilaufen zu den exklusiven Sportarten, die der oberen Schicht vorbehalten bleiben. Wie, wo und **ob der Chilene Sport treibt, hängt vom Geldbeutel ab.** In den besseren Vierteln der Großstädte lässt sich die Einwohnerschaft die schlanke Linie etwas kosten. Dort sprießen allerorten Fitnessstudios zur Reduzierung unerwünschter Kilos aus dem Boden. Wer etwas auf sich hält, gehört einem angesehenen Sportclub an und dabei sind Golf und Polo weniger wichtig als die Möglichkeit, in bestimmten Kreisen zu verkehren. Das lässt man sich gern etwas kosten, hohe Beiträge ziehen die soziale Grenze und man bleibt unter sich. Die 45 Stunden arbeitende Bevölkerung der unteren Einkommensschichten nutzt die verbleibende freie Zeit für den Zweitjob, Hausarbeit oder schlicht und einfach zur Erholung. Das hat zur Folge, dass Sport in Chile nicht auf dem Freizeitprogramm steht. Laut einer Studie des Gesundheitsministeriums treiben weniger als 20 % der Chilenen Sport und fast 70 % wiegen mehr als empfohlen, Tendenz steigend.

Schaut man sich in der Stadt um, gibt es **kaum Möglichkeiten der Naherholung.** Die Parks ähneln Grünstreifen zwischen mehrspurigen Straßen, hier tummeln sich meist Liebespaare oder Obdachlose. Eine fahrradgerechte Infrastruktur ist auf wenige Radwegkilometer in Santiago beschränkt. Zwar wächst das Bewusstsein der Stadtbewohner hinsichtlich der Vorzüge des Zweirads und wohlhabendere Gemeinden beginnen, in den Bau von Radwegen zu investieren, doch hält sich chileweit das **Image des Fahrrads** als Arme-Leute-Verkehrsmittel. Autofahrer nehmen wenig Rücksicht auf die Radler und müssen sich stets als die Stärkeren beweisen. Entsprechend wenig erholsam und mitunter lebensgefährlich ist das Radelvergnügen. Hallenbäder und Freibäder sind mit Ausnahme solcher in der Hauptstadt fast nicht bekannt. Schließlich hat es jeder Chilene nie weiter als im Schnitt zwei und maximal vier Fahrstunden bis zum Strand. In Andennähe liegen fast gleichmäßig verstreut heiße Thermen, deren Wässern heilsame Kräfte nachgesagt werden. **Strand, Thermen und Flussufer** zählen zu den beliebtesten Ausflugszielen und sind besonders sonntags am Familientag heiß begehrt. Dann werden Badehose und Grillausrüstung eingepackt und sich ausgiebig erholt. Spazieren oder wandern gehen zu wollen, trifft auf Unverständnis. Sonntags haben doch die Geschäfte geschlossen! *Paseando*, also „spazieren", geht man in den Malls, den Einkaufszentren. Zudem sind die Parks der Städte und Naturräume in der Provinz nicht auf Spaziergänger ausgelegt. Zugänge auf Wiesen, Felder oder in Wälder bleiben jedem, der es dennoch wissen will, durch eingezäunte Parzellen und Privatgrundstücke verwehrt.

In Chile steht der Mitteleuropäer mancherorts in dem Ruf, unangenehm nach Schweiß zu riechen und mit verstaubter Kleidung herumzulaufen. Das liegt wohl am Hauptmotiv des europäischen Chile-Reisenden, der eigens zur Erwanderung der spektakulären Landschaften gekommen ist und sich allein zum Zwecke der Weiterreise und Nahrungsauffüllung in die Stadt begibt. Es waren freilich auch die Schweizer, Österreicher und Deutschen, die das Wandern nach Chile brachten. Unter Chilenen ist es nicht angesagt und galt lange Zeit als nicht standesgemäß, da vor allem die Mittellosen zu Fuß unterwegs waren und meist auch vom Wald lebten. Die chilenische Umgangssprache kennt **kein Wort fürs Wandern.** *Cami-*

nar und *andar* stehen einzig für laufen, *peregrinar* für pilgern. Keine der Bezeichnungen schließt längeres Gehen in der Natur inklusive Erholungsfaktor mit ein. Stattdessen haben sich **„excursionismo" und „senderismo"** eingebürgert, die auf Abenteuer, Ungewisses und einen gewissen Grad an Anstrengung (plus Ausrüstung) schließen lassen. Und so werden Ausflüge in die Berge und Nationalparks geplant und mit einem ortskundigen Führer durchgeführt. Chilenen erkunden weniger auf eigene Faust, was daran liegt, dass Berge, Wälder und Natur lange Zeit als etwas Bedrohliches empfunden und daher gemieden wurden. Auf das Abenteuer des Nationalparks Torres del Paine etwa lassen sich aber immer mehr Chilenen ein und tun dies in größeren Gruppen. Ist man mit Chilenen in Europa unterwegs, fragen sie mitunter überrascht: Wandert man hier ganz ohne *guía* (Reiseleiter)?

Sprache und Kommunikation

Es besteht kein Zweifel, **Spanisch** ist die **offizielle Landessprache,** auch wenn es den Anschein hat, man spräche in Chile ein eigenes Kastilisch, das so ganz anders als das des ehemaligen Herkunftslandes klingt. **Chilenisch** zu verstehen erfordert Übung und ist selbst für andere Lateinamerikaner eine Herausforderung, die allein schon deshalb keine chilenische Telenovela importieren würden und wenn, dann nur mit eigener Synchronisierung. Dabei beachte man nur ein paar wesentliche Regeln:

Das „s" am Wortende wird weggelassen, auch das „d" in der Mitte eines Wortes entfällt, sodass beispielsweise *pescado* zu *pescao* und *buenos días* zu *buen día* wird. Endsilben werden grundsätzlich verschluckt, an Geschwindigkeit wird ordentlich zugelegt und durch die besondere Sprachmelodie das Chilenische fast gesungen. Ein *poh'* am Satzende beweist Landeserfahrung und lässt ein simples *sí* (Ja) zum **sí-poh oder ya-poh** werden. Das umgangssprachliche *poh* hat sich aus dem spanischen *pués* (also) entwickelt und ist zu einer typisch chilenischen Endung geworden. Da die Chilenen stets das Konkrete vermeiden und auch die Sprache nicht zu hart klingen lassen wollen, neigen sie zum sogenannten **Lilliput-Talk** und verniedlichen alles und jeden, indem sie die Endung ito oder ita an das Wort hängen. Alles ist klein und niedlich, selbst *chico* (klein), was eigentlich keine Verkleinerung mehr nötig hat, wird nicht nur zu chiquito, sondern gar zu *chiquitito*. Es wird auch nicht unbedingt verwendet, um kleine Dinge zu beschreiben, sondern klingt einfach gut gemeint und liebevoll. Bis zu vier Verkleinerungen in einer gewöhnlichen Frage wie in *¿Teresita, querís tecito o cafecito para que estés más calentita?* („Tereschen, möch-

test du nicht ein Teechen oder Kaffeechen, damit dir wärmer wird?") ist durchaus nicht auf die Spitze getrieben. Vorsicht bei *calentita* (warm), das *cálida* zum Ursprung hat, denn *caliente* bedeutet in Chile „sexuell erregt sein". Die beiden Wörter können leicht verwechselt werden.

Chilenen sind nicht nur Meister der Diminutive, sondern auch der **Doppeldeutigkeit.** Sie verfügen über einen beachtlichen Fundus an metaphorischen Bildern, wobei sie am liebsten **Tiere zum Vergleich** heranziehen. Diese Gepflogenheit hat sicherlich ihren Ursprung in der Sprache der Bauern und Chiles landwirtschaftlicher Tradition. Nach Abwanderung der Landbevölkerung in die Städte wurde die Liebe zu den Tiermetaphern ständig weiterentwickelt. Daher ist es nicht erstaunlich, dass ein *cabro* (Ziege bzw. „Junge") nach den *edad del pavo* („Puterjahren") sich zum *gallo* („Hahn") mauserte und sich eine *monita* („Äffchen") angelte. Mit ihr verbrachte er eine Superzeit, *lo pasé caballo* (ließ „statt der Sau das Pferd heraus"), übertrieb die Sache aber dann, *me fui al chancho* (indem er sich „zum Schwein machte"). Und freilich werden auch Tiereigenschaften auf den Menschen übertragen, so wird eine Nervensäge als „Filzlaus" *(ladilla)* beschimpft und ein Spion ist aufgrund der großen Augen ein „Frosch" *(sapo)*, woraus wiederum sapear für glotzen und herumschnüffeln wurde. Praktisch liegt **für jede Lebenslage eine Metapher** bereit.

Indes betont in Chile kaum jemand, fremde Sprachen gut zu beherrschen. Dabei stehen Sprachinstitute hoch im Kurs und besonders die englische Sprache ist trendy. Allerlei **Neuschöpfungen** entstehen durch die

Chilenisierung englischer Wörter wie etwa *wachimanes* aus *watchmen*, womit die Wachmänner an den Häfen bezeichnet werden, oder *luguear* von *look* (sich umschauen). Erscheint hingegen ein fremder Filmtitel im Original, steht die spanische Übersetzung in Klammern. Eigennamen werden kompromisslos hispanisiert wie z.B. *Carlos Marx* und *Federico Engels*. Und selbst die Mainmetropole wird zu „Fráncfort del Meno". Vielleicht liegt es am Stolz auf die eigene Sprache, wohl aber auch an der Insellage Chiles, dass Chilenen **kein Talent zum Fremdsprachenlernen** haben. Jahrhundertelang war das Reisen schwierig und fremde Lieder oder Bücher erreichten die Andenrepublik nur selten. Im Grunde sind Fremdsprachenkenntnisse auch nicht unbedingt notwendig, denn wer kann schon Tausende von Kilometern reisen und sich immer noch im selben Sprachraum befinden? Zugegeben, es gibt Unterschiede zwischen dem Spanisch des argentinischen oder peruanischen Nachbarlandes, dennoch versteht man sich. Und ist es nicht erstaunlich, dass trotz des langen Verbreitungsweges innerhalb Chiles von Nord nach Süd ein recht einheitliches Chilenisch gesprochen wird? Gewiss spricht man im Norden etwas sauberer und nicht ganz so schnell, doch haben sich **keine Mundarten oder Dialekte** durchgesetzt. Selbst in den unterschiedlichen Schichten spricht man relativ einheitlich und **gewissermaßen eint das Chilenische die Nation.** Einen nicht unerheblichen Beitrag leistet das Fernsehen und freilich auch der enorme Zuzug in die Hauptstadt und urbanen Regionen, wo sprachliche Neuheiten ihren Anfang nehmen. Entlang der Panamericana breiten sie sich gleichmäßig nach Norden und Süden hin aus, denn alles, was aus der Hauptstadt in die Provinz gelangt, gilt als schick, vor allem wenn es um ein sprachliches Novum geht. ¿*Cachai*? („Verstehst du?") stammt aus dem Englischen *to catch*. *Cacho* – „ich verstehe". Die Sprache lebt von diesen vielen kleinen **„muletillas"** (Krückstöcke), die die Sätze auffüllen und sich der Aufmerksamkeit des Gegenübers versichern wollen. So wird etwa ¿*te fijas*? („weißt du?") oder ¿*me endendí*? („verstehst du") ganz selbstverständlich ans Satzende gefügt.

Gelegentlich hat ein und dasselbe Wort unterschiedliche Bedeutungen im europäischen und chilenischen Spanisch, wie beispielsweise *frutilla* für „Erdbeere" was Spanier als „Früchtchen" verstehen würden, *papa* hingegen steht in Chile für „Kartoffel" und in Spanien ausschließlich für den „Papst". Die sogenannten **Chilenismen** weichen vom europäischen

◁ Ausflug auf Chilenisch: Auf der Ladefläche gehts zum Picknick

Spanisch ab, haben ihre Bedeutung und Lautung verändert oder ihren Ursprung in den indigenen Sprachen. Eine Entlehnung aus der Sprache der Mapuche, Mapudungun, ist z. B. *pololo* für den „festen Freund" und das weitverbreitete *guagua* für „Kleinkind" verdankt das Chilenische den im Norden lebenden Aymara.

Tabak, Alkohol und Übergewicht

Eine Prognose des Gesundheitsministeriums zur Zukunft des Wohlergehens der Gesellschaft beschreibt den Durchschnittschilenen im Jahr 2020 als übergewichtigen, starken Raucher mit hohem Cholesterinspiegel, der keinen Sport treibt und an Diabetes oder Bluthochdruck leidet. Diese Vorhersage legt die **aktuellen Ess- und Trinkgewohnheiten** der Chilenen zugrunde. Die Mehrheit isst viel und gern Fleisch, wobei Fast Food an jeder Ecke und Süßes an jedem Kiosk günstig zu haben sind. Die farbenfrohen *bebidas* (Getränke) – womit in Chile Cola, Fanta, Sprite sowie die nationalen Softdrink-Kreationen Bilz und Pap gemeint sind – schlürfen schon die Knirpse aus der Nuckelflasche. Und schon heute gelten **Übergewicht, Diabetes und Bluthochdruck als typische Volkskrankheiten.**

Ungeachtet der abstoßenden Bilder von deformierten Zahnreihen oder Raucherlungen, die die Zigarettenpackungen zieren, und trotz des Rauchverbots in öffentlichen Räumen werden immer mehr Zigaretten geraucht. Wie stets in Chile unterscheiden sich auch hier die Gewohnheiten je nach Schicht. Die Wohlhabenderen rauchen mehr und leisten sich eher gesundes Essen wie auch Fitnessstudios. Dagegen rauchen die Ärmeren zwar weniger, essen aber günstiger und schneller, Fast Food eben. Eines haben jedoch alle gemein: einen hohen Weinkonsum, vor allem zu Festen und Feiern wird gern tief ins Glas geschaut. Die **Liebe zum Wein** hat jedoch stets zwei Gesichter: ein fröhliches und feierndes an Festtagen sowie ein tragisches hinsichtlich der Folgen von Alkoholismus. Chilenen zählen zu den sechs Nationen mit dem höchsten Alkoholkonsum und sind die Spitzenreiter in Südamerika. **In der Öffentlichkeit ist der Verzehr von Hochprozentigem verboten** und wird von den *carabineros* streng geahndet. An Wahltagen etwa darf kein Alkohol ausgeschenkt werden. Allen Vorschriften zum Trotz ist Trunkenheit am Steuer nichts Verwerfliches. Kaum ein Chilene hat ein Problem damit, sich angetrunken oder gar betrunken ans Steuer zu setzen und seine Familie heimzufahren. Diese Angewohnheit ruft keinerlei Gewissensfragen hervor. Von Gesetzes wegen gibt es hohe Strafen bei Verstößen, die jedoch kaum geahndet und daher wohl nicht ernst genommen werden.

Rodeo – der Nationalsport

Nach Fußball ist Rodeo die beliebteste Sportart in Chile. Anders als beim amerikanischen Rodeo werden in Chile keine Tiere zugeritten oder mit Lassos gefangen. Auszustehen haben sie dennoch einiges. In einer *medialuna,* einer halbmondförmigen Arena, treiben zwei *huasos* (chilenische Cowboys) zu Pferd einen Jungbullen *(novillo)* an eine markierte und gepolsterte Bande der Arena, die sich *atajada* nennt. Dort muss das Tier ohne Lasso oder Peitsche zum Stehen gebracht werden. Je nachdem wie geschickt die *huasos* dabei vorgehen, erhalten die Reiter Punkte. Allein die Krümmung des Halbkreises setzt ein seitliches Galoppieren voraus, was für Reiter und Pferd besonders anspruchsvoll ist.

Gern wird betont, dass die Rodeos **völlig unblutig** ablaufen und die Kälber im Regelfall überleben. Das täuscht allerdings nicht über die Tatsache hinweg, dass die Kälber Todesängste ausstehen und oftmals lebensgefährliche Bauchverletzungen davontragen. Diese traditionellen Reitturniere werden **seit Kolonialzeiten** veranstaltet und traten an die Stelle des

⌄ Rodeo auf dem Land – seit 400 Jahren Tradition

umstrittenen Stierkampfes, der schon 1822 in Chile verboten wurde. Ob Nord oder Süd, Ausscheidungskämpfe finden in kleineren Dörfern bis hin zu den Provinzhauptstädten ausnahmslos in allen Regionen des Landes statt.

Die Tatsache, dass es im gesamten Land *medialunas* gibt, obgleich außerhalb des Zentraltals die Huaso-Kultur wenig verbreitet ist, zeigt, wie wichtig das Rodeo als Nationalsymbol für Chile ist. 1962 wurde es sogar per Dekret als Nationalsport bestimmt.

Saisonstart ist im August mit Höhepunkten an den *fiestas patrias,* den Nationalfeiertagen, die es in Chile vom 18. bis 19. September im Doppelpack gibt. Den Abschluss bilden die Rodeomeisterschaften in Rancagua Ende März. Beim Rodeo vereint sich die landestypische Folklore. Stolze *huasos* mit breitkrempigen Hüten und klingenden Sporen reiten ihre Pferde warm, der Duft von *asados* (Gegrilltem) liegt in der Luft, im Hintergrund dudelt Folkloremusik und am Abend werden die Tücher beim Nationaltanz *Cueca* geschwenkt.

Sauberkeit und Ästhetik

Sauberkeit beginnt in Chile am Boden. Mit viel Energie und Regelmäßigkeit wird gewienert, gebohnert, gewischt und gewachst. **Der Boden muss sauber sein** und glänzen, daher rührt vielleicht die Vorliebe der Chilenen für Fliesen.

Eine gleichartige Reinlichkeit wird im öffentlichen Raum sonst leider nicht an den Tag gelegt. Müll wird einfach fallengelassen, aus dem offenen Auto geworfen oder Bänke und Wände bedenkenlos beschmutzt. In Straßengräben und Parks häuft sich der Müll. Nach Ansicht der Chilenen ist es Aufgabe des Staates, in der Öffentlichkeit für Ordnung zu sorgen. Zwar säubern Putzkolonnen nachts die Straßen und auch Straßenkehrer werden von Kommunen eingesetzt, die es sich leisten können, doch können diese den alltäglichen Abfall kaum bewältigen. Gewiss fehlt es auch an Initiativen des Staates, um dem achtlosen Wegwerfen von Abfall entgegenzuwirken.

Geht es jedoch um das persönliche Erscheinungsbild, liegt der Fall anders. Auf ein **gepflegtes Äußeres** wird zu jeder Zeit großer Wert gelegt. Bauarbeiter duschen sich nach Möglichkeit, noch bevor sie in den *microbus* heimwärts steigen. Generell wird in Chile viel auf körperliche Reinlichkeit geachtet. Die tägliche Dusche und Benutzung von Deos sind unverzichtbar. Man ist sehr empfindlich gegen Gerüche, die von nachlässiger Körperhygiene herrühren.

Modegeschmack und Stil sind indes eine besondere Frage der sozialen Schicht. Den chilenischen Markenfetisch können sich nur wenige tatsächlich leisten, alle anderen improvisieren mit imitierten Marken und zahlen in Raten. Im Vergleich zu Deutschland **kleidet man sich in Chile grundsätzlich formeller und akkurater,** was besonders für den sozialen Status wichtig ist, der nach außen hin repräsentiert wird. Dazu gehören eine makellose, meist klassisch schlichte Kleidung sowie zu jeder Zeit saubere glänzende Schuhe. Bei Männern sind Hemd und Hose die Regel, Anzug und Krawatte unabdingbar bei Geschäftstreffen. Kurze Hosen sind verpönt, genauso wie Sandalen, denn behaarte Beine sind auch bei Männern unästhetisch.

Enthaarung, Frisur, Nägel und Make-up lassen sich Frauen einiges kosten. Tür an Tür mit den Enthaarungsstudios *(centros de depilación),* wo Haare von Achseln, Beinen und sogar Armen vom Profi entfernt werden, glätten Friseurläden die prächtigen Mähnen der Chileninnen. Mit möglichst **wenig Haar am Körper** und ausgedünnten glatten Frisuren werden die Models der Werbebilder, die aus Europa stammen, nachgeahmt. Im Allgemeinen werden Modestile wie überall in der globalisierten Welt aus dem Ausland übernommen, jedoch erst, wenn sie sich anderswo bewährt haben.

Entgegen ihren lateinamerikanischen Nachbarn hegen die Chilenen eine **Vorliebe für klassische dunkle Farben** und kleiden sich möglichst unauffällig und gedeckt. Man legt Wert auf Etikette und neigt zu strengem Protokoll. Im Büro ist formelle Kleidung auf allen Ebenen üblich, selbst bei großer Hitze.

Während in den Banken, Behörden und Unternehmen die Anzüge und Kostüme eine Art Arbeitsuniform darstellen, werden in den Schulen gleichfalls Uniformen, in Küchen, Werkstätten und Restaurants Schürzen und Kittel getragen.

Der Hang der Chilenen zu **standardisierten Uniformen** zieht sich durch sämtliche Alters- und Berufsgruppen. Aufgestickte Firmenlogos unterscheiden sie voneinander. Auffällig ist dabei, dass gerade in der kalten Jahreszeit Verkäufer wie auch Beamte mit firmeneigenen Fleece-Jacken ausgestattet werden. Fleece *(polar)* liegt in ganz Chile in allen Formen und Farben im Trend. Selbst für das bauschige Petticoat-Kleid der *huasa* (Partnerin des *huaso*) zum Cueca-Tanzen gibt es den passenden Mantel aus Fleece.

Lässig und entspannt wird man in Chile erst wieder daheim in den eigenen vier Wänden, am Sonntag oder sogar unterwegs auf Reisen. Dann schlüpft man frisch geduscht und ungeniert in die bequemen no-name Fleece-Jogginghosen.

Wettkultur: Lottomanie und Pferderennen

Die Aussicht, durch einen einzigen richtigen Treffer Millionär zu werden und auf einen Schlag alle Schulden los zu sein, reizt viele Chilenen. An **Lotto-Buden** gibt es eine ähnlich hohe Anzahl wie an Apotheken und sie werden ebenso häufig besucht, obwohl ein Lottoschein immerhin so viel wie dreimal Busfahren oder drei *marraquetas* (große Brötchen) kostet, nämlich 1000 Pesos (etwa 1,30 Euro). Beliebte Zahlenkombinationen sind Geburtstage, Nummernschilder und seit dem Minenunglück liegt die Zahl 33 im Trend. Rekord-Jackpots gab es bisher zwei in der chilenischen Lottogeschichte, einmal im Schicksalsjahr 2010 mit 7800 Millionen Pesos, knapp 12 Millionen Euro, sowie Anfang August 2011, als 8000 Millionen Pesos im Topf für einen Ansturm auf die Annahmestellen sorgten. Pro Minute gingen mehr als 10.000 Wetteinsätze ein. Die staatseigene Lottogesellschaft, Polla Chilena de Beneficiencia, konnte sich freuen. Ebenso froh über die Wettbegeisterung seiner Landsleute ist das Unternehmen TELETRAK, das **Wettbüros für Pferderennen** unterhält, von denen es fast 200 von Arica bis Punta Arenas gibt. Ohne selbst zur Rennbahn zu müssen, können die Rennen auf dem Bildschirm in den Wettstellen oder bei TELETRAK TV verfolgt werden. Das Setzen auf Glückszahlen boomt und so erfreuen sich auch Casinos großer Beliebtheit. Bis 2005 waren nur sieben

Spielhäuser im Land erlaubt, heute sind es 24, deren Zahl sich noch weiter erhöhen wird, da seit kurzem **drei Casinos pro Region** genehmigt sind. Von Jahr zu Jahr erhöht sich nicht nur die Anzahl der Casinos, sondern auch die Ausgaben der Chilenen im Glücksspiel und damit ihre Schulden, denn die Glücksindustrie schwärmt nicht umsonst von riesenhaften Anstiegen an Gewinnen.

Wohnen

Bekommt man in Chile ein *condominio* angeboten, hat das nichts mit Verhütungsmitteln zu tun, sondern mit einer Wohnung. *Condominios* und *departamentos*, also **schlüsselfertige Wohneinheiten,** liegen im Trend. Dafür geben viele Mittelschichtsfamilien ihr Einfamilienhaus auf oder verlassen das elterliche Heim, um in einem mehrstöckigen Apartmentblock zu leben, der neben Waschsalon oftmals auch Schwimmbad, Sicherheit durch einen Wachservice und Pförtner *(concierge)* zu bieten hat. Gerade in der Großstadt befinden sich **Mehrgenerationenhaushalte** immer weiter auf dem Rückmarsch und Singlehaushalte nehmen zu, für die *departamentos* besonders attraktiv sind. Eine eigene Wohnung gilt als fortschrittlich und erstrebenswert, um dem ehemals ländlichen und rückständigen Leben der Eltern- oder Großelterngeneration zu entkommen. So gibt es in den mit ostdeutschen Plattenbauten vergleichbaren Blocks Ein-Zimmer-Wohnungen neben Mehrzimmer-Apartments, die durchaus auch von Großfamilien bewohnt werden. In der Regel verteilen sich mehrere Zimmer auf kleinem Raum, die von ihren Bewohnern eher **nüchtern ausgestattet** werden. Es wird mehr Wert auf das persönliche Erscheinungsbild und die Automarke gelegt als auf die Wohnungseinrichtung. Diese wird zusammen mit Toaster und Fernseher im Kaufhaus bestellt und wie die Wohnung selbst auf Raten abbezahlt. Denn **man kauft eher, als dass man mietet.** Die Raten werden in **UF (Unidad de Fomento),** einer chilenischen, an den Verbraucherpreisindex angepassten Rechnungswährung, beglichen. Je nach Saison und Rezession werden die Raten jährlich neu berechnet und erhöht.

Die Preisklasse der Apartments unterscheidet sich je nach Wohngegend. In Santiago gilt, je höher (also den Bergen näher), desto teurer. In Andennähe werden die Wohnungsblocks dann zu geschlossenen Wohnanlagen, sogenannten *barrios cerrados,* mit Sicherheitszaun und hohen

◁ Geduldig anstehen mit Hoffnung auf den großen Jackpot

Mauern. Das **Phänomen der Abschottung und Bewachung** zeichnet sich auch in Vierteln der unteren Einkommensschichten ab, wo Hüttensiedlungen mit Zäunen und bewachten Toren versehen sind. Die Art des Wohnens gleicht sich jedoch in keiner Weise. Gleiches gilt für die *poblaciones* („Armensiedlungen"), in denen keine Hochhäuser in den Himmel ragen, sondern sich einstöckige Sozialbauten, Hütten oder Selbstbauten (*auto-contrucciones*) auf kleinem Raum drängen.

Eine gängige Fertigbaukonstruktion ist die der sogenannten **„mediagua"** („halbes Wasser"). Hierbei handelt es sich um eine Holzhütte von ca. 3 x 6 Metern, die zwei Wohnräume und eine Küche mit Bad beherbergt. Die Toilette steht außerhalb als Dixi-Modell, die Fenster sind scheibenlos. Das Dach verläuft von der Mitte abwärts zu beiden Seiten, sodass das Wasser bei Regen abfließen kann und war somit der Namensgeber für die notdürftige Unterkunft. In den Wintermonaten, wenn es in Südchile an durchschnittlich 22 Tagen im Monat regnet, dringt das Wasser dann doch überall ein. Während **Ein-Zimmer-Apartments** mit ca. 40 m² für Singlehaushalte geplant werden, teilt sich in der Regel eine Familie mit Kindern und Großeltern die 18 m² große *mediagua*. Wie und wo man in Chile wohnt, hängt wie immer vom zugehörigen Viertel der „Schichtentorte" ab. Denn auch **die Wohngegend stigmatisiert** nach dem Motto: „Sag mir, wo du wohnst, und ich sag dir, wer du bist".

Santiago nach einem Niederschlag: Der Regen wäscht
den Smog vom Himmel und gewährt freien Blick auf die Anden

Zeitverständnis: Weile statt Eile

Eine häufige Antwort auf Bitten, die mit „ob" und Fragen, die mit „wann" beginnen, ist *un momentito por favor* („ein Augenblickchen bitte"). Der *momentito* kann sich zwischen ein paar Minuten und mehreren Stunden erstrecken und ist keinesfalls wörtlich zu nehmen. Auch bei Terminen oder Verabredungen ist Zeit ein dehnbarer Begriff. Zwar sind Chilenen mehr **um Pünktlichkeit bemüht** als ihre lateinamerikanischen Nachbarn, doch ist sie keinesfalls die Norm. Erscheint man beispielsweise zur vereinbarten Zeit zu einer *reunión* (Versammlung oder Geschäftstreffen), verschiebt sich in der Regel der tatsächliche Beginn. Meist sind eine oder mehrere Personen noch nicht da und oft rufen sie mit der Bitte an: *Voy llegando, empiecen ustedes* („Ich komme gleich, fangt ihr schon mal an"). Im Nebensatz fällt dann, dass sie noch eine Strecke von 100 km zu fahren haben. Das ist keine Seltenheit und die oft gegebene Bekundung *somos puntuales pero llegamos un poco atrasados* („Wir sind pünktlich, kommen aber ein bisschen später") spiegelt sehr treffend die Einstellung der Chilenen zu ihren zeitlichen Verpflichtungen wider. Denn die *hora chilena*, die chilenische Zeitrechnung, toleriert eine **gewisse Verspätung von 15 bis 30 Minuten,** die dann durchaus im Rahmen der Pünktlichkeit liegt. Bei Einladungen zu privaten Festen liegt die Spanne zwischen einer halben und anderthalb Stunden und frühes Erscheinen gilt als unhöflich, lässt man dem Gastgeber so nicht ausreichend Zeit zur Vorbereitung. Trifft man pünktlich ein, ist klar, dass man die Getränke kaufen geht.

Dagegen sind Verspätungen bei Ärzten oder Anwälten mit konkreten Terminvorgaben nicht erwünscht und Chilenen erscheinen hier sogar vor der Zeit.

Hetze und Eile sind wenig verbreitet. Bei Geschäftsterminen oder Besuchen steht das **Hier und Jetzt im Vordergrund.** Termine dauern in der Regel um einiges länger als hierzulande, denn man nimmt sich Zeit. Zeitdruck und Eile sind nicht der richtige Ansatz und könnten falsch verstanden werden. Während Pünktlichkeit im deutschen Sinne hochgeschätzt wird, hatte sie in Chile bisher keinen besonderen Wert. Das ändert sich gerade im geschäftlichen Bereich zunehmend. Viele Unternehmer wünschen sich pünktliche und zuverlässige Mitarbeiter, sodass sie als Anreiz **Boni für Pünktlichkeit** eingeführt haben, die monatlich zusätzlich zum Lohn ausgezahlt werden.

Statt in einer strengen Pünktlichkeit liegt die Stärke der Chilenen in ihrer unerschütterlichen Geduld. Mit bemerkenswerter Ausdauer wartet man gelassen in langen Schlangen an Bank- und Postschaltern, an der Fleischtheke im Supermarkt oder an der Bushaltestelle. Auf nervöse Gesichter

oder schimpfende Kommentare wird man nicht treffen, denn **in Chile rennt die Zeit nicht** und Zeit ist auch nicht Geld. Zudem ist das System nicht darauf ausgelegt, gibt es doch keine Busfahrpläne, Uhren an öffentlichen Plätzen gehen grundsätzlich vor oder nach und Veranstaltungen beginnen mit der obligatorischen Verspätungsspanne. Doch trotz der einvernehmlichen Praxis wird sich fürs Zuspätkommen entschuldigt und dies mit blumigen Erklärungen ausgeschmückt, wobei die Schuld immer bei anderen liegt. Straßenblockaden, plötzlicher Stromausfall oder eben der Bus, der nicht pünktlich war. Die Fahrer sind es leid, immer den Sündenbock zu spielen und haben für jedermann sichtbar neben dem Schildchen *Dios es mi copiloto* („Gott ist mein Copilot") die Erklärung *Si salió atrasado no es culpa del chofer* („Sind Sie zu spät dran, ist nicht der Fahrer Schuld") hinzugefügt.

⌃ Allerorten findet sich ein gemütliches Plätzchen für die Mittagspause

Langfristige Planungen sind nicht beliebt. Zunächst sagen Chilenen, allein schon aus Höflichkeit, einer Unternehmung begeistert zu und meinen es in gesagtem Moment auch ernst, doch handelt es sich eher um eine momentane Gültigkeit. Eine Verabredung von zwei bis drei Wochen vor dem Termin ist nicht verbindlich und muss mindestens zweimal rückbestätigt werden. Man scheint sich nicht gern festzulegen, heißt es doch stets: ich kann doch heute noch nicht wissen, was in zwei Wochen anliegt. Mit der Zeit können sich schließlich andere Alternativen auftun, wie beispielsweise ein wichtiger Geschäftstermin oder familiäre Verpflichtungen, die stets Priorität haben. Womöglich haben die Chilenen sich dadurch ihre **Flexibilität und Spontaneität** bewahrt. Tritt etwas Unvorhergesehenes ein, trifft man etwa einen Freund auf der Straße, den man lange Zeit nicht gesehen hat, oder ein Verwandter braucht Unterstützung, kommt es zu kurzfristigen Planänderungen. Gleiches gilt, wenn man gerade in der Gegend ist, dann kann man jederzeit unangemeldet bei Freunden vorbeischauen und wird immer willkommen sein.

Zu Gast in Chile

◁ Fantastische Aussicht – Gletscher Grey in Torres del Paine
(007ch Foto: ks)

Don Otto der Deutsche

Ein typischer „langweiliger Witz" ist ein *chiste alemán* (deutscher Witz). Im Mittelpunkt dieser Scherze steht meist *Don Otto,* der jedes Wortspiel falsch versteht und stets treuherzig antwortet. So wurde *Don Otto* einmal von seiner Frau im Wohnzimmer auf dem eigenen Sofa betrogen. Als er von der Sache erfuhr, ordnete er an, das Sofa zu verkaufen. Der platte Klassiker „das Sofa von Don Otto" avancierte sogar zum geflügelten Wort. Immer wenn jemand ein Randdetail als Ursache eines Misserfolgs erklärt, heißt es: „Verkauf das Sofa und löse das echte Problem". „Das Sofa von Don Otto" erklärt indes auch das typische Bild, das man von Deutschen in Chile hat: **ehrlich sowie unerfahren in Liebesdingen,** im Gegensatz zum Chilenen, der sich selbst gern in der Rolle des Latin Lovers darstellt. Bereits im Zuge der deutschen Einwanderung entstand die **Witzfigur des Don Otto,** über die sich das ganze Volk amüsierte und die zur ersten chilenischen Comicfigur (1905) inspirierte, nämlich *Federico von Pilsener,* der so hoch wie breit ist und einen Dackel namens Dudelsackpfeifergeselle an der Leine (!) mit sich führt. Überaus korrekt gekleidet in Frack, Weste, Hut und Stock benutzt er die damals in Chile seltenen Requisiten Brille, Schirm und ebendiese Hundeleine. *Federico* und *Don Otto* vereinen die typischen Klischees des Deutschen: *frío, sério, trabajador* (kalt, ernst, arbeitswütig). **Pünktlichkeit, Effizienz und Ordnungsliebe** gehören auch zu den Eigenschaften, für die die Deutschen zwar geschätzt, aber durch die sie auch vom chilenischen Durchschnittsbürger abgegrenzt werden. Zu spüren bekommen das die Deutsch-Chilenen, **einstige Einwanderer aus den deutschsprachigen Ländern,** die im Süden Chiles seit mehr als fünf Generationen leben. Bis heute sind sie für Chilenen allesamt die *alemanes* (Deutsche), *gringos* („weiße Ausländer") oder *colonos estranjeros* („ausländische Siedler"), also noch immer Deutsche oder sogar Ausländer. Dass *Don Otto* bildliche Sprache wörtlich nimmt und alles falsch versteht, zeigt, wie bruchstückhaft die deutschsprachigen Einwanderer lange Zeit Spanisch sprachen. Und tatsächlich, ist man **im Seengebiet Südchiles** und in der Region um Valdivia unterwegs, hört man ein sauber gesprochenes Deutsch. Man erkennt schnell den wundersam vertrauten Reiz dieser Gegend. **Pappelalleen, herausgeputzte Häuschen mit Blumenbeeten und Gartenzaun.** Weidende Kühe, Brombeersträucher und Schilder am Wegesrand, die auf Kuchen, Ortsfeuerwehr und Gesangsverein hinweisen. Alles auf Deutsch und man glaubt sich auf dem falschen Kontinent. Auch tragen viele Bewohner dieser Gegend deutsche Familiennamen, sind blond und blauäugig. Die deutschsprachigen Einwanderer haben sich eine neue Heimat in der neuen Welt geschaffen, einschließlich Brauchtum und Sitten. Inzwischen sprechen die jungen Deutsch-Chilenen allerdings eher Spanisch als Deutsch und haben mit den alten Traditionen, die die Großeltern- und zum Teil noch die Elterngenerationen pflegen, nicht mehr viel am Hut.

Ob des **wirtschaftlichen Erfolgs** und ihrer Verlässlichkeit sind die Deutschen im Allgemeinen hoch angesehen. Überhaupt steht alles, was das Label *alemán* (deutsch) im Namen führt, für **Qualität und Güte,** wie etwa *óptica alemana* (deutscher Optiker) sowie natürlich *clínica alemana* (deutsche Klinik) und *colegio alemán* (deutsche Schule), wo die neue Generation Deutsch lernt. Da die 22 *colegios alemanes* zu den besten und damit teuersten Schulen des Landes gehören, können sie sich nur die Besserverdienenden leisten. „Deutsch" wird daher oft auch mit „vermögend" gleichgesetzt.

060ch-ks

Freilich ist die **Wahrnehmung der Deutschen** auch schichtenbezogen. Während die Deutschen für die unteren Einkommensschichten eher reich und erfolgreich sind, verbinden die Ober- und Mittelschichten mit Deutschsein eine gute Ausbildung sowie verlässliche Geschäftspartner.

Neben *Don Otto,* der den friedlichen deutschen Siedler und tüchtigen Bauern verkörpert, gibt es auch das Bild des strengen autoritären Deutschen, der einst **Pickelhaube und Gehorsam** beim chilenischen Militär einführte, was den Chilenen den Ruf verschaffte, „die Preußen Südamerikas" zu sein. Deutsche in Uniform mit militärischem Bellton kennen Chilenen heute aus nordamerikanischen Filmen. Im krassen Gegensatz dazu steht der **brave deutschsprachige Tourist,** von denen es viele ins Land

⌃ Kuchen: Backwerk und Wort übernahmen die Chilenen von deutschen Einwanderern

Deutsch-Chilenen

Seit zwei Jahrhunderten haben Nachfolgegenerationen der deutschen Einwanderer Traditionen und Sprache aus der alten „Heimat" erfolgreich bewahrt. Noch heute versteht sich eine große Anzahl Chilenen mit deutschem „Migrationshintergrund" als „Chilenen deutscher Abstammung", obwohl sie in Chile geboren wurden und bereits seit mehreren Generationen dort leben. Erst heute ist Deutsch auf dem Rückzug und kaum ein Deutsch-Chilene wächst noch mit Deutsch als Muttersprache auf.

Wie kommt es aber, dass sich das Deutsche über so lange Zeit in Südchile halten konnte? Zum einen ist es eine Glaubensfrage, denn als der deutsche Bernhard Philippi Mitte des 19. Jh. im Auftrag der chilenischen Regierung deutsche katholische Familien anwerben sollte, machte ihm die katholische Kirche in Deutschland einen Strich durch die Rechnung. Sie war dagegen und so wurde schließlich eine große Zahl Protestanten nach Chile geschickt. Die Mehrheit von ihnen waren mittelständische Handwerker, Bauern und Kaufleute, die über ein hohes kulturelles Niveau verfügten. Da sich die deutsche Kolonie im einstigen Frontera-Gebiet befand, dem Mapuche-Grenzland, das noch nicht mit dem Kernland verbunden war, war sie vom übrigen Staatsgebiet Chiles weitgehend isoliert. Eigene Institutionen wurden geschaffen, die zum Teil noch heute bestehen, darunter Gotteshäuser, Schulen, Krankenhäuser, Feuerwehren und Vereine. Auch der Deutsch-Chilenische Bund, die Deutsch-Chilenische Handelskammer oder die deutschsprachige Zeitung „Cóndor" entstanden damals.

Eine Art Sondergemeinschaft bildete sich heraus, die ihre Bräuche und Gewohnheiten aus der Heimat pflegte, sich aber nicht von den dort ansässig gewordenen Chilenen abschottete.

Die Kontakte zwischen Deutschen und Chilenen waren in erster Linie hierarchischer Art von „Herr" zu „Arbeiter". Die soziale Kluft und Glaubensunterschiede machten Mischehen sehr selten und eine vollständige Integration schwierig.

Der Bau der Eisenbahnlinie 1907 bedeutete die Öffnung und Anpassung der Deutschstämmigen. Viele Ibero-Chilenen zog es aufgrund des wirtschaftlichen Erfolgs der Region dorthin und gleichzeitig gingen viele junge Deutsch-Chilenen in die Städte. Die Kontraste zwischen Deutsch- und Ibero-Chilenen verloren sich im Zuge dieser Wanderbewegungen immer mehr. Heute prägen Mischehen und Zweisprachigkeit das gesellschaftliche Bild im Süden des Landes. Und auch der wirtschaftliche Erfolg blieb ihnen treu, denn die Deutsch-Chilenen zeichnen sich durch eine starke Teilhabe am wirtschaftlichen Leben aus. Heute ist Deutsch noch für etwa 20.000 Chilenen Muttersprache.

der Nationalparks zieht. Man erkennt sie an Wanderhose, Sonnenhut und Outdoorjacke. Verstaubt und verschwitzt, die Frauen ungeschminkt und kurzhaarig, steigen sie aus den Nationalparks hinab in die besiedelten Regionen und schwärmen von den landschaftlichen Schönheiten Chiles. Die *alemanes,* unter denen sämtliche deutschsprachigen Nationen zusammengefasst werden, gehören zu der beliebten Gringo-Sorte, denn sie sind freundlich, ehrlich und auf sie ist Verlass. Damit gleichen sie *Don Otto,* allerdings nicht ganz, denn fast überrascht stellen Chilenen fest, dass die meisten Deutschen gar nicht so *frío* sind und sogar ganz witzig sein können.

Die Chilenen – ein Inselvolk?

Andenkordillere
ruhende Mutter und Mutter, die schreitet,
die uns als Kinder berückt,
uns sterben lässt, wenn sie uns fehlt.
(Auszug aus „Kordillere" von Gabriela Mistral,
aus dem Spanischen von Albert Theile)

O Meer, so nennst du dich,
Gefährte Ozean, (...)
triff uns nicht so hart,
brülle nicht dergestalt,
tu auf deinen grünen Schein
und lass in unser
aller Händen
deine silberne Gabe,
den täglichen Fisch.
(Auszug aus „Ode an das Meer" von Pablo Neruda,
aus dem Spanischen von Erich Arendt)

Die beiden Auszüge aus Gedichten der Nationalpoeten *Gabriela Mistral* und *Pablo Neruda* verdeutlichen das Schicksal der Chilenen, welches unweigerlich mit zwei Naturgestalten verbunden ist: **der Andenkordillere und dem Pazifik.** Die Chilenen leben entweder mit Blick auf die Berge oder das Meer. Was sie mit beiden verbindet, drücken die lyrischen Zeilen bildreich aus. In ihnen liegt eine gewisse Mischung aus Nostalgie, Melancholie, Tragik und unausweichlicher Verbundenheit. Das macht die Chilenen in gewisser Weise zu den Portugiesen Südamerikas, die das Gefühl

nicht loslässt, am Rande (oder doch Anfang?) der Welt zu leben und sehnsuchtsvoll ihr Schicksal zu betrachten. Stets eine Grenze vor Augen ist Chile **gleichermaßen ein Land der Berge als auch der Küste.** Die *patiperros*, die im Ausland lebenden Chilenen, tragen die Verbundenheit zu beiden im Herzen und vermissen sie fernab der Heimat schmerzlich. Und tatsächlich sind lediglich 20 % der nationalen Landfläche Flachland, 80 % befinden sich in Höhenlagen. Zudem ist Chile eine einzige Küste, durchzogen von Dünen, Inseln, Oasen – vom Morro de Arica bis Kap Hoorn 4200 km lang und weitere 800 km bis zur Antarktis. Die Frage, ob die Chilenen nun ein Küsten-, ein Bergvolk oder beides sind, ist berechtigt. Ein Blick auf die Karte offenbart keines von dreien, denn die Siedlungszentren liegen im Zentraltal entlang der Küstenkordillere, einer sich parallel zur Pazifikküste erstreckenden Bergkette. Bis auf ein paar vereinzelte große Hafenstädte wird respektvoll und ehrfürchtig Abstand von Meer und Bergen gewahrt. Wie auch den Gedichtsauszügen zu entnehmen ist, hegen Chilenen eine gesunde Furcht den zwei Riesen gegenüber, die von beiden Seiten Gefahr in Form von Naturgewalten zu bringen drohen. Auf die **Landschaftsvielfalt und auch die Abgeschiedenheit** laufen chilenische Selbstbezeugungen oft hinaus – beide scheinen die Hauptmerkmale Chiles auszumachen. Nicht nur in der Landschaftslyrik besingen die Nationalpoeten die Einbettung des Landes zwischen Pazifik und Anden, sondern auch in Festtagsreden heben

Bürgermeister und Schuldirektoren die Lage Chiles am „Ende der Welt" *(el final del mundo)* oder als „letzten Winkel der Erde" *(el último rincón del mundo)* hervor.

Während moderne Kommunikationsmittel und eine bessere Infrastruktur zwar die Landesbewohner einander näher brachten, ist das Bild der Abgeschiedenheit nach wie vor präsent. Und obgleich man heute von Europa aus nur noch wenige Stunden statt Monate braucht, um nach Chile zu gelangen, nehmen sich die Chilenen dennoch als Insulaner wahr, auch wenn sie auf dem Festland leben. Abgeschnitten von den übrigen Ländern des Kontinents, wegen der natürlichen Grenzen von **Meer, Anden, Wüste und Eis,** grenzen sie sich darüber hinaus gern bewusst von ihren Nachbarn ab, indem sie herausstellen, dass Chile anders sei, *Chile es diferente.* Diese Wahrnehmung drückt sich in einer Art **Überlegenheitsgefühl** aus, insbesondere gegenüber den Bolivianern und Peruanern. Weniger groß scheint die Distanz zu Europa zu sein, denn traditionell bezeichnen sich Chilenen gern als die **„Preußen" oder „Engländer Südamerikas".** Demgemäß entspricht die Selbstdarstellung der eines Weißen, wobei der Anteil der „Germano-Europäer" in der Abstammungslinie stets hervorgehoben wird. Tatsächlich werden von der Volkzählung 2012 89 % der Bevölkerung als von mestizischer Abstammung angegeben (11 % gehören indigenen Ethnien an), was allzu gern verdrängt wird. Die Blonden und Blauäugigen werden noch immer zu Schönheitsköniginnen gekürt und zieren die Werbeplakate landauf wie landab. Dieses Idealbild ist sicher auch der Grund für den gerade auf dem Land spürbaren Rassismus gegenüber Indigenen sowie dunkelhäutigen Landsleuten und Nachbarn. Gleichzeitig führt es zu einer Art **Minderwertigkeitskomplex,** der viele Chilenen beim Zusammentreffen mit weißen Europäern oder Nordamerikanern befällt. Bis heute sitzt dieses Empfinden tief, wohl auch begründet durch den Umstand, dass Chile das am weitesten von Europa entfernte südamerikanische Land ist. Über Jahrhunderte von den Wirtschafts- und Kulturzentren der Welt abgeschnitten, begrüßten Chilenen jede Neuerung und Innovation, die ihr Land am Rande der Welt erreichte, mit Begeisterung. Das ist bis heute so geblieben, denn Chilenen sind wie keine andere südamerikanische Nation **offen für die Neuheiten des Weltmarktes,** sodass neue Produkte auf dem Kontinent stets zuerst in Chile eingeführt werden. Gleichzeitig beklagen viele Chilenen das Imitationsbestreben im Land, es ständig den USA und Europa gleichtun zu wollen und bezeichnen das als Imitationskultur. Neuerdings ist ein Beiname Chiles im Umlauf, der jedoch

◁ Geld verdienen an der Küste – Algensammler

nicht selbstgegeben ist. Aufgrund der außenwirtschaftlichen Erfolge wird Chile in der Region hin und wieder als „Argentinien des Südkegels" bezeichnet, jedoch „schlechter gekleidet".

Das Länderimage Chiles

Die globalen Handelsbeziehungen und der Tourismus nehmen zu und man spricht von Chile als „Modellland" und **„Andentiger".** Positive und seriöse Bilder über Chile, die es als modern, sicher, sauber, zuverlässig und europäisch angehaucht darstellen, werden vermittelt. Die einst als furchteinflößend wahrgenommene Natur avanciert zum Länderimage, wobei die **klimatische und landschaftliche Vielfalt** Gegenstand sämtlicher Vermarktungsstrategien ist. Dies ist wohl auch der Tatsache geschuldet, dass keine eindeutigen Assoziationen zu Chile im Umlauf sind und das Land nicht auf Klischeebilder zurückgreifen kann, wie etwa Brasilien auf seine Samba oder Argentinien auf die Gauchos. Angesichts dessen tut sich Chile schwer, dem eigenen Land ein konkretes Leitbild zu geben. Das Ausland verband mit Chile lange Zeit Schreckensbilder aus der Diktaturzeit, deren konfliktreiche Bewältigung auch heute noch das Land spaltet. Dies

⌂ Bunte Bergwelt im Andenhochland

ist mitunter ein Grund dafür, dass Chilenen eine **komplizierte Beziehung zur eigenen Identität** haben. Um diese zu stärken, nutzte Chile das „Bicentenario". Zur 200-Jahrfeier der Unabhängigkeit im Jahre 2010 standen allerlei **Nationalsymbole** im Vordergrund wie der Volkstanz *Cueca* oder die Nationalfigur des *huaso*. Diese Symbole stammen allesamt aus einer ruhmreichen Zeit, in der das Volk geeint war und die so lange zurückliegt, dass sie keine dunklen Erinnerungen weckt.

Exilchilenen in der DDR

Fragt man ehemalige DDR-Bürger nach Chile, weckt das Erinnerungen an Jugendzeiten, als sie zu Musik von Victor Jara oder Quilapayún in den Jugendclubs tanzten, „venceremos" riefen („Wir werden siegen", Wahlspruch der Unidad Popular) und vielleicht sogar ein Poster von Allende über dem Bett hängen hatten. Nach dem Sieg Allendes 1970 rückte Chile ins Bewusstsein der DDR-Bürger. Santiago de Chile wurde nach Moskau die zweite Hauptstadt der Welt mit zwei deutschen Botschaften. Nach dem Militärputsch 1973 schlug die Sympathie für die Allende-Regierung in Solidarität mit den Pinochet-Verfolgten um. In den folgenden 15 Jahren kamen etwa 5000 chilenische Exilanten in die DDR, die gemessen an der Bevölkerung eines der Länder war, welches die meisten Diktatur-Flüchtlinge aus Chile aufnahm. In der DDR lenkte der Staat die großen Solidaritätskampagnen für Chile, denn Solidarität war Teil der sozialistischen Bürgerpflicht. Die chilenischen Emigranten erhielten eine großzügige materielle Unterstützung und waren auf offiziellen Veranstaltungen allgegenwärtig. Schulen, Straßen und Genossenschaften wurden nach Allende, Kulturzentren nach Victor Jara und Neruda benannt - Namensgebungen, die sich bis heute erhalten haben. Junge Chilenen durften studieren, unter ihnen die Präsidentin Michelle Bachelet. Nicht wenige wurden auf Anweisung in der Produktion eingesetzt, obwohl sich unter den Exilchilenen eine große Zahl hoch qualifizierter Akademiker und Staatsangestellter befanden. Vielen wurde bald die Plattenbauwohnung zu eng und die Arbeit am Laufband fad. Einige versuchten in die Bundesrepublik Deutschland zu emigrieren und bereits Anfang 1980 begann die Rückführung chilenischer Exilanten nach Chile. Ende 1989 waren noch etwa 300 Chilenen in der DDR registriert. Nicht nur ihr Schicksal blieb nach der deutschen Wiedervereinigung mit Chile verbunden, sondern auch das der Honeckers, die, um sich ihrer politischen Verantwortung zu entziehen, Chile als Exil wählten.

Die Eigenwerbung nach innen wirkte, denn heute ist die Mehrheit der Chilenen stolz auf ihr Land und verbindet *huasos* und *Cueca* mit Chilenentum *(chilenidad)*. Nach außen bilden die landschaftlichen Extreme, gerade weil sie so unverfänglich, neutral und freilich auch einzigartig sind, den Hauptgegenstand der Eigenwerbung. Selbst die **Osterinsel,** der am weitesten vom Festland entfernte Ort, dessen Einwohnerzahl die einer Kleinstadt nicht übersteigt, fehlt auf keinem Chile-Prospekt. Und auch die Chilenen finden: Ihr Land ist das schönste auf Erden, mit den höchsten Bergen, der längsten Küste und dem besten Klima.

Chile mit deutschen Augen

Was verbindet man hierzulande mit Chile? Die häufigste Antwort wäre sicher das Erdbeben von 2010 und das Minenunglück im chilenischen Norden ein halbes Jahr darauf. Durch die **Medienberichte** zur Befreiungsaktion der 33 Bergleute gelangte Chile mehr als zwei Monate lang über die Bildschirme in die Wohnzimmer. Weniger spektakulär hingegen schienen die Schüler- und Studentenproteste zu sein, die 2011 monatelang Hunderttausende auf die Straßen trieben und das Land bis heute in Atem halten. Denn nur selten schwappt eine Nachrichtenzeile hierzu über den Atlantik.

Noch bis in die 1990er-Jahre hinein präsentierten die deutschsprachigen Medien ein eher **düsteres Chilebild,** gezeichnet von der Gewaltherrschaft *Pinochets* und den Verbrechen gegen die Menschlichkeit. Gefühle von Schrecken, Empörung und Wut begleiteten diese Bilder und lösten eine Welle der Verbundenheit und Solidarität mit den Chilenen aus. Keine andere Soli-Bewegung konnte damals in der BRD und DDR so viele Menschen bewegen. Heute ist das Chilebild in hellen Farben gezeichnet und auch **chilenische Bestsellerautoren** wie *Isabel Allende* und *Antonio Skármeta* führen uns die unbeschwerte und gleichzeitig sehr konservative chilenische Lebensart vor Augen. Wir sehen ein weit entferntes Land am anderen Ende der Welt, das man eigenartigerweise als näher empfindet als etwa Brasilien oder Argentinien. Vielleicht, weil Chile nicht in die Schublade der **Klischees Südamerikas** von Indios, Gauchos und feurigen Tänzern passt. Deutsche, die zum ersten Mal nach Chile kommen, fühlen sich sogleich heimisch, denn vieles erscheint ihnen vertraut, **fast schon europäisch.** Alles geht ruhig und geordnet zu und geschäftlich erwecken Chilenen einen seriösen Eindruck. Doch je länger man bleibt und je mehr man sich integriert, umso mehr fallen einem nach und nach die Unterschiede auf.

Chilenen verstehen: Gesten, Verhalten, Mentalität

So verschieden wie die Lebensräume sind auch die Chilenen selbst. Einen Zusammenhang zwischen der geografischen Vielfalt des Landes und dem chilenischen Charakter glaubt der chilenische Autor *Hernán San Martín* zu sehen. Denn die Nordchilenen, *nortinos,* beschreibt er als hart und wortkarg, ähnlich der Gegend, die sie bewohnen, aber dennoch herzlich und großzügig; sanft die Chilenen aus dem Zentraltal, da hier die Natur lieblich ist und Körper wie Geist besänftigt. Die Bewohner des Südens seien dagegen robust und widerstandsfähig wie der patagonische Wind und die eisigen Gewässer am Ende der Welt. Eine Reise durch das lange Land wird bestätigen, dass die Chilenen **geprägt durch ihre jeweilige Region** verschieden sind und dennoch sprechen sie in vielen Dingen eine gemeinsame Sprache. Um diese zu verstehen, reicht es nicht, nur des Spanischen mächtig zu sein. Denn es wird **nicht nur Chilenisch gesprochen,**

◁ Viehabtrieb in den Anden

Extrainfo 15 (s. S. 6): Umfangreiche Website über Chile auf Spanisch und Englisch mit zahlreichen Videos über das Land zum Download

sondern auch gedacht. So kann ein „Ja" auch mal „nein" bedeuten und eine detaillierte Wegbeschreibung schon mal in die verkehrte Richtung führen. Um Missverständnissen vorzubeugen und nicht ins Fettnäpfchen zu treten, gilt es, die chilenischen Sprachcodes richtig zu entschlüsseln. Als verkehrt erweist sich das Bild des temperamentvollen und chaotischen Latinos in Chile, wie man es vielleicht mit anderen Südamerikanern verbindet. Generell gilt es, in der Öffentlichkeit die Fassung zu wahren und nie die Kontrolle zu verlieren. Ungeduld oder gar unkontrollierte Wutausbrüche treffen auf völliges Unverständnis und bewirken unter Umständen, dass man unwiderruflich sein **Ansehen verspielt.** In Situationen, in denen Europäern schon mal der Kragen platzt und sie dazu neigen, ihrem Ärger lautstark Luft zu machen, hilft ein derartiges Verhalten in Chile nicht weiter. Angenommen der *cálefont* (Warmwassererhitzer) ist mal wieder kaputt und „versüßte" den Morgen mit einer eiskalten Dusche. Auch wenn der Klempner schon x-mal wegen dieses Problems vorbeikam, hilft es nicht, seine Wut an ihm auszulassen. Dann wird er einen weiterhin kalt duschen lassen. Bekümmert sein Problem zu schildern, hilft da schon eher. Da kann als Frau auch schon mal ordentlich auf die Tränendrüsen gedrückt werden. Auch Männer rührt es zu **Tränen, wenn der Anlass es hergibt,** der vom Hören der chilenischen Nationalhymne bei einem Fußballspiel bis hin zu einem ehrlichen Wort der Kritik und Direktheit reichen kann. Ein gestandener Buchhalter über 50 kann ebenso beherzt klagen und weinen wie eine von Liebeskummer geplagte Señorita. Über Sprüche wie „ein echter Mann weint nicht und zeigt keine Gefühle" schüttelt man in Chile nur verständnislos den Kopf. Emotionen zu unterdrücken, kommt nicht in Frage.

Wirkt die **Körpersprache** der Chilenen zunächst verhalten, ihre Gesten dürftig und ihre Mimik unbewegt, ändert sich ihr Verhalten umgehend, sobald sie auf Freunde, Bekannte oder Familie treffen. Chilenen sind von Natur aus **„cariñosos",** wobei dieser Begriff für mehr als nur „Liebenswürdigkeit" steht. Er umfasst Herzlichkeit, Zärtlichkeit, Zuneigung und drückt sich in einem engeren Körperkontakt zueinander aus. Das beginnt beim Begrüßungskuss und erstreckt sich über alle möglichen Lebensbereiche. Im Gespräch berührt man sich zwischendurch gern an Arm oder Schulter und hält generell weniger Abstand zum Gesprächspartner als hierzulande üblich. Auf Distanz geht man auch in Warteschlangen, Bussen oder gar auf der Parkbank nicht. In einem relativ leeren Restaurant würden sich Chilenen immer neben den einzig besetzten Tisch setzen oder im Bus, wenn nur zwei Fahrgäste mitfahren, den Platz genau neben dem anderen wählen. Dieser Wesenszug äußert sich in einem höchst ausgeprägten **Harmoniebedürfnis.**

Extrainfo 16 (s. S. 6): Reportage über das Leben einer Exilchilenin mit vielen Einblicken in das Land

Die Sandwichpackung

In Chile kommt es stets auf die Verpackung an. Sie muss gut aussehen bzw. sich gut anhören. Wie das gegenseitige Miteinander laufen auch Gespräche auf sehr harmonische Weise ab. Situationen und Themen mit Konfliktpotenzial werden geschickt umschifft und bei Meinungsverschiedenheiten wird so gut wie nie offen gesagt, was man wirklich denkt. Im Gespräch macht man schnell Erfahrung mit dem **Monologisieren,** denn elegant und stilvoll ausgeschmückt werden Argumente vorgetragen, wobei Gegenargumente oder gar eine Debatte nicht erwartet werden. Kommen sie dennoch auf direkte Art, könnten sie als Kritik aufgefasst werden. Sehr auffallend ist hier der unbedingte Einklang im Gespräch und weniger die Frage, wer Recht oder Unrecht hat. Das ist auch Teil **chilenischer Höflichkeit.** Man fällt nie mit der Tür ins Haus und höchst selten bekommt man ein schroffes „Nein" zu hören. Auf keinen Fall möchte man unhöflich sein und sein Gegenüber vor den Kopf stoßen. Im äußersten Fall greift man zum typischen „Wischiwaschi", das klare Aussagen verwischt und ein Nein vermeidet, wie *más o menos* (mehr oder weniger). Hat dir das Buch gefallen? *Más o menos* lautet die Antwort, obwohl es dem Angesprochenen überhaupt nicht gefallen hat. Es kann sogar passieren, dass man falsche Auskünfte bekommt, etwa auf die Frage nach dem Weg, wenn ihn der Befragte gar nicht kennt, aber doch nicht unhöflich sein möchte. Diese Notlügen aus Höflichkeit haben ihren **Ursprung in der Kolonialzeit,** so die Erklärung einiger Chilenen, die sich näher mit dem Phänomen beschäftigt haben. Man begann, aus der Not heraus zu lügen. Aus Angst vor Strafen und um den Kolonialherren nicht zu verärgern, sagte man stets das, was der Herr hören wollte. Gleiches gilt, wenn man einen Bekannten auf der Straße sieht, dem man im Moment lieber nicht begegnen möchte. Dann geht man der Situation nicht aus dem Weg. Im Gegenteil, man begrüßt sich aufs Herzlichste, sagt, wie gut es wäre, sich bald einmal zu treffen, und verabredet, das möglichst schnell telefonisch zu klären. Da alle die **Sprachcodes** kennen, versteht man sich. Immer kommt es auch auf die Form an und manchmal zählt sie mehr als der Inhalt.

Das gilt auch für andere Situationen, zum Beispiel wenn Chilenen Kritik üben. Angenommen man ist im Bus auf besorgniserregenden Schotterpisten unterwegs und der Fahrer fährt so schnell, dass man Angst um sein Leben bekommt. Sagt man ihm direkt, er fahre zu schnell und solle doch das Tempo drosseln, würde er sich komplett verschließen. Während man als Deutscher ohne Umschweife seine Pfeile abschießt, streuen Chilenen erstmal Blumen. Sie stellen einfühlend fest, welchen guten Fahrstil der Busfahrer hat und merken behutsam an, dass es wohl nicht wichtig sei, dass man pünktlich am Zielort einträfe. **Kritik wird so gut wie nie geübt.** Wenn sie aber doch einmal kommt, wird sie so in Lob verpackt, dass sich der Angesprochene noch geehrt fühlt. Die Kritik betrifft meist ein Detail, nicht aber den Kern des Problems. Auch hier ist weniger wichtig, **was** wortwörtlich gesagt wird als vielmehr das Wie.

Generell wird versucht, jeden **Konflikt weitgehend zu vermeiden.** Etwa wenn sich lange Menschenschlangen vor sämtlichen Schaltern des Landes von den Banken bis zu den Notariatsbüros winden. Klaglos verbringen Chilenen dort Stunden, um ihre Rechnungen zu begleichen, denn von Miete und Strom bis hin zu Abzahlungen der Einkaufsdarlehen wird alles direkt am Schalter bezahlt. Man reiht sich geduldig ein und wird nicht nervös angesichts der auf der Stelle verharrenden Schlange. Hin und wieder huscht ein mitleidiges Lächeln über die Gesichter, jedoch werden keinerlei Beschwerden laut.

Es heißt oft, Chile sei ein Dorf und jeder kenne jeden. Und tatsächlich lebt auf der großen Fläche eine relativ kleine Bevölkerung und viele Bereiche sind seit Generationen vernetzt. Die Atmosphäre eines „kleinen Landes" fördert den **Tratsch und Klatsch.** Gerüchte verbreiten sich auf schnellem Wege über Taxifahrer, Straßenhändler und natürlich die Nachbarn. Hier stehen die Männer den Frauen in nichts nach. Der Tratsch kann allerdings auch unschöne Formen annehmen und hat sich als solche im sogenannten *pelambre* kultiviert, dem „Schälen" oder „Enthaaren", auf gut Deutsch „Lästern". Und auch hier geht man die Sache nicht direkt an, sondern redet stattdessen über eine Person, die nicht anwesend ist.

Freundschaftsdienste

Über die Landesgrenzen hinaus sind die Chilenen für ihre Solidarität bekannt. Eine ganz andere Form von Hilfsbereitschaft zeichnet sich allerdings in der tragenden Rolle des „Freundes" in der chilenischen Gesellschaft ab. **Vitamin B** ist nötig, um bestimmte Ziele zu erreichen, beispielsweise die in Chile undurchdringlichen bürokratischen Vorgänge auf dem „kurzen Dienstweg" zu beschleunigen oder überhaupt in Gang zu setzen. Auch die Arbeitsvermittlung übernimmt der **„pituto"**, der „gute Freund". **Bewerbungen auf Empfehlung** werden zuerst angesehen und Arbeitsplätze häufig über Beziehungen vergeben. Ein gutes Wort von der richtigen Seite ist oft wichtiger als tatsächliche Ansprüche oder fachliche Qualifikationen. Das macht den *pituto* zu einem der wichtigsten Elemente der chilenischen Gesellschaft, da er für den Erfolg einer Sache ausschlaggebend sein kann. Der **Aufbau von Beziehungsnetzwerken** beginnt schon bei der Geburt und auch der Nachname der Eltern spielt eine Rolle. Über den späteren Lebensverlauf entscheiden die richtige Schule, Universität, Wohngegend und nicht zuletzt der *pituto* mit dem richtigen Nachnamen. Diese „Institution" erleichtert zwar viele Vorgänge im Alltag, kann sie allerdings im Umkehrschluss auch behindern, nämlich wenn man auf der falschen Seite steht und mächtigen *pitutos* nichts entgegenzusetzen hat.

Das erklärt auch, warum nach einem Machtwechsel ganze Führungsetagen oder sogar der Rektor einer Universität ausgetauscht werden. Historisch geht die wichtige Rolle des Freundschaftsdienstes auf über Jahrhunderte **festgefügte Machtverhältnisse** zurück. Einst gingen von der Kolonialregierung, der katholischen Kirche oder den dominierenden Famili-

◁ In Zentral- und Südchile werden Freundschaften beim Mate-Trinken gepflegt

enclans des Landes unüberwindbare Hürden aus, die nur mit bestimmten Mitteln umgangen werden konnten. Wenn der Einzelne sich gegen diese Institutionen behaupten oder ein Anliegen durchsetzen wollte, war dies ohne persönliche Beziehungen, ohne einen „Freund" in entsprechender Position nahezu aussichtslos. Dabei ist es nicht unbedingt notwendig, den *pituto* persönlich zu kennen. Oft stellen gemeinsame Bekannte den Kontakt her, woraus eine Art **Gefälligkeitskette** entsteht. Chile ist stolz darauf, zu den Ländern mit geringer Korruption zu gehören. Mit Geld lässt sich nicht viel erreichen, mit Gefälligkeiten aber doch. Deutsche fühlen sich dabei oftmals unbehaglich, stellen sie in gewisser Weise doch eine Form von Bestechung dar. Für Nicht-Chilenen, die im Land Handel treiben oder Projektarbeit leisten wollen, sind der Aufbau und die Pflege von persönlichen Beziehungen zu Schlüsselpersonen **fundamentaler Bestandteil des Erfolgs.** Anders als in Deutschland werden persönliche Beziehungen hier nicht so stark von geschäftlichen getrennt und im Zweifel haben erstere Vorrang vor letzteren. Als Faustregel gilt: Halte deinen Freund in Ehren, in guten wie in schlechten Zeiten.

Gastfreundschaft

Chilenen sind – ganz Insulaner – introvertiert. Da in der Vergangenheit selten bzw. nie jemand zufällig vorbeischaute, empfingen die Chilenen jeden, der es auf sich nahm, nach Chile zu kommen, sehr gastfreundlich und herzlich. Das ist bis heute so geblieben. Fremde, besonders Europäer und Nordamerikaner, werden **mit offenen Armen aufgenommen,** teilweise sogar freundlicher als die eigenen Landsleute. Da Chilenen eine Vorliebe für Spitznamen – *apodos* – hegen, haben sie solche auch für die verschiedenen Ausländer, die ihr Land bereisen, erdacht. Alle weißen, blonden und großen Menschen werden unter „Gringos" zusammengefasst, ob Engländer, Nordamerikaner, Deutscher, Schweizer, Russe, Holländer, Schwede oder Norweger. In einer unverständlichen Sprache zu sprechen, ist *hablar en gringo,* was sich wohl einst aus *hablar en griego* ableitete und sich auf „nur Griechisch bzw. Spanisch verstehen" bezog.

Der **Hang zur Generalisierung** setzt sich auch bei anderen Nationalitäten fort: Araber, Libanesen, Syrer und Palästinenser sind allesamt *turcos* („Türken") und die Asiaten sind einer wie der andere *coreanos* („Koreaner"). Bei den eigenen Nachbarn geht man schon differenzierter vor. Der Bolivianer ist der *altiplanico* („Hochländer"), der Peruaner *cholo* (abwertend für Mestize) und der Argentinier *che,* da dieser die Buchstaben *ll* und *y* so ausspricht, dass sie wie das chilenische *che* klingen. Im Argentinischen wird der Begriff außerdem für „Typ" verwendet. Auch sollen es

Chileninnen gewesen sein, die einst *Ernesto Guevara* zu seinem *apodo* „Che" verhalfen. Anhand der Bezeichnungen lässt sich auch die Einstellung der Chilenen gegenüber manchen Nationen erkennen. **Gringo** ist in Chile nicht pejorativ, da die „Weißen" gut angesehen sind, anders verhält es sich bei Bolivianern und Peruanern, die meist auch nicht wegen des Reisens, sondern wegen des Arbeitens ins Land kommen.

In indigenen Dorfgemeinschaften, wie denen der Aymara oder der Mapuche, kann es vorkommen, dass Fremden zwar freundlich jedoch mit Zurückhaltung und einem gewissen **Argwohn** begegnet wird. Dies ist auf eine mehrere Jahrhunderte andauernde Erfahrung der Unterdrückung und Ausbeutung zurückzuführen, die die Menschen vorsichtig und misstrauisch werden ließ. Sobald sie jedoch Vertrauen gewonnen haben, sind sie äußerst liebenswürdig. Besonders auf dem Land trifft man auf chilenische Gastfreundschaft. Man ist oftmals verwundert, dass es Fremde in diese mitunter sehr abgelegenen Gegenden verschlägt.

Während Deutsche einen Grund brauchen, um mit jemandem in Kontakt zu treten, brauchen Chilenen einen, um es nicht zu tun. Die **Neugier ist groß** und selbst der am entlegensten wohnende Chilene kennt eine Geschichte von Bekannten, die ebenfalls aus „Gringolandia" kamen oder aus Südchile, wo es noch viele „Deutsche" gibt. Wie heißt es so schön in einem chilenischen Volkslied der Folkloregruppe *Los Huasos Quincheros: Campesinos y gente del pueblo te saldrán al encuentro viajero y verás como quieren en Chile al amigo cuando es forastero,* „Bauern und Leute vom Land werden den Reisenden grüßen und du wirst sehen, wie man den Fremden wie einen Freund in Chile liebt".

Begegnungen – privat und geschäftlich

Der alltägliche Umgang miteinander ist in Chile sehr herzlich und höflich. Ein **Lächeln öffnet Türen** und wird stets erwidert. Dennoch machen Chilenen zunächst einen eher reservierten und zurückhaltenden Eindruck. Anders als ihre südamerikanischen Nachbarn verhalten sie sich nicht überschwänglich temperamentvoll und man wird nicht gleich in der ersten halben Stunde zum *amigo*. Es dauert schon etwas länger, um mit ihnen warm zu werden. Doch ist das Eis einmal gebrochen, wird man von der Liebenswürdigkeit und Fürsorge der Chilenen überwältigt sein. Auch wenn es selbstverständlich erscheint, bleibt der wichtigste Ratschlag im Umgang mit Chilenen die **Begegnung auf Augenhöhe,** wie es folgende chilenische Volksweisheit ausdrückt: *No mires por encima del hombro a los chilenos,* „Nicht von oben auf die Chilenen herabblicken".

Begrüßung und Verabschiedung

Das erste, was in der zwischenmenschlichen Beziehung auffällt, ist die Begrüßung, die in Chile sehr innig und herzlich ausfällt. Frauen werden stets zuerst begrüßt, und zwar auch dann, wenn sie rangniedriger sind, beispielsweise wird die Sekretärin bei einem Geschäftstreffen vor dem männlichen Chef begrüßt. Von Frau zu Frau und Mann zu Frau wird geküsst und zwar einmal flüchtig auf die rechte Wange. Männer begrüßen sich per Händedruck, oder wenn sie gut befreundet sind, mit einer Umarmung (*abrazo*) und gegenseitigem Schulterklopfen. Kinder werden mit Küsschen begrüßt und lernen schon früh das **Kussritual.** Da Kinder stets die Wahrheit sagen, kommt es nicht selten vor, dass sie bei manchen Leuten den Kuss verweigern wollen. Aber da gibt es keine Widerrede, was muss das muss und Kuss muss. Tatsächlich wird in der Erziehung großer Wert darauf gelegt. Vergessen ausländische Besucher den Kuss bei Frauen, fühlen sie sich nicht richtig begrüßt, sehen es dem Gast aber nach. Wer länger in Chile lebte, wird zurück in der Heimat die magische Wirkung dieses Begrüßungsrituals zu schätzen wissen und den Kuss vermissen, denn er bricht die erste Barriere und verringert die Distanz. Dazu gehört auch die obligatorische **Frage nach dem Befinden** *¿Que tál?*, *¿Cómo estás?* oder *¿Cómo te va?* Eine ehrliche Auskunft ist hier nicht gefragt sondern die standardisierte Reflexantwort *Bien, gracias.* („Danke, gut.") oder *Aquí estamos* („Hier sind wir"). Hintergrund für die *respuesta refleja* (Reflexantwort) ist wohl, stets darum bemüht zu sein, den guten Schein zu wahren. Beides, **Berührung und persönliche Frage,** bricht das Eis, man kommt sich näher und ist sich weniger fremd. Man ist aufgenommen.

Eine höfliche Begrüßung der Nachbarn, Kollegen, Verkäufer oder Bedienung wird uneingeschränkt erwartet. Die Grußformeln decken sich dabei nicht ganz mit den deutschen: *Buenos días* sagt man vom Morgen bis zum Mittag, *Buenas tardes* von zwölf Uhr mittags bis zur Abenddämmerung und *Buenas noches* nach Einbruch der Dunkelheit. *Hola* („Hallo") ist immer zeitgemäß und wird vor allem unter Freunden gebraucht.

Wie man sich begrüßt, verabschiedet man sich auch. Zum Küsschen gehört ein *Cuídate* („Pass auf dich auf"). Dieser Ausdruck hat sich während der Diktatur eingebürgert, als es in jener unsicheren Zeit galt, sich besonders vorzusehen. Insgesamt fällt der **Abschied** auf chilenisch sehr viel **wortreicher und inniger** als der unsere aus. Bei einer Einladung sollte man sein Gehen etwa 20 Minuten vorher ankündigen. So bleibt Zeit für die Dankesworte, die gern ausgeschmückt werden wie etwa *Gracias por todo* („Danke für alles") oder *Estoy muy agradecida* („Ich bin sehr dankbar"). Die Dankesentgegnungen *No hay de qué* („Keine Ursache") oder *De nada* („Bitte schön") sowie die **Abschiedsformel** *Que le vaya muy bien* („Lassen Sie es sich sehr gut gehen") gehören immer dazu, selbst bei kurzen Intermezzi. Kauft man beispielsweise nur eine Zeitung am Kiosk, werden herzlich und ausgiebig die Floskeln ausgetauscht. Ob Begrüßung oder Abschied, mit Worten sollte man nicht geizen!

Vorstellung und Konversation

Trotz vieler Neuerungen in der chilenischen Gesellschaft spielen Formalitäten nach wie vor eine wichtige Rolle. Die **Anredeform** sagt viel über die Beziehungen zwischen den Personen aus. Generell gilt: Die Höflichkeitsform *usted* steht für Respekt und die Duzform *tú* für Vertrauen. So werden Freunde, gute Bekannte, junge Leute, die Familie und Arbeitskollegen geduzt. Das *tú* wird zwar liberaler als hierzulande das „Du" gehandhabt, doch kann es in der falschen Verwendung Verstimmung beim Gegenüber auslösen. Im Zweifelsfall ist *usted* die unverfänglichere Lösung. Es wird in der Regel gegenüber Erwachsenen und bei sämtlichen formellen Begegnungen gewählt. Der Übergang zum *tú* erfolgt dann stillschweigend und geht vom jeweils Älteren aus. Bei ranghöheren Geschäftspartnern und Vorgesetzten wird *usted* in der Regel beibehalten. Eigentümlich wirkt es, wenn sich Ehepaare siezen oder Kinder ihre Eltern. Dieses spontan gebrauchte *usted* ist keineswegs antiquiert und wird als Ausdruck von Respekt oder auch besonderer Zuneigung verstanden. Etwas altmodisch erscheint zuweilen die **Anrede „Don"** (etwa „mein Herr"), die dem Vornamen des Mannes vorausgeht und *Señor* ersetzt. Der Ursprung von *Don* geht auf Kolonialzeiten zurück und stand für *de origen noble* („von edler Herkunft"). Heute zeugt es von Respekt und Hochachtung. So werden insbesondere Vorgesetzte wie auch ältere Menschen mit *Don* angesprochen, etwa *Don Héctor*. *Nanas* sprechen ihren Hausherren stets mit *Don* und die Dame des Hauses mit *Señora* an, während sie selbst geduzt werden. In ländlichen Regionen ist mitunter noch *patrón* und *patrona* zu hören. Der **Gebrauch des Nachnamens ist unüblich,** stattdessen werden auch ranghohe Persönlichkeiten wie der Botschafter oder Präsident mit *Don* angesprochen, etwa *Don Patricio* für den ehemaligen Präsidenten *Patricio Aylwin*. Das chilenische Äquivalent für Fräulein – *Señorita* – ist noch nicht der Emanzipation anheimgefallen und bei der Anrede von unverheirateten aber auch jungen Frauen gängig. Generell wird sich mit Vornamen *(nombre)* vorgestellt und angesprochen. Der Nachname *(apellido)* ist lediglich vor Behörden relevant, wobei unterschieden wird zwischen *apellido paterno* (des Vaters Nachname) und *apellido materno* (der Nachname der Mutter), was zu endlosen Namenswürmern führen kann. Verheiratet sich nun die *Señorita Juanita María Torres Gonzalo* mit *Don Héctor Pedro Cerda Bravo,* behält sie den *apellido paterno* und tauscht den Namen ihrer Mutter mit dem ihres Ehemannes aus. Fortan hieße die Neuvermählte: *Señora Juanita María Torres Cerda.*

Eine chilenische Kuriosität sind die **Spitznamen** *(apodos).* Sie sind weit verbreitet und ersetzen den eigentlichen Namen, der mit der Zeit völlig in Vergessenheit gerät. Kreationen wie *Cabezón Marciano* („Mars-Großkopf"), *Guatona* („Dickbäuchige") oder *Pie Quemado* („Verbrannter Fuß") geben Aufschlüsse zu Merkmalen und Erlebnissen der Namensträger. Diese kreativen Schöpfungen erhalten sich bisweilen über Generationen hinweg.

Die Bedeutung der Familie in der chilenischen Gesellschaft schlägt sich auch in den **Gesprächsthemen** nieder. Auf die Erkundigung nach dem persönlichen Befinden fragt man erst einmal nach der Familie, dem Ehepartner, Kindern und Eltern. Sollte man noch nicht verheiratet und kinderlos sein, wird ohne Umschweife nach dem Grund dafür gefragt. Solche Auskünfte werden nicht als sehr intim empfunden und daher direkt angesprochen. Man sollte sich nicht wundern, wenn man direkt nach den beruflichen Tätigkeiten der Eltern gefragt wird. Erfahrungsgemäß zeigt der **familiäre Hintergrund** den Chilenen mehr als der eigene Beruf, in welche soziale Schicht man einzuordnen ist. Denn der eigene Beruf kann schnell gewechselt werden, die Familie jedoch nicht.

Zu den beliebten Themen gehören außerdem **Aussehen, Style und sogar Gewicht.** Und während man in so ziemlich allen Situationen direkte Kritik vermeidet, wird sie beim Äußeren gnadenlos abgeschossen, was hier aber nicht als unhöflich oder gar beleidigend empfunden wird. Frei und munter heraus wird kommentiert, ob und wie viel Gewicht zu- oder abgelegt wurde. Eine neue Frisur wird beleuchtet und Nichtgefallen unvermittelt bezeugt: „Sag mal, warst du beim Friseur? – Ja. Gefällt es dir? – Nein, eigentlich nicht, vorher sahst du besser aus." An dieser Stelle wird klar: Der Deutsche verträgt schlechter Kritik als der Chilene, wenn es ums Aussehen geht. Gleichfalls kann man sich über Lob freuen, denn man weiß, dass es hier wirklich ehrlich gemeint ist.

Einladung und Verabredung

Eine Einladung ist schnell ausgesprochen, doch sollten unverbindliche von ernst gemeinten unterschieden werden. Die Äußerung *Nos vemos para tomar un cafecito* („Wir treffen uns mal auf einen Kaffee") ist oftmals bloß eine nette Floskel, mit der man sich nicht festlegt. Werden dagegen **Zeit und Ort** bestimmt, dann ist es ernst. Sich der Sache ganz sicher sein kann man, wenn am Tag des Treffens die entsprechende Person anruft und rückbestätigt, um sich selbst zu vergewissern.

Im Gegensatz zu einer Verabredung außer Haus trifft man **bei persönlichen Einladungen** immer etwas später ein, wobei das *etwas* hier eine Zeitspanne von einer halben bis zu anderthalb Stunden bemisst. Erscheint man pünktlich, muss man damit rechnen, dass die Gastgeberin noch nicht vom Friseur zurück ist. Es spielt keine Rolle, ob alle zur vereinbarten Zeit da sind, alles vorbereitet ist und das Essen pünktlich serviert wird. Das wichtigste ist das **Beisammensein mit Freunden.** Nicht selten kocht man gemeinsam und nimmt sich für den Aperitif viel Zeit. Die Begrüßung des Gastes fällt sehr herzlich aus und man hört den viel gesagten Satz *La casa es chica pero el corazón es grande* („Das Haus ist klein, das Herz aber groß").

Ein kleines **Gastgeschenk** wird häufig mitgebracht, denn Chilenen beschenken sich gern. Doch ist es keine Konvention, denn Priorität hat der Gast und weniger, ob oder welche Art Geschenke er bei sich trägt. Ist man zum Essen eingeladen, bringt man gewöhnlich einen Nachtisch oder Süßes zur Teezeit *once* sowie Wein bei Einladungen zum Mittag- oder Abendessen mit. Einen Bekannten oder mehrere Freunde im Schlepptau zu haben, die der Gastgeber nicht kennt, ist gang und gäbe. Freunde von Freunden sind stets willkommen und werden mit gleicher Herzlichkeit aufgenommen.

Geschäftskodex

Gerade im Geschäftsalltag sind **korrekte Benimmregeln** entscheidend und erfolgsrelevant. Denn geschäftliche Beziehungen gründen auf Respekt, Vertrauen und Sympathie, die durch unbedachte Gesten und Äußerungen schnell aufs Spiel gesetzt werden können. Ob privat oder geschäftlich, die chilenischen Verhaltenskonventionen gleichen sich. Bevor es „zur Sache" geht, wird immer erst auf persönlicher Ebene eine Beziehung aufgebaut, denn sie schafft Vertrauen und damit die Basis für das spätere Geschäft. So erkundigt man sich zunächst nach der Familie, wobei es sich nicht um eine oberflächliche Standardfrage handelt, sondern um **ernst gemeintes Interesse.** Für den Ausländer bietet es sich an, beispielsweise die Schönheit Chiles hervorzuheben. **Kritische Anmerkungen** zu politischen, sozialen oder religiösen Themen sollten dagegen vermieden werden, denn jegliches Anzeichen von Kritik wird als persönlicher Affront gewertet. Zudem könnte so mancher gut gemeinte Rat – besonders wenn er von Fachleuten aus den Industriestaaten gegeben wird – als Besserwisserei aufgefasst werden, auf die man empfindlich reagiert. Hier tritt zuweilen ein Unterlegenheitsgefühl der Chilenen gegenüber Europäern und Nordamerikanern zutage. Deutsche Unternehmen sind aufgrund ihrer Verlässlichkeit und qualitativ hochwertigen Produkte geschätzt und gut angesehen.

Ausländische Geschäftspartner werden sehr herzlich empfangen und in der Regel für die Tage ihres Aufenthalts schon beinahe fürsorglich betreut, auch außerhalb der Dienstzeiten. Nicht umsonst heißt es in Chile, Geschäftstreffen finden zwischen Menschen und weniger zwischen Unternehmen statt. Der Übergang von der sachlichen zur persönlichen Ebene ist gleitend. Daher dauern Besprechungen meist länger als hierzulande üblich, da einerseits das Bedürfnis nach direktem persönlichem Austausch besteht und es andererseits im Gespräch zu vielen Wiederholungen und blumigen Ausschmückungen kommt.

Da die chilenische Gesellschaft **großen Wert auf Etikette** legt, sind gerade im Geschäftsleben Jackett und Krawatte bei Männern sowie das klassische Kostüm bzw. der Hosenanzug bei Frauen unabdingbare Requisiten. Beim ersten Kennenlernen kommt es zu einem regen wie großzügigen **Austausch von Visitenkarten.** An dieser Stelle macht es einen guten Eindruck, die erhaltene Karte kurz zu bewundern, denn es wird viel Wert darauf gelegt zu zeigen, welche Position man im Unternehmen innehat. Generell ist beim ersten Treffen ohnehin nicht davon auszugehen, dass es zum Geschäftsabschluss kommt. Gar auf eine schnelle Vereinbarung zu drängen, könnte ein ebenso schnelles Ende des Geschäfts bedeuten. Anfänglich stehen das **Kennenlernen und der Aufbau von Vertrauen** im Mittelpunkt. Es werden Fragen allgemeiner Natur geklärt und der Partner auf seine Seriosität abgeklopft.

Ein delikater Punkt, der sich bei deutsch-chilenischen Geschäftsbeziehungen immer wieder bemerkbar macht, ist das unterschiedliche **Zeitverständnis.** Bei der Einhaltung von Terminen und Fristen können sich Verzögerungen auf chilenischer Seite ergeben, denn in Chile werden Abgabetermine erst dann aktuell und notwendig, wenn sie unmittelbar bevorstehen. Hier empfiehlt es sich, mit chilenischen Geschäftspartnern Zwischenziele zu vereinbaren und diese durch ständiges Nachfragen sicherzustellen. Schriftliche Vereinbarungen werden in der Regel verbindlicher gehandhabt als anderswo auf dem Kontinent. In dieser Hinsicht geht man in Chile sehr genau vor und hält sämtliche Punkte vertraglich fest. Mündliche Absprachen sind mit Vorsicht zu behandeln und sollten rückbestätigt werden.

Da die **Unternehmenskultur in Chile streng hierarchisch** ausgerichtet ist, werden Entscheidungen durch die Führungskraft getroffen und auch vertreten. Mitarbeiter sind demnach nicht aktiv in Entscheidungsprozesse eingebunden. Zunehmend passt sich aber auch Chile, insbesondere die größeren Firmen, dem globalen Trend an. Hierarchieebenen werden spürbar flacher, Führungspositionen inzwischen häufiger auch von Frauen besetzt und Geschäftsführer jünger. Eines bleibt jedoch nach wie vor bestehen und zwar, dass Chile auch im Wirtschaftsleben wie es oft heißt *un pueblo chico* („ein kleines Dorf") ist. Denn Nachrichten verbreiten sich äußerst schnell in der kleinen Wirtschaft des langen Landes, wo jeder jeden kennt, sei es aus Studiums- und Schultagen oder gar aus der eigenen Verwandtschaft.

Unterwegs im Land

Schon beim Anflug auf Santiagos Flughafen ist man überwältigt vom
atemberaubenden Anblick der hohen schneebedeckten Andengiganten.
Sie lassen erahnen, welch landschaftliche Schönheiten sich in Chile ver-
bergen. Kein zweites Reiseland vereint eine solche Vielfalt an Klimazonen
und Landschaftsbildern. Von der Atacama-Wüste bis nach Feuerland ist
Chile ein überaus attraktives Reiseziel. Der Länge nach erstrecken sich
unzählige Nationalparks, Naturreservate und Naturmonumente, die Er-
kundungen in die Berge, Wüste und Wälder ermöglichen. Ein **gut ausge-
bautes Verkehrsnetz** erschließt alle Regionen und wird ständig erweitert.
Aktuelle Karten zum Straßennetz hält der chilenische Reiseführer Turistel
bereit, der an den Copec-Tankstellen erhältlich ist. Umfangreiche Reisein-
formationen zu den Nationalparks und Campingplätzen sind hier auf Spanisch zusammenstellt. Chile gilt als **sicheres Reiseland,** in dem man sich
schnell heimisch fühlt. Die Liebenswürdigkeit und Gastfreundschaft der

⌂ Eindrucksvolle Landschaft an der Carretera Austral

Chilenen tun ein Übriges. Sie helfen gern und überall weiter, auch wenn es für sie selbst Umstände und Zeitverlust bedeuten würde. Besonders in der Provinz, wo die Uhren noch langsamer ticken, wird man die **Gelassenheit und Herzlichkeit der Menschen** zu schätzen lernen.

Da der **öffentliche Busverkehr** in abgelegenen Gegenden sehr eingeschränkt und mitunter nur ein Mal am Tag verkehrt, ist **Trampen** – *hacer a dedo* – unter Einheimischen wie Fremden gang und gäbe. Schüler in blauen Uniformen teilen sich die Ladeflächen der Pick-ups ebenso wie ältere Frauen, die vom Markteinkauf nach Hause fahren. Zum Familienausflug am Sonntag wird schon mal die Matratze auf der Pritsche ausgelegt, um die Großfamilie zu verladen. Diese Bilder werden jedoch immer seltener, da Vorschriften und vermehrte Polizeikontrollen das Mitfahren auf Ladeflächen verbieten. Wer außerhalb der Nationalparks auf Schusters Rappen unterwegs sein möchte, wird kaum markierte Wanderwege finden, sondern stattdessen auf eingezäunte Privatgrundstücke und verschlossene Tierzäune treffen. Um Unmut und Ärger zu vermeiden, sollte man stets die **öffentlichen Wege und Nationalparks** nutzen.

Zwischen Januar und Februar ist ganz Chile lahmgelegt, denn es ist **Ferienzeit.** Trotz der unterschiedlichen Klimazonen sind die Ferien zentral auf diese Zeit festgelegt und machen die nationale Tourismuswirtschaft zum kurzen Saisongeschäft. Dann schnellen die Hotel- und Eintrittspreise in die Höhe. Die Grenzen zu den Nachbarländern sind verstopft, da auch die in Chile lebenden Argentinier, Bolivianer und Peruaner auf Heimaturlaub fahren. Die Wiedereinreise nach Chile ist stets mit einer peinlich genauen Sanitärkontrolle verbunden. Da Chile **fruchtfliegen- und tollwutfrei** ist und bleiben will, nimmt es die chilenische Landwirtschaftsbehörde SAG in dieser Hinsicht sehr genau. Die Einfuhr von frischen Lebensmitteln ist streng verboten, wobei die Liste stets auch um verpackte Waren wie Schokolade aus Argentinien oder Medikamente aus Peru erweitert wird. Verstöße werden mit nicht geringen Bußgeldern geahndet.

Chile erweckt auf den ersten Blick den Eindruck eines entwickelten und fortschrittlichen Landes, was von der chilenischen Regierung nach Kräften gefördert wird. Der Begriff **Kulisse** beschreibt das, was Chile in vielen Fällen repräsentiert, recht treffend. Denn vieles macht einen hervorragenden Eindruck und scheint problemlos zu funktionieren. Bei näherem Hinsehen stellt man jedoch fest, dass es sich um den **äußeren Schein** handelt, der Missstände verdeckt. So beispielsweise das Skyline-Viertel Santiagos, „Sanhattan" genannt, das mit seinen blitzblanken Bürgersteigen und Büroriesen ein modernes Industrieland suggeriert. Im gleichen Stadtteil verdingen sich Hausangestellte, Parkwächter und Straßenverkäufer unter Bedingungen, wie man sie sonst in Dritte-Welt-Ländern antrifft.

Extrainfo 17 (s. S. 6): Eine Reise durch Chile von Nord nach Süd: Wüste, Wein und weites Land

Gleichermaßen gibt es vieles, was **nach außen anders erscheint.** Ein gutes Beispiel dafür sind die Motels, die Touristen im ersten Moment verwirren könnten. An den Hauptstraßen gelegen sind sie nicht als Unterkunft für den Reisenden gedacht. Die schummrige Beleuchtung, Betten in Herzform und roter Plüsch lassen vermuten, an welche Art Kundschaft das Haus gerichtet ist. Die Mehrzahl junger chilenischer Paare macht hier erste sexuelle Erfahrungen, da im elterlichen Heim Zusammentreffen in geschlossenen Räumen absolut tabu sind. Ebenfalls ausgelegt sind sie für „chilenische Zweigstellen" *(sucursales),* also Affären und Seitensprünge, da Motels praktisch unbemerkt betreten werden können. Am Eingangstor weist eine Stimme das Zimmer zu. Das Auto wird mit dicken Vorhängen von den anderen abgeschottet, sodass Fahrzeugtyp und Nummernschild unerkannt bleiben. So auch der Besucher selbst, der über eine Luke im Zimmer für den anonymen Service zahlt. Mitunter kommt es vor, dass sich ein amerikanischer Tourist hierher verirrt, der sich zwar über die Eigenheiten wundert, es aber dennoch so praktisch findet, direkt vor dem Hotelzimmer parken zu dürfen.

Einkaufen

Die Chilenen haben nicht nur das englische Wort *mall,* Einkaufszentrum, sondern auch gleich die **Shopping-Gewohnheiten aus den USA** mit importiert. Die Malls sind gut besucht und ein beliebtes Ziel für Wochenendausflüge. Fast alle Supermärkte und großen Einkaufszentren sind täglich durchgehend bis 23 Uhr geöffnet. Die Mehrzahl der chilenischen Familien erledigt ihren Großeinkauf am Wochenende. Und da Einkaufen schon fast zum Freizeitprogramm gehört, stellt der *super* keinerlei Stressfaktor für Chilenen dar. In aller Ruhe werden Preise verglichen und an der Wursttheke gewartet. Gerenne und Gedränge stoßen hier auf Unverständnis. **Supermärkte** gibt es in allen Größenordnungen von *minimercados* über *super-* bis hin zu *hipermercados,* die in beeindruckender Größe alles bieten, was das Konsumerherz begehrt. Lediglich in den großen Städten des Landes sind die *hipermercados* angesiedelt und verkaufen Apfelmus aus der Lausitz oder Salzstangerln aus Österreich. Sollten Lakritzeliebhaber nicht fündig werden, hilft ein Blick in die Katzenfutterabteilung, denn der ein oder andere Regalpacker hat die Aufschrift mit den Kätzchen schon mal verkannt. Selbst Rosenkohl liegt im Kühlregal der Gemüseabteilung. Da chilenisches Gemüse in den Supermärkten relativ teuer ist, nutzen Chilenen stattdessen das zu jeder Jahreszeit reiche Angebot an Frischgemüse und Früchten auf den **Wochenmärkten** *(las ferias).* Poliert und akkurat aufgereiht bieten Melonen, Trauben, Pfirsiche und die für Europäer unbekannten Früchte Chirimoya oder Lucuma auch optisch einen Genuss. Hier wird **geplaudert, probiert und schon mal gefeilscht.** Gleiches gilt für die traditionellen kleinen Tante-Emma-Läden (*negocios*), Backstuben (*amasaderías*) und Getränkeläden (*botillerías*), wo die urtypische und persönliche Atmosphäre bewahrt wird. Hier werden Brote, Oliven oder Mehl abgewogen und die Bonbons einzeln verkauft. Statt Selbstbedienung bestellt man über die Ladentheke und wie das in Chile seine Richtigkeit hat, bezahlt man an der Kasse und holt die Ware beim Einpacker ab. Besonders in den Provinzstädten dienen lokale Geschäfte noch immer der Nahversorgung mit allem, was man zum Leben braucht.

In der Hauptstadt unterscheiden sich die **Preise** von Stadtviertel zu Stadtviertel. Grundsätzlich bekommt man in Santiago alles günstiger als in der Provinz. Chilenen verwenden viel Zeit darauf, Preisvergleiche anzustellen und sich Kostenvoranschläge einzuholen. Da Preise für Waren und Dienstleistungen sehr stark variieren, lohnt sich ein Preisvergleich allemal. Für Reparaturarbeiten, Handwerkerleistungen und große Anschaffungen werden mehrere Angebote (*cotizaciones*) eingeholt, wobei die Unternehmer sämtliche Register der freien Marktwirtschaft ziehen, um den Auftrag zu erhalten. Den Preis einer Ware herunterzuhandeln, ist auf Märkten und im Straßenverkauf zu einem gewissen Grad üblich, aber auch in den eleganten, teuren Boutiquen. Bei Barzahlung (*al contado* oder *en efectivo*) wird auf Nachfrage meist ein größerer (*descuento*) oder kleinerer (*atención*) Preisnachlass gewährt. Eine **„boleta"** (Quittung) bekommt man immer, ob man nun will oder nicht. Sollte man sie auf dem Ladentisch versehentlich liegenlassen, wird sie einem nachgetragen. Denn die *boleta* steht als Nachweis für das ehrliche Geschäft.

Klima

Die enorme und auf der Erde einzigartige Nord-Süd-Erstreckung des Landes über rund 40 Breitengrade stellt die chilenischen Wettermoderatoren vor eine besondere Herausforderung. Die tägliche **Wettervorhersage** wird nach Klimazone portioniert in fünf Abschnitten angesagt, beginnend im Norden mit subtropischen Wüstentemperaturen bis hin zu den Minusgraden in der Polarregion. Bei einer vergleichbaren Entfernung 4000 km südwärts von Berlin erreichte man die Sahara im Tschad. Ähnlich **kontrastreich** wie bei einer Reise von Deutschland nach Afrika gestalten sich die Landschaftsbilder von Arica bis Feuerland mit Sahara-Bedingungen und der kargen Hochlandsteppenatmosphäre Asiens im Norden, Mittelmeerklima im chilenischen Zentraltal, Eindrücken der Normandie auf der Insel

Chiloé. Schweizer Verhältnisse gibt es um Osorno und Llanquihue, Fjorde und Gletscher ähnlich wie in Norwegen findet man in Aysén und der südlichste Punkt bietet eine Polarlandschaft. Nur der Valdivianische Regenwald passt auf keine Vorlage unserer Breiten, er ist einzigartig. Durchquert man das Land, wird man feststellen, dass sich die Klimazone jeder Region in einem eigenen **Tages- und Alltagsrhythmus** widerspiegelt. Das warme Wüstenklima bewahrte die Siestazeit im Norden, sodass etwa zwischen 15 und 18 Uhr die Geschäfte schließen, dann aber bis 23 Uhr wieder geöffnet sind. **Weit im Süden,** der von häufigen Stürmen und ganzjährig hohen Niederschlägen gezeichnet ist, betritt nach 19 Uhr kaum noch ein Bewohner die Straße, sondern kuschelt sich an den heimischen Ofen und trinkt Matetee. Dagegen spielt sich das soziale Leben in **Nord- und Zentralchile** auf der Straße und der Plaza ab. Während die Baumärkte des Nordens das ganze Jahr ihren Zement im Freien lagern, kämpft Südchile im Winter mit regelmäßigen Straßenflutungen durch hohe Niederschläge. Eines jedoch eint das ganze Land, der kalte Humboldtstrom, der den Badespaß im Pazifik überall zur Mutprobe werden lässt.

Orientierung

Bei der Orientierung in den Städten erweisen sich Kenntnisse über die Geschichte Chiles als sehr hilfreich, besonders wenn es um die Befreiungskämpfe von der einstigen Kolonialmacht geht. Es ist immer das gleiche Muster: Die Hauptstraßen tragen die Namen der wichtigsten Präsidenten, in siegreichen Schlachten berühmt gewordener Generäle oder nationaler Gedenkdaten wie dem 18. September. Entsprechend der Bedeutung für das Land sind die **Persönlichkeiten um den Mittelpunkt der Stadt angeordnet.** Paten für die Hauptstraßen stehen dabei *Bernardo O'Higgins,* Befreier und erster Präsident Chiles, der aus der Schlacht um den Morro von Arica ruhmreich hervorgegangene General *Pedro M. Lagos* aber auch die Mapuche-Häuptlinge *Lautaro* und *Caupolicán.* Nach Frauen, Dichtern und Künstlern benannte Straßen sucht man in Chile vergebens. Mittelpunkt jeder kleineren Stadt ist die Plaza de Armas**,** der ehemalige „Waffenplatz" aus Kolonialzeiten, von dem sich im Schachbrettmuster das Straßennetz ausdehnt. Die dadurch entstandenen **Häuserblocks mit Seitenlängen von ca. 100 Metern,** die sogenannten *cuadras* oder *manzanas,* dienen als Refe-

068ch-ks

renzpunkte für Entfernungen, z.B. *La Catedral está dos cuadras más abajo* („Die Kathedrale befindet sich zwei Blöcke weiter"). In den großen Städten sind 100 Hausnummern auf eine *cuadra* verteilt. Reicht die Zahl der Häuser nicht aus, werden auch die Fenster und Garagentüren mitgezählt, um die hundert zu erreichen. Dadurch werden Wegauskünfte ziemlich genau und sind gerade bei Straßenlängen, die wie in Santiago einige Kilometer betragen können, durchaus von Vorteil.

Außerhalb der Städte sind die **Entfernungen so groß,** dass sie in Zeit und nicht in Weglänge angegeben werden. Über die Nord-Süd-Achse des Landes erstreckt sich die **Carretera** (Schnellstraße), der südlichste Teil der Panamericana (Verbindung zwischen Alaska und Feuerland). Die *Carretera* beginnt mit „km 0" an der Plaza de Armas in Santiago und verläuft von hier aus nach Norden *(Carretera Norte)* und nach Süden *(Carretera Sur).* Je weiter man sich von Santiago, dem Herzstück Chiles, entfernt, umso holpriger werden die Straßen. Besonders die südlichsten 1200 km, die als *Carretera Austral* (südliche Straße) **legendär** wurden, sind größtenteils *puro ripio* (reine Schotterpiste), die noch lange zu Demokratiezeiten *Carretera Austral General Augusto Pinochet* hieß. Die Bezeichnung „ziert" heute noch Schilder entlang des südlichsten Straßenabschnitts Chiles, den der Juntachef inoffiziell aus militärstrategischen Gründen und offiziell zum Wohle des Volkes 1976 bauen ließ, um das südliche Patagonien mit dem Rest des Landes zu verbinden. Das einst kostspieligste Bauprojekt der Militärs wurde erst 2003 fertiggestellt und führt heute durch eine der schönsten Weltregionen entlang von Regenwald, Fjorden, Lagunen und Gletschern.

Extrainfo 18 (s. S. 6): ARTE-Reportage entlang der Carretera Austral: „Durchs wilde Patagonien"

Während die wichtigsten Städte über die **Hauptachse Nord-Süd** gut erreichbar sind, erweisen sich **Verbindungen Richtung Osten und Westen** als weniger vorteilhaft und sind je nach wirtschaftlicher Bedeutung der Region oder Stadt ausgebaut. Statistisch gesehen gibt es im *extremo norte,* etwa in der Region Arica-Parinacota, 5,3 km Straße pro 100 km², im *extremo sur,* in der Region Magallanes, sind es lediglich 2 km. Entsprechend teuer sind die *fletes* (Transportkosten), die auf die aus dem Zentrum Chiles „importierten" Waren aufgeschlagen werden und sich je nach Entfernung zu Santiago erhöhen. Allein für die Tageszeitung, die in Santiago gedruckt wird, zahlen die Leser von der III. bis zur X. sowie in der XIV. Region 15 % und die an den „extremen Enden" des Landes sogar 85 % Aufschlag.

Eines ist jedoch immer gewiss: Egal, ob man sich *entre Tongoy y Los Vilos* (chilenisch für „irgendwo im Nirgendwo") befindet, ist es in Chile praktisch unmöglich, die Orientierung zu verlieren, denn man hat stets **entweder das Meer oder die Berge** im Blick.

069ch-ks

Polizei: die „carabineros" von Chile

Der 27. April ist der Tag der *carabineros,* der nicht nur in den Polizeistationen, sondern auch in Kindergärten und Schulen gefeiert wird. Chilenische Kinder und Jugendliche singen dann auswendig die Polizeihymne und tragen zu Ehren der Gesetzeshüter Gedichte vor. Dass *carabinero* an oberster Stelle der Berufswünsche für Kinder und Jugendliche in Chile steht, hängt auch mit dem „Condorito" („kleiner Kondor") zusammen. Das Comic-Heft, das weit über Chiles Grenzen hinaus bekannt ist, zeigt den **Condorito in Polizeiuniform** als Freund und Helfer. Und so erwecken die

◁ Die Carabineros genießen Achtung und Ansehen in der Bevölkerung

carabineros auch im wahren Leben einen überaus korrekten Eindruck und genießen als vertrauenswürdige Institution Ansehen in der Bevölkerung. Ob Verkehrsunfall, Einbruch oder Ehestreit, die Polizei wird für alle Fälle gerufen (unter 133). Illegaler Gelderwerb ist in Chile wie hierzulande auch unter den Gesetzeshütern nicht verbreitet. Tatsächlich liegt Chile auf Rang 22 des internationalen Korruptionsindexes 2013, noch vor Österreich und auf gleicher Stufe mit Frankreich. Wer versucht, ein Verkehrsdelikt mit einem zugeschobenen Schein aus der Welt zu schaffen, erreicht das glatte Gegenteil und muss sich zudem noch für **Bestechungsvorwürfe** verantworten.

Der Verdienst von Polizisten liegt im chilenischen Durchschnitt. Ihnen kommen darüber hinaus gewisse Vorzüge im polizeieigenen System der **Gesundheitsversorgung** zu sowie **Pensionsansprüche,** die ihnen bereits nach 20-jähriger Dienstzeit zustehen. Daher sieht man meist junge Polizisten und auch zunehmend Polizistinnen in der Öffentlichkeit. Für Dienste in äußerst abgelegenen und klimatisch beschwerlichen Regionen, beispielsweise zwischen Bolivien und Chile, wird für jedes vierte Dienstjahr ein weiteres gutgeschrieben.

Dennoch umgibt die *carabineros* ein militärischer Anschein. Unter *Pinochet* wurde die Polizei dem Verteidigungsministerium unterstellt und erst im Februar 2011 dem Innenministerium zugeordnet. Zwar ist die Polizeigewalt nach der besonders harten Militärdiktatur mit der Rückkehr zur Demokratie stark zurückgegangen, doch tritt **die harte Hand der „carabineros"** auf Protesten und Demonstrationen immer wieder in Erscheinung. Prügelszenen, Tränengas und Wasserwerfer erinnern an die Repression aus Diktaturzeiten. Gegen Demonstranten wird brutal vorgegangen, selbst wenn sie minderjährig sind, wie die Bildungsproteste jedes Jahr aufs Neue zeigen.

Post

Der Briefträger *Nerudas* in „Mit brennender Geduld" hat es vorgeführt: Private Postlieferungen werden mit einem Trinkgeld entlohnt. So romantisch wie es *Antonio Skármeta* in seinem Buch, einer Hommage an Chiles berühmtesten Dichter *Pablo Neruda,* darstellt, ist es im Alltag leider nicht. Gespanntes Warten auf Briefe oder freudige Überraschung bei Päckchen kennen Chilenen nicht, denn es gibt **keine offiziellen Briefträger** und damit auch **keine Hausbriefkästen.** Sollte doch an die Privatadresse zugestellt werden, was selten vorkommt, ist der Empfänger verpflichtet, den Überbringer für seine Dienste zu bezahlen. Will man Post erhalten, sollte auf der Sendung *„Lista de Correos"* („Postliste") vermerkt werden, dann bewahrt das Postamt Briefe und Zustellungen 30 Tage lang auf. Möglich ist auch die **Anmietung von Postfächern** *(casillas),* die besonders von Unternehmen genutzt werden und eine monatliche Gebühr kosten.

Geld oder Wertsachen nicht zu verschicken, ist selbstverständlich. Wichtige Briefe und Pakete können **per Einschreiben** *(certificado)* versandt werden, sind aber dennoch keine Garantie gegen Dieberein. Bei Abwesenheit kann das Paket nur mit Vollmacht abgeholt werden, die jedoch sendungsspezifisch (und mit einer Reihe von Stempeln versehen) ausgestellt sein muss.

Wie den Briefträger wird man auch Sammelbriefkästen vergeblich suchen. Ob Brief oder Päckchen, es wird alles direkt beim öffentlichen Postamt abgegeben. Die **Snailmail in Chile** funktioniert zwar gut, ist jedoch langsam. Wer es eiliger hat, greift auf private Kurierdienste zurück, die von Busgesellschaften betrieben werden. Mit zum Teil eigenem Transportsystem und Bahnhöfen bieten sie einen durchorganisierten, schnellen und zuverlässigen Dienst. In der Provinz sind die Fahrer der *colectivos* (Sammeltaxen) Überbringer von Nachrichten und Paketen. In allen möglichen Fällen der Postzustellung wird der Empfänger nie überrascht, sondern stets im Voraus benachrichtigt.

Preise

Was bekommt man für **1000 Pesos** (etwa 1,30 Euro) in Chile? – Einen Liter Milch, zwei doppelte Brötchen *(marraquetas),* einen Kaffee ohne Milch, eine Tageszeitung oder eine Stunde im Überlandbus. Wie man sieht, liegen Lebensmittel und Artikel des täglichen Bedarfs insgesamt **auf mitteleuropäischem Preisniveau.** Importierte Artikel sind noch teurer, es sei denn, es handelt sich um Ware aus Asien und Kleinkram aus Plastik, sogenannter *cachureo,* den niemand braucht, aber trotzdem jeder kauft. Für Mieten, Strom und Gas zahlen Chilenen mitteleuropäische Preise, obwohl die Mehrheit nach südamerikanischem Niveau verdient. So sind auch die Transportkosten für Bus und Flugzeug, die im Vergleich zwar niedrig liegen, doch angesichts des geringen Verdienstes stets relativ zu sehen. **Dienstleistungen des Handwerks** wie eine Uhrenreparatur, ein Haarschnitt oder auch ein maßgeschneiderter Anzug sind noch immer für wenig Geld zu haben. Das hohe Preisniveau für Waren liegt u. a. in der aufgrund der Erzexporte starken Währung Chiles begründet und macht es zu **einem der teuersten Länder des Kontinents.**

▷ Ambulante Obst- und Gemüsehändler versorgen die Bewohner der Stadtviertel

Sicherheit

Chile gilt als das sicherste Land Südamerikas, jedoch ist wie anderswo auch ein gewisses Maß an Vorsicht geboten. Man tue es den Einheimischen gleich, die ebenfalls nicht mit kostbarem Schmuck oder auffälligen digitalen Gerätschaften in der Öffentlichkeit posieren, die nie sichtbar Taschen oder Jacken im Auto liegen lassen und nur begrenzt Bargeld mit sich führen, möglichst in der Hosentasche. Auch Chilenen meiden, vor allem nachts, abgelegene und unbeleuchtete Gegenden. Bei den extremen Vermögensunterschieden verwundert es nicht, dass **Kriminalität hauptsächlich aus Eigentumsdelikten** besteht. Besonders in den Großstädten, wo die sozialen Unterschiede aufeinanderprallen, kommt es häufiger zu Diebstählen als in der Provinz. Ein Haus sollte man nie für längere Zeit unbeobachtet und unbewohnt lassen. Daher bewahren viele chilenische Haushalte zu jeder Zeit einen bewohnten Eindruck, indem sie die Lichter und den Flimmerkasten anlassen, selbst wenn sie nur zum Einkaufen das Haus verlassen. Fahren sie in den Urlaub, werden Alarmanlagen installiert, die mit einer solchen Funktion ausgestattet sind, oder das Haus wird in die Obhut eines Nachbarn gegeben. Zusätzlich bewachen Hunde das Eigentum. Die typische **nächtliche Geräuschkulisse** ist die Folge der chilenischen Schutzmechanismen und reicht von Hundebellen über die Alarmanlagen der Autos, die des Nachts nicht nur Diebe und Katzen fern-, sondern auch müde Bewohner wachhalten.

Telefon

Handys gehören ähnlich wie hierzulande zum Standard. Die **Netzabde-ckung** ist hingegen nur in bewohnten Gebieten und zum größten Teil ent-lang der Panamericana gegeben. Die drei Netzbetreiber Movistar, Entel oder Claro bieten Verträge *(planes)* oder Prepaid-Modalitäten *(prepago)* an. Sonderangebote mit Freiminuten und Frei-SMS sind üblich. **Festnetz-anschlüsse** sind dagegen seltener und meist in Haushalten anzutreffen, die sich ein Dienstmädchen leisten können. Diese nimmt dann anstelle der Hausherren ab und verbindet. Den eigenen Namen nennt man da-bei nicht und auch der Angerufene antwortet mit *aló,* ohne dabei seinen Namen zu nennen. Es wird erwartet, dass sich Freunde und Bekannte **an der Stimme erkennen,** was auch meist funktioniert. Gilt der Anruf einem anderen gerade nicht anwesenden Familienmitglied, wird mit großer Neugier und Direktheit nach dem Was und Warum gefragt. Dem Telefo-nieren sind keine Grenzen gesetzt, denn man kann **zu jeder Tages- und Nachtzeit** angerufen werden und anrufen, wovon gern und oft Gebrauch gemacht wird. Schließlich kann man nicht bis zum nächsten Tag warten, um eine Neuigkeit zu berichten oder ein Problem zu besprechen. Da sich die **privaten Telefongesellschaften** die Gesprächslust der Chilenen gut entlohnen lassen, werden die günstigeren öffentlichen Telefone nach wie vor genutzt. Dafür stehen *centros de llamadas* (Telefonzentren) bereit, wo man in kleinen Kabinen zu festen Tarifen telefoniert. Die Kabinen sind durchaus von Vorteil, da öffentliche Münztelefone offen sind und Straßen-lärm zum Verständigungsproblem werden kann.

Trinkgeld

Für viele Dienstleistende ist die *propina* (das Trinkgeld) fester **Bestand-teil des Einkommens.** In Gaststätten wird es mit 10 % in der Rechnung als *servicio* separat ausgewiesen. Bei schlechter oder besonders guter Bedienung kann die *propina* entsprechend abgezogen oder aufgestockt werden. Auf Trinkgeld angewiesen sind auch Handwerker, Kuriere oder die selbsternannten Parkwächter, die nicht nur die Wache, sondern auch die Autowäsche während der Parkzeit übernehmen. Hier sollte man sich nicht knauserig zeigen, denn von der *propina* wird der Lebensunterhalt bestritten. Eine Ausnahme sind die Taxifahrer, die, wenn das Kleingeld nicht passt, auch schon mal einen Preisnachlass gewähren.

▷ Lama-Shuttle mit blindem Passagier

Verkehr und Transportmittel

Das Gesetz der Straße orientiert sich an den Regeln der Gesellschaftspyramide, wobei Fußgänger dem „Fußvolk", Radfahrer den Risikobereiten und Pkw-Fahrer den höheren Kasten anzugehören scheinen. Auf der Straße muss man ständig **mit dem Unvorhergesehenen rechnen,** so können Busse und Taxen jederzeit halten, um Fahrgäste aus- oder einsteigen zu lassen, Autos rechts überholen und Passanten sich durch den Verkehr schlängeln. Einer ständigen Gefahr ausgesetzt sind Radfahrer, da es fast keine Radwege gibt, sowie Fußgänger, da man weder auf dem **Zebrastreifen** noch bei grüner Ampel unbedingt Vorrang hat. Ob die Vorschrift, dass Fahrzeuge seit Juni 2007 auch tagsüber mit Licht fahren müssen, zur Sicherheit der gefährdeten Verkehrsteilnehmer eingeführt wurde, bleibt dahingestellt. Fahrzeuge sind dadurch nämlich besser und rechtzeitiger sichtbar.

Zu **Stoßzeiten** sind in den Städten alle Straßen und Parkhäuser hoffnungs-los verstopft. In der Hauptstadt führt die Lage am Fuße der Anden im Winter zudem noch zu starker Luftverschmutzung, sodass 20 bis 40% der Fahrzeuge ohne Katalysator regelmäßig aus dem Verkehr gezogen wer-den. Bis Ende 2006 gaben die *micros* (Stadtbusse) ihr Übriges, denn sie hielten, wo und wann es ihnen beliebte. Abhilfe sollte das neue öffentliche Verkehrssystem **Transantiago** schaffen. Hatten früher mittelständische Unternehmen und Genossenschaften die Linien geführt, ist Transantiago heute ein einziges Großunternehmen, zum Teil unter ausländischer Regie.

Zur Rushhour, wenn die Einwohnerschaft der Millionenstadt zur Arbeit fährt, gerät das System immer wieder an seine Grenzen. Überfüllte Busse und Metros, stundenlanges Warten und Verspätungen treiben die Passa-giere ein ums andere Mal in den Wahnsinn und Protest.

Inzwischen bedienen **fünf Linien der Metro** bis 23 Uhr alle Richtungen der Stadt, wobei die Sauberkeit in der Metro beeindruckend ist. Nicht ohne Grund gilt sie als die sauberste Untergrundbahn der Welt. Und die Ordnung wirkt Wunder, denn niemand lässt hier Müll einfach fallen oder beschmutzt die Wände. **Fahrpläne gibt es keine,** Metro und Busse fahren nach Gutdünken in regelmäßigen und manchmal weniger regelmäßigen Abständen.

Während in Santiago nur an Haltestellen ein- und ausgestiegen werden darf, bringt man außerhalb der Hauptstadt den *micro* einfach per Hand-zeichen zum Stehen und gibt dem Busfahrer Bescheid, wo gehalten wer-den soll. Häufig steigen Händler zu, die Eis aus selbstgebastelten Styropor-kisten oder kleine Waren wie Pflaster oder Halsbonbons feilbieten, oder auch Künstler, die musizieren, einen Sketch spielen oder eigene Poesie vortragen.

Die schnellere Alternative zum *microbus* sind *colectivos* (Sammeltaxen), die auf festgelegten Routen fahren und bis zu fünf Fahrgäste befördern dürfen. Im Gegensatz zu den *colectivos* haben Taxen gelbe Dächer und ihr Fahrpreis richtet sich nach dem Taxameter. Man sollte nicht davon aus-gehen, dass der Taxifahrer in jedem Fall den Weg kennt und die kürzeste Route wählt. Daher ist es ratsam, den Stadtplan vorher zu studieren, um den Fahrer im Zweifelsfall instruieren zu können.

Ist man **interurban unterwegs,** lohnt die Abwägung, ob die enormen Entfernungen in Chile per Flugzeug oder Bus bewältigt werden. Die drei chilenischen Fluglinien PAL, LAN und Sky stellen **Sonderangebote** bereit, die bei zeitiger Buchung den Buspreisen entsprechen. Eine Busfahrt von Santiago bis in den hohen Norden dauert zwei Tage, wobei die Busse durchaus **Wohnzimmerqualität** haben inklusive ausgewähltem Unterhal-tungsprogramm plus Chips und Cola. Die Nord-Süd-Achse Chiles ist mit

Überlandbussen gut organisiert und kann sitzend *(clásico)*, liegend *(salón cama)* oder halbliegend *(semi-cama)* zurückgelegt werden. Ein Preisvergleich lohnt sich auch hier, an Wochenenden und Feiertagen wird schamlos erhöht. Fährt man in die Provinz **Richtung Küste oder Berge,** erweist sich die Reise aufgrund der schlechteren Straßenbedingungen und des häufigen Aus- und Einsteigens als beschwerlicher und kann zudem nur „klassisch" sitzend bewältigt werden.

Anhang

◁ Allerorten beliebt und erhältlich: Süßigkeiten und Snacks
(062go Foto: ks)

Glossar

Alianza por Chile: Allianz der konservativen und rechten Parteien

animita: kleine Schreine am Wegesrand (wörtl.: „Seelchen")

apellidos vinosos: Nachnamen der Weinbauern, stehen für Prestige

apodo: Spitzname

arribismo: Aufsteigermentalität

Arturo: ugs. für „10.000-Pesos-Schein"

asado: Grillfest

barrio alto: wohlhabende, höher gelegene Viertel in Santiago

berlino: Berliner (Backware)

Barros Luco: Name für ein Sandwich (abgeleitet vom Namen eines Präsidenten)

Bilz y Pap: Erfrischungsgetränke, aufgrund ihrer roten und orangenen Farben Synonym für „rosarote Traumwelt"

cachai: ugs. „verstehst du"

cacerolazo: Protestform, bei der auf leere Töpfe und Pfannen geklopft wird

café con piernas: Stehcafé, wo junge Damen in kurzen Röcken frisch gebrühten Kaffee servieren (wörtl.: Café mit Beinen)

carabinero: Polizist

carnet: chilenischer Personalausweis (auch *cédula*)

carretera: Schnellstraße, Panamericana

cartonero: Pappesammler

casa chubi: Fertigbauhaus, meist in Armensiedlungen

cazuela: typischer Eintopf aus Kürbis, Kartoffeln, Mais und Fleisch

cédula de identidad: Personalausweis (auch *carnet*)

ceviche: Salat aus rohem Fisch mit Limettensaft

Charango: Andengitarre

charqui: Trockenfleisch

chicha: gegorener Traubenmost

china: kostümierte Tänzer, auch „Jungfrau"

chirimoya: Zuckerfrucht

choripán: Brötchen mit Wurst

choclo: Mais

cobrador: Geldeintreiber

colectivo: Sammeltaxi

coliza: flache, eckige Brotsorte

compadre: guter Freund, ugs. auch für Kumpel, Typ

completo: Hotdog

Concertación: Allianz aus christ- und sozialdemokratischen Parteien

concierge: Pförtner

condominio: Wohnanlage

condominio cerrado: geschlossene Wohnanlage

Cueca: chilen. Nationaltanz

cuotero: Kreditinstitut, das Verbraucherdarlehen vergibt und seinen Sitz meist direkt im Geschäft hat

departamento: Wohnung in einem (modernen) Wohnkomplex

detenidos desaparecidos: die während der Militärdiktatur Verhaftet-Verschwundenen

dieciocho: ugs. Nationalfeiertag (wörtl.: Achtzehnter)

empanada: Teigtasche

- **empleado/a:** Hausangestellter/e
- **ensalada chilena:** typisch chilenischer Salat aus Tomaten, Zwiebeln und Koriander
- **evangélico:** Glaubensangehörige der protestantischen Frei- und Pfingstkirchen
- **femicidio:** Femizid, Tötung von Frauen, begangen von Männern
- **fiestas patrias:** Nationalfeiertage vom 18. bis 19. September
- **flete:** Transportunternehmen, auch Frachtkosten
- **FONASA:** staatl. Gesundheitsfonds (*Fondo Nacional de Salud*)
- **Frontera:** Grenzland zur ehemaligen autonomen Region der Mapuche
- **funa:** öffentliche Anklage durch Zivilisten, in Fällen, in denen die Justiz untätig bleibt
- **Gabriela:** ugs. für „5000-Pesos-Schein"
- **golpe:** Putsch
- **guagua:** Baby, Kleinkind
- **gringo/a:** Ausländer/in, i. d. R. für Mitteleuropäer und Nordamerikaner verwendet
- **guanaco:** Bezeichnung für gepanzerte Wasserwerfer
- **guatón:** ugs. für „eine Million Pesos" (wörtlich: „Dickerchen")
- **hallulla:** flache, runde Brotsorte
- **HidroAysén:** umstrittenes Megaprojekt zum Bau von drei Staudämmen in Südpatagonien
- **huasa:** Tanzpartnerin des *huaso* beim *Cueca*
- **huaso:** chilenischer „Cowboy" und nationale Symbolfigur
- **huinca:** Mapuche-Wort für „Nicht-Indianer", ursprünglich auch „Dieb"
- **humita:** mit Maisbrei gefüllte Maisblätter
- **Indígena:** Indigene/r, neutral und politisch korrekt für „Ureinwohner"
- **Indio:** pejorativ: „Ureinwohner"
- **ISAPRE:** Privatversicherung (*Institución de Salud Previsional*)
- **italiano:** Hotdog, belegt mit Avocado, Tomaten, Mayonnaise
- **jefa del hogar:** alleinerziehende Mutter
- **kuchen:** Germanismus für „Früchtekuchen"
- **luca:** ugs. für „1000 Pesos"
- **lúcuma:** Lucuma-Frucht
- **luterano:** lutherisch-evangelisch
- **marraqueta:** Brotsorte, dem französischen Baguette ähnlich
- **medialuna:** halbmondförmige Arena beim Rodeo
- **micro:** Stadtbus
- **microempresario:** Kleinstunternehmer
- **mina:** „schöne Frau"
- **mote con huesillos:** Saft mit eingelegten Pfirsichen und Graupen
- **motel:** Stundenhotel
- **nana:** Kindermädchen
- **nortino:** Nordchilene
- **novillo:** Jungbulle
- **Nueva Canción Chilena:** politische Liedbewegung der 1970er-Jahre (wörtl.: „Neues Chilenisches Lied")
- **oficina:** Mine
- **once:** Tee- oder Abendbrotzeit

- **Pachamama:** Aymara-Wort für „Mutter Erde"
- **palo:** ugs. für „eine Million Pesos"
- **palta:** Avocado
- **papeleo:** Papierkram, -krieg
- **Pascua-Lama:** geplantes Bergbauprojekt an der Grenze von Chile und Argentinien, wo unter mehreren Gletschern größere Vorkommen von Gold, Silber und Kupfer vermutet werden
- **pastel del choclo:** Auflauf aus Maisbrei
- **pastel de milhojas:** Blätterteiggebäck
- **patiperro:** im Ausland lebender Chilene
- **pebre:** scharfe Soße aus Zwiebeln, Knoblauch, Öl, Koriander, grünem Chili und manchmal Tomaten
- **pisco sour:** Traubenschnaps und chilen. Nationalgetränk
- **piscola:** Mischgetränk aus Pisco und Cola
- **pituto:** der gute Freund, Vitamin B (Vetternwirtschaft)
- **población:** Armenviertel
- **pokemones:** Jugendbewegung der 2000er-Jahre, die sich über einen bestimmten Modestil und einen ungezwungenen Umgang mit Sexualität definierte
- **polar:** Fleece-Stoff
- **pololo/a:** feste/r Freund/in
- **preuniversitario:** Vorbereitungslehranstalt für die PSU (s. u.)
- **PSU:** Aufnahmeprüfung für die Hochschule (Prueba de Selección Universitaria)

- **propinero:** Einpacker im Supermarkt, dessen Verdienst das Trinkgeld *(propina)* ist
- **puerta adentro:** Anstellungsform für Kindermädchen, die im Haus oder auf dem Grundstück des Arbeitgebers wohnen
- **puerta afuera:** Anstellungsform für Kindermädchen, die nicht im Haus oder auf dem Grundstück des Arbeitgebers wohnen
- **Quena:** Bambusflöte
- **rayuela:** traditionelles Kastenspiel
- **reducción:** Reservat der Mapuche
- **regalón:** Liebling der Familie
- **región:** geografische und politische Einheit, Provinz, derzeit gibt es 15 regiones
- **roja:** chilen. Nationalelf
- **roto:** pejorativ für Arbeiter, auch „armer Schlucker"
- **RUT:** steuerrechtliche Erfassungsnummer *(Rol Único Tributario)*, Bestandteil des chilenischen Personalausweises *(cédula)*
- **Sanhattan:** inoffiziell für das Banken- und Dienstleistungsviertel in Santiago
- **shop:** auch *schop*, Bier vom Fass
- **sopaipilla:** flache, runde Teigspezialität aus Mehl, Kürbis, Wasser und Fett
- **teleserie:** chilenische Telenovela, Seifenoper
- **toma:** Besetzung von Land oder auch Gebäuden (z. B. Schulen oder Universitäten)
- **trámite:** Behördengang

- **transición:** Übergang zur Demokratie, Zeit nach dem Ende der Militärdiktatur
- **trilla:** traditionelle Getreideernte mit Pferden
- **tuna:** Kaktusfrucht

- **vendedor ambulante:** wörtl. „ambulante Händler", Straßenhändler
- **volantín:** Drachen
- **Zampoña:** Panflöte
- **zorrillo:** Tränengasfahrzeug

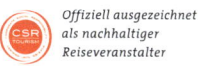

Lektüretipps

Belletristik

- **Allende, Isabel:** Mein erfundenes Land. Suhrkamp Verlag, Frankfurt am Main 2006. Gibt Einblicke in das Wesen der Chilenen. Auch lesenswert: „Eva Luna"; „Paula"; „Fortunas Tochter"; „Mayas Tagebuch".
- **Ampuero, Roberto:** Der Fall Neruda: Cayetano Brulé ermittelt. Berlin Verlag, Berlin 2011. Vielgelesener Roman in Chile. Detektiv *Cayetano Brulé* ermittelt im Auftrag *Nerudas* kurz vor dem Militärputsch. Außerdem lesenswert: „Der letzte Tango des Salvador Allende".
- **Bolaño, Roberto:** Chilenisches Nachtstück. Deutscher Taschenbuch Verlag, München 2010. Der Roman erzählt von den Schwierigkeiten der Künstler während der Militärdiktatur. Außerdem lesenswert: „Die wilden Detektive"; „Telefongespräche"; „Lumpenroman".
- **Cerda, Carlos:** Santiago – Berlin, einfach. Luchterhand Literaturverlag, München 1993. Der Roman erzählt von einem chilenischen Exilanten in der DDR, deren Grenzen dem Protagonisten bald zu eng werden.
- **Coloane, Francisco:** Feuerland. Unionsverlag, Zürich 2006. Neun Erzählungen von Seefahrern, Walfängern und Goldsuchern an der Südspitze des amerikanischen Kontinents.
- **Díaz Eterovic, Ramón:** Kater und Katzenjammer. Ein Fall für Heredía. Diogenes, Zürich 2001. Detektiv *Heredía* ermittelt im sich modernisierenden Santiago in Fällen von Wirtschaftsintrigen und Korruption.
- **García Marquez, Gabriel:** Die Abenteuer des Miguel Littín. Illegal in Chile. Fischer TB, Frankfurt am Main 2004. Wahre Geschichte über Filmregisseur *Littín,* der unter falscher Identität während der Militärdiktatur nach Chile zurückkehrt und verdeckt einen Film dreht.
- **Fernández, Nona:** Die Toten im trüben Wasser des Mapocho. Septime Verlag, Wien 2012. Bereits 2003 in Chile erschienen, handelt das Buch von einer Familie, deren Geschichte eng mit der Chiles verwoben ist.
- **Lemebel, Pedro:** Träume aus Plüsch. Suhrkamp Verlag, Berlin 2003. Der Autor, ein sich öffentlich bekennender Homosexueller, schreibt über Liebe und Leidenschaft in der Diktatur.
- **Iparraguirre, Sylvia:** Land der Feuer. Fischer TB, Frankfurt am Main 2001. Wahre Geschichte des *Jemmy Button,* der von Kapitän *FitzRoy* nach England verschleppt und mit Teetassen und Silberbesteck im Gepäck wieder auf seiner Insel in Südpatagonien abgesetzt wird.
- **Neruda, Pablo:** Ich bekenne, ich habe gelebt. Luchterhand Literaturverlag, München 2003. Memoiren des großen chilenischen Nationaldichters. Auch lesenswert: „Der unsichtbare Fluss"; „Liebesgedichte".

- **Rivera Letelier, Hernán:** Die Filmerzählerin. Suhrkamp Insel Verlag, Berlin 2011. Einer der derzeit beliebtesten Autoren Chiles schreibt über das Leben in den Bergbausiedlungen der Atacama-Wüste.
- **Sepúlveda, Luis:** Der Schatten dessen, was wir waren. Rotpunktverlag, Frankfurt am Main 2011. Kurioser Kriminalfall, der von den Schicksalen einstiger Regimegegner *Pinochets* erzählt. Außerdem lesenswert: „Der Alte, der Liebesromane las"; „Wie man das Meer sehen kann".
- **Skármeta, Antonio:** Mit brennender Geduld. Piper Taschenbuch 2000. Geschichte des Briefträgers Pablo Nerudas im Chile Anfang der 1970er-Jahre. Außerdem lesenswert: „Das Mädchen mit der Posaune"; „Die Hochzeit des Dichters"; „Der Dieb und die Tänzerin"; „Die Tage des Regenbogens".
- **Zambra, Alejandro:** Die Erfindung der Kindheit. Suhrkamp Verlag, Berlin 2012. Ein bewegendes Porträt einer ganzen Generation, die ihre Kindheit in der Pinochet-Diktatur erlebte.

Kinder- und Jugendbücher

- **Sepúlveda, Luis:** Wie Kater Zorbas der kleinen Möwe das Fliegen beibrachte. Fischer TB, Frankfurt 2009. Sehr lesenswerte Geschichte über Kater Zorbas, der im Hamburger Hafenviertel ein Möwenküken hütet und ihm das Fliegen beibringt.
- **Skármeta, Antonio:** Der Aufsatz. Dressler Verlag, 2003. Dieses beeindruckende Kinderbuch erzählt aus dem Leben in der Militärdiktatur.

Reisebeschreibungen

- **Chatwin, Bruce:** In Patagonien. Reise in ein fernes Land. Klassiker der Chile-Reiselektüre mit Anekdoten zu den Ursprüngen Patagoniens sowie zu Eroberung, Einwanderung und Exil. Rowohlt TB, Reinbek 2006.
- **Darwin, Charles:** Die Fahrt der Beagle. Fischer TB, Frankfurt am Main 2008. Die Reisenotizen des 22-jährigen Darwin sind ein eindrucksvolles Zeitdokument zu Chile Anfang des 19. Jh.
- **Dorfman, Ariel:** Das Gedächtnis der Wüste. Frederking & Thaler Verlag GmbH, München 2004. Dorfmans Reise in die Vergangenheit Nordchiles handelt von präkolumbianischen Hinterlassenschaften, Geisterstädten aus der Salpeterboomzeit, Widerstand und Exil
- **Wheeler, Sara:** Unterwegs in einem schmalen Land: Eine Frau bereist die extremen Landschaften Chiles. National Geographic Taschenbuch, München 2000. Landerkundungstour von Nord nach Süd, ergänzt durch Zusatzinformationen über Politik und Wirtschaft.

Sachbücher

- **Cristian, Alvarado Leyton (Hrsg.):** Der andere 11. September. Gesellschaft und Ethik nach dem Militärputsch in Chile. Verlag Westfälisches Dampfboot, Münster 2010. Analysen und Reflexionen zu den unterschiedlichen Auslegungen des 11. September in Chile.
- **Frenz, Helmut:** „... und ich weiche nicht zurück". Chile zwischen Allende und Pinochet: Ein Pfarrer und Menschenrechtler erinnert sich. Verlag des Gustav-Adolf-Werks e. V., Leipzig 2010. Fesselndes Zeitzeugnis zu den Ereignissen im Chile der 1960er- und 1970er-Jahre.
- **Heller, Friedrich Paul:** Pinochet: Eine Täterbiografie in Chile. Schmetterlingsverlag, Stuttgart 2012. Biografie des Diktators, die erörtert, wie *Augusto Pinochet* an die Macht kam und diese 17 Jahre lang hielt.
- **Rinke, Stefan:** Kleine Geschichte Chiles. Verlag C.H. Beck, München 2007. Überblick über die Geschichte Chiles bis zur Gegenwart.
- **Schnellenkamp, Klaus:** Geboren im Schatten der Angst: Ich überlebte die Colonia Dignidad. Herbig, München 2007. Schicksalsbericht des Autors, über seine Kindheit und Jugend in der Colonia Dignidad.
- **Schöppner, Boris:** Nachbeben. Chile zwischen *Pinochet* und Zukunft. Trotzdem Verlagsgenossenschaft, Frankfurt am Main 2008. In über 50 Interviews geht *Schöppner* der Frage nach, was aus den Menschen wurde, die sich aktiv gegen die Militärdiktatur gestellt hatten.
- **Wessel, Günther:** Die Allendes: Mit brennender Geduld für eine bessere Welt. Campus Verlag, Frankfurt am Main 2002. Porträt der Familie *Allende,* mit Meinungen von Zeitzeugen und Experten.

Chile im Internet

- **http://liportal.inwent.org/chile:** länderkundliche Informationen und Links, zusammengestellt von der deutschen GIZ GmbH
- **www.embajadaconsuladoschile.de:** chilenische Botschaft in Deutschland mit länderkundlichen Informationen und aktuellen Nachrichten
- **http://chile.ahk.de:** Deutsch-Chilenische Industrie- und Handelskammer in Chile; umfassende Informationen zur Wirtschaftspolitik Chiles
- **http://www.prensaescrita.com/america/chile.php:** Linkliste zu allen chilenischen Tageszeitungen (auf Spanisch)
- **www.lanic.utexas.edu/la/chile:** Latin American Network Information Center mit einer ausführlichen Linkliste zu Chile (Engl., Span., Portug.)
- **www.pnud.cl:** umfassende ökonomische Analysen, durchgeführt vom Entwicklungsprogramm der Vereinten Nationen in Chile (Spanisch)

Register

Anschluss rechts

Anschluss nächste Seite

Linke Karte:

El Cobre

Taltal

Chañaral

Caldera

Bahia Inglesa

Huasco

Vallenar

Domeyko

La Higuera

La Serena

Coquimbo

Ovalle

Montuyaqui

Huatraquina

Los Vientos

Catalina

Montandón

San Luis

Copiapó

Los Loros

La Pampita

CHILE

ARGENTINIEN

Parque Nacional Pan de Azucar

P. N. Nevado Tres Cruces

Salar de Antofalla

Salar de Maricunga

Ojos del Salado 6880 m

Chaschuil

San Fernando

Fiambala

Belén

Alpasinche

Salado

Villa Unión

La Rioja

Chumbicha

Patquia

Guandacol

San José de Jachal

Las Flores

6372

6130

6224

6081

6223 m

6114

6035

6194

5779

6146

6532

6715

5858

5596

5541

5941

6605

6029

5051

6325

5282

625 m

Llullaillaco

40

31

5

CH 41

Rechte Karte:

Pto. Saavedra

Tolten

Valdivia

Osorno

Puerto Montt

Ancud

Castro

Quellon

Victoria

Temuco

Lanco

Curacautin

La Lajas

Zapala

Junin de los Andes

San Martin de los Andes

Piedra del Aguila

Comallo

San Carlos de Bariloche

Rio Villegas

Epuyen

Futaleufu

Esquel

Palena

Cisnes

Puerto Cardenas

Puerto Puyuhuapi

José de San Martin

Paso de Indios

ARGENTINIEN

RIO LIMAY

Rio Chubut

Parque Nac. Conguillio

P.N. Tolhuaca

Parque Nac. Villarrica

Parque Nac. Huerquehue

Parque Nac. Puyehue

Parque Nacional Nahuel Huapi

Parque Nacional Perez Rosales

Parque Nac. Alerce Andino

Parque Nac. Hornopirén

Parque Nac. de Chiloé

Parque Nac. de Chiloé

Golfo de Ancud

Golfo Corcovado

ISLA MOCHA

ISLA DE CHILOÉ

ISLA GUAFO

ARCHIPIÉLAGO DE LAS GUAITECAS

Villarrica 2847 m

Osorno 2652 m

Corcovado 2300 m

3240

2650

2710

40

5

Anschluss vorherige Seite

CHILE
Südlicher Teil

Hauptstraße
Nebenstraße
Eisenbahn

Höhenstufen

0 – 1000 m
1000 – 2000 m
2000 – 4000 m

100 km

© Reise Know-How 2015

ARGENTINIEN

CHILE

Puerto Deseado

Comodora Rivadavia

Caleta Olivia

Fitzroy

San Julian

Las Plumas

Paso de Indios

▲1512

José de San Martin

Gran Laguna Salada

Golfo San Jorge

Lago Colhué Huapi

Lago Musters

Sarmiento

Las Heras

▲1323

3

Reserva Nacional Palena

Palena

▲2316

Puerto Puyuhuapi

Parque Nacional Queulat

Puerto Cisnes

▲2408

▲2957

P.N. Isla Magdalena

▲3058

KM Las Guaitecas

40

Paso Río Mayo

Alto Río Mayo

Coyhaique

Río Mayo

26

Puerto Aisén

Puerto Chacabuco

V. Hudson 2600 m

▲2073

Puerto Ibáñez

Lago Buenos Aires

Perito Moreno

Bajo de Los Caracoles

40

Las Horquetas

Río Baker

Lago General Carrera

Chile Chico

▲2743

Lago Posadas

Parque Nacional Perito Moreno

Lago Cardiel

40

Tres Lagos

288

Cochrane

▲3719

▲2774

▲2438

Puerto Yungay

Villa O'Higgins

▲3237

▲3926

Parque Nacional Bernardo O'Higgins

▲1788

▲3383

Campo

Lago O'Higgins

3575 m

3566

▲2042

Lago Viedma

San Valentín ▲4058 m

▲4084

▲3198

Parque Nacional Laguna San Rafael

▲4450

ISLA WELLINGTON

Golfo de Peñas

ARCHIPIÉLAGO DE LOS CHONOS

ISLA GUAFO

ARCHIPIÉLAGO DE LAS GUAITECAS

Golfo de Corcovado

Río Chi

N

BRASIL

Brasília

Rio de Janeiro

São Paulo

Campo Grande

BOL

La Paz

Asunción

PE

Lima

ARGENTINIEN

Santiago

Buenos Aires

Montevideo

Comodoro Rivadavia

Die Autorin

Cindy Schönfeld, geboren 1978 in Torgau, studierte Konferenzdolmetschen in Leipzig. Seit 2005 ist sie regelmäßig in Südamerika tätig und lebte mehrere Jahre in Chile. Dort koordinierte sie für eine chilenische Stiftung Bildungsprojekte im Norden des Landes, bildete später 2600 km weiter südlich zukünftige Dolmetscher an der Universität von Concepción aus, engagierte sich im Bereich der Kinder- und Jugendarbeit und dolmetschte für Wirtschaft, Politik und Wissenschaft.

Gemeinsam mit ihrem Mann verfasste sie einen Wanderführer für Nordchile, den die chilenische Regierung 2009 herausgab. Heute lebt sie in Hamburg als freie Dolmetscherin und Übersetzerin für Englisch, Portugiesisch und Spanisch. Das Pendeln zwischen den Kulturen ist ihr täglich Brot, wobei kaum eine Begegnung ohne den einen oder anderen Kulturschock vergeht.

Die Autorin im Internet: www.4sprachen.de